MW01295223

# EN EL CERO

JOE VITALE

# EN EL CERO

## Experimentando milagros
## a través del ho'oponopono

EDICIONES OBELISCO

Si este libro le ha interesado y desea que le mantengamos informado
de nuestras publicaciones, escríbanos indicándonos qué temas son de su interés
(Astrología, Autoayuda, Ciencias Ocultas, Artes Marciales, Naturismo,
Espiritualidad, Tradición...) y gustosamente le complaceremos.

Puede consultar nuestro catálogo en www.edicionesobelisco.com

**Colección Éxito**
En el cero
*Joe Vitale*

1.ª edición: junio de 2014

Título original: *At Zero. The final secret to «Zero Limits»*

Traducción: *David Michael George*
Corrección: *Sara Moreno*
Diseño de cubierta: *Enrique Iborra*

© 2014, Joe Vitale
(Reservados todos los derechos)
Traducción al español publicada por acuerdo con el editor original
John Wiley & Sons, Inc.
© 2014, Ediciones Obelisco, S. L.
(Reservados los derechos para la presente edición)

Edita: Ediciones Obelisco, S. L.
Pere IV, 78 (Edif. Pedro IV) 3.ª planta, 5.ª puerta
08005 Barcelona - España
Tel. 93 309 85 25 - Fax 93 309 85 23
E-mail: info@edicionesobelisco.com

ISBN: 978-84-15968-71-9
Depósito Legal: B-10.498-2014

*Printed in Spain*

Impreso en España en los talleres gráficos de Romanyà/Valls S.A.
Verdaguer, 1 - 08786 Capellades (Barcelona)

Reservados todos los derechos. Ninguna parte de esta publicación, incluido el diseño de la cubierta,
puede ser reproducida, almacenada, trasmitida o utilizada en manera alguna por ningún medio,
ya sea electrónico, químico, mecánico, óptico, de grabación o electrográfico, sin el previo
consentimiento por escrito del editor. Diríjase a CEDRO (Centro Español de Derechos Reprográficos,
www.cedro.org) si necesita fotocopiar o escanear algún fragmento de esta obra.

*A Morrnah Simeona,*
*que nos dio, con amor, el ho'oponopono moderno.*

## INVOCACIÓN DEL AUTOR

*Oh, Mente Divina Infinita,*
*a través de mi amado Yo Superior,*
*limpia esta unidad de toda negatividad,*
*tanto por dentro como por fuera,*
*para que pueda ser el recipiente perfecto para*
*Tu Presencia.*

 PRÓLOGO

# Mi experiencia con Morrnah Simeona

Cuando Joe Vitale me pidió que compartiera mi experiencia con Morrnah Simeona, la magnífica Kanuha Lapa'au («sacerdotisa que cura con palabras» y «custodia de los secretos» en el folclore hawaiano), empecé a sentir, de inmediato, una profunda paz y una sensación de ligereza que siempre había sentido cerca de ella. Era un magnífico ser humano que me recordaba a Amelia, mi abuela materna, que me crió en Chile y sentía un amor incondicional por mí.

Por supuesto, no llevaba mucho tiempo estar cerca de Morrnah para darse cuenta de que era especial, ¡muy especial! Fluía: la naturaleza cambiaba a su alrededor. Siempre ofrecía su ayuda en cualquier cosa que alguien necesitara. Te miraba como si viera mucho más que tu cuerpo físico. Era una verdadera sanadora.

En 1984 vino a vivir a nuestra urbanización en crecimiento de La Jolla Farms Road, una zona muy exclusiva de La Jolla (condado de San Diego), California. Había cuatro casas independientes en la propiedad, incluyendo una preciosa casita de campo en la que se alojó durante tres meses.

Después de haber vivido allí durante algunas semanas, todos los que acudían a la propiedad preguntaban si teníamos un nuevo jardinero o si habíamos hecho algo distinto con el paisajismo: ¡todo estaba lleno de vida y era muy dinámico y hermoso! La propia naturaleza cambiaba a su alrededor: fue una experiencia asombrosa para mí, que tenía treinta y pocos años, cuando estaba empezando a aprender sobre principios espirituales generales que han imperado en la Tierra desde hace una eternidad.

11

A veces, cuando volvía de las giras de mi programa Money & You,[1] me daba tratamientos especiales y avanzados de ho'oponopono para limpiar mi energía. Después me sentía como si me hubiera dado una ducha. Era realmente divina. Estaba animándome constantemente para mantener mi energía limpia mediante la realización del proceso y pronunciando la palabra «ho'oponopono».

Morrnah era decididamente especial.

Procedía de una estirpe de *kahunas,* y decidió modernizar el proceso del ho'oponopono (parte de las antiguas enseñanzas del *huna* hawaiano) para ayudar a los seres humanos a liberarse de los traumas y los dramas guardados en el subconsciente y que afectan a todos los momentos de nuestra vida: un proceso muy poderoso.

La decisión de Morrnah de desvelar el secreto que los hawaianos habían guardado tan celosamente durante muchas generaciones no la hizo muy popular en ciertos círculos, y fue condenada al ostracismo por algunos de ellos. Morrnah amaba a la humanidad, respaldando que todos los seres humanos se liberaran del comportamiento inconsciente y apoyando la limpieza profunda del subconsciente. Era valiente y clara con respecto a su objetivo, que era el de enseñar a la gente a liberarse de sus propias limitaciones, a cortar las cuerdas *aka* que se habían creado a lo largo de los años y a disponer del alineamiento de la familia interior:

*El* Aumakua: *Au (significa bañarse o nadar)*
*El* Makua: *El Padre (juntos significan bañado por y en el Espíritu Santo)*
*El* Uhane: *La Madre (mente consciente)*
*El* Unihipili: *El Niño (mente subconsciente)*

Aprendí que el simple hecho de pronunciar la palabra «ho'oponopono» limpia el espacio. Me purifica de inmediato.

Pero dejadme que os explique cómo conocí a Morrnah.

Mi querido amigo Eric Smith, que se crió en Hilo, en la Gran Isla de Hawái, me la presentó, además de introducirme en la clase de ho'oponopono que estaba dando junto al doctor Stan Haleakala (otro magnífico ser humano al que ahora se conoce con el nombre de doctor Hew Len) en Los

---

1. Dinero y tú. *(N. del T.)*

Ángeles, en algún momento del año 1983. Tengo la sensación de que fue en noviembre, mi mes favorito del año, no sólo porque sea el mes de mi cumpleaños, sino también porque es un momento precioso en todo el mundo: el otoño en el hemisferio norte y la primavera en el sur.

Fue un momento muy especial: un fin de semana inolvidable.

En la clase había todo tipo de personas maravillosas, incluyendo a gente de Hollywood, como la actriz Lesley Ann Warren (que salió en la serie de televisión *Will y Grace* en el papel de la amante del padre de Will). Es una persona encantadora.

Era un grupo divertido, y acabamos desarrollando lazos durante esos tres días de limpieza, cortando las cuerdas *aka* que se crean a medida que vamos sintiendo apego por personas, lugares y cosas. El proceso requería que escribiéramos listas y más listas: nombres de personas, que incluían prácticamente a cualquier persona con la que hubiéramos tenido relación y que hubiera tenido un efecto en nosotros; lugares en los que habíamos vivido; vehículos que habíamos usado; situaciones en las que nos habían hecho daño y en las que habíamos hecho daño: cualquier experiencia humillante que pudiéramos recordar. Se nos animó a anotar todo remordimiento, reproche y culpabilidad que tuviéramos en nuestro subconsciente.

¡Decir que el espacio se tornó incómodo en algunos momentos sería quedarse corto!

Fue especialmente interesante escribir la lista de personas con las que se hubieran mantenido relaciones sexuales. Fue entonces cuando capté la importancia de proteger nuestra energía. Mantener relaciones sexuales con alguien es la forma más rápida de captar no sólo la energía de nuestra pareja, sino también la energía de cualquier persona con la que haya mantenido contactos sexuales: ¡podría ser, potencialmente, la energía de cientos de personas mientras mantenemos relaciones sexuales con otra persona!

Ella y Stan eran excelentes maestros. Enseñaban mediante la narración de maravillosas historias y fábulas de las muchas personas a las que habían ayudado a lo largo de los años. ¡Hay tantas que compartir!, pero una que encontré especialmente interesante fue que Morrnah amaba al actor Tom Selleck, la estrella de la serie de televisión *Magnum PI,*[2] que se filmó en Hawái.

---

2. Magnum, investigador privado. *(N. del T.)*

Morrnah siempre estaba limpiando a Tom Selleck. Le conocí en Hawái un año antes, y no pude evitar pensar que era muy afortunado por tener a alguien como Morrnah purificándole constantemente. Cuando dejó el estrellato durante algunos años, conformándose con una vida mucho más tranquila con su nueva mujer y su hijo, no pude evitar pensar en si la plegaria ho'oponopono habría tenido alguna influencia sobre él. Es bonito verle de vuelta en la serie televisiva *Blue bloods (Familia de policías)*.

Morrnah compartió con nosotros que actores, celebridades, estrellas del pop, políticos (la gente famosa y conocida) corren un especial peligro desde el punto de vista de la energía debido a todas las proyecciones dirigidas hacia ellos. Estas personas podrían, potencialmente, tener millones de cuerdas *aka* debido a toda la atención, las proyecciones sexuales, las proyecciones positivas y negativas: todos los pensamientos de los fans que hacen disminuir su fuerza vital, su poder personal y la capacidad para estar limpios.

¡Vaya! ¡Fue algo muy intenso oír eso! ¡Empecé a preguntarme si no era ésta la razón por la que hermosos símbolos sexuales como Marilyn Monroe tuvieron una vida tan dura!

Comencé a ver las cosas de forma muy diferente.

Mi vida cambió después de ese fin de semana. Sentí como si me hubiera dado un baño que hubiera durado toda la vida (que mi energía se había purificado para siempre) y que era responsabilidad mía mantener mi energía limpia y purificada. Llevo siempre conmigo mi proceso ho'oponopono breve. Ha estado detrás de mi calendario anual de eventos de papel desde la década de 1980. Escaneo copias y lo pongo en mi ordenador, mi iPad y mi iPhone. Se nos enseñó a dejar nuestro libro del ho'oponopono abierto en nuestro coche para enseñar al subconsciente del automóvil a mantenerse purificado. No puedo evitar pensar que esto ha funcionado. ¡No he tenido ningún accidente de coche, excepto uno muy leve en 1976, antes de conocer el ho'oponopono!

He llevado a cabo el proceso del ho'oponopono en todos los lugares del mundo a los que he viajado, excepto en Bali, Indonesia. Empecé a hacerlo allí, y una sensación muy intensa me dijo: «No». Más tarde supe que me había orientado correctamente. Bali tiene sus propios rituales, su propia energía. Siempre es bueno seguir a nuestro guía interior.

La última vez que hablé con Morrnah fue a mediados de 1989. Mi entonces socio, Robert T. Kiyosaki (de la serie televisiva *Rich dad, ooor dad*)[3] y yo habíamos vuelto a la Isla Grande de Hawái para llevar a cabo los cursos de nuestra Excellerated Business School for Entrepreneurs (Escuela de Negocios Excellerated para Emprendedores)[4] en el entonces complejo vacacional Kona para la práctica del surf (ha cambiado de propietarios un par de veces), una magnífica propiedad cerca de la bahía de Keauhou.

Telefoneé a Morrnah para que pudiera volar hasta la Isla Grande (que sabía que ella adoraba) y que dirigiera la clase con la plegaria ho'oponopono. Me dijo: «Cariño, estoy demasiado cansada… Ya no me encuentro tan bien como solía… Hazlo tú».

Estaba estupefacta. Esta gran *kahuna* me estaba diciendo que dirigiera un proceso ho'oponopono público delante de un exitoso grupo de emprendedores.

Me sentí un poco insegura y sentí una enorme responsabilidad al tener que dirigir una plegaria tal. Morrnah me aseguró que toda la zona (la bahía, el complejo vacacional y la Isla Grande) había sido programada con la oración y que no tenía nada de lo que preocuparme, que haría un gran trabajo. Me sentí llena de paz y preparada, e hice un buen trabajo: ¡cómo podría no hacerlo alguien cuando se lleva a cabo el ho'oponopono!

A partir de ahí dirigí todo el ho'oponopono en nuestras clases y más allá. Estuvimos muy ocupados y tuvimos mucho éxito. No volví a hablar con Morrnah en persona.

Algunos años más tarde supe que había fallecido a principios de 1992. Aunque me entristeció no haber podido volver a coger el teléfono y hablar con ella, recibir uno de sus grandes tratamientos o aprender a sus pies, podía seguir sintiendo su presencia, como siempre.

Ella es y siempre será una fuerza magnífica en mi vida. Siento, verdaderamente, que sus enseñanzas (las enseñanzas del doctor Haleakala)

---

3. Padre rico, padre pobre. *(N. del T.)*

4. Excellerated podría considerarse un juego de palabras en inglés que significaría «con una valoración excelente» y, por similitud fonética «que entusiasma y emociona de alegría». *(N. del T.)*

y la oración han tenido un impacto tremendamente positivo en mi vida y mi empresa.

Parte de la plegaria es la Paz de mí:

Que la Paz esté contigo, toda mi Paz.
La Paz que soy yo, la Paz que es yo soy,
la Paz para siempre, ahora e indefinida y eterna.
Mi Paz te doy, mi Paz dejo contigo,
no la Paz del mundo, sino sólo mi Paz,
la Paz de mí.

Ella nos enseñó que cuando nos subamos a nuestro coche, a un avión o a cualquier vehículo, lo rodeemos con 300 millones de Paces de mí. Yo recuerdo esto especialmente cuando me subo a un avión, y duermo profundamente. Sé que estoy siendo protegida.

Tengo muchas historias del ho'oponopono que contar, demasiadas para este libro, pero podéis tener la seguridad de que, en los últimos treinta años, puedo decir, con toda honestidad, que la oración del ho'oponopono ha sido una tremenda fuerza orientadora (y protectora) para mí.

La palabra «ho'oponopono» está constantemente en mis labios. La he utilizado en ocasiones alegres y tristes.

Sé que el alineamiento de mi familia interior es crucial para mi paz de espíritu, para la claridad mental que necesito para atraer a los maravillosos socios que he tenido durante décadas, para la fabulosa gente que da clases en nuestros cursos, para los participantes que asisten, para la fantástica red global que tengo y para el amor y la conexión con mis seres queridos.

Mi éxito y prosperidad se han visto, claramente, impulsados por el trabajo duro y por la utilización de los sensatos principios comerciales y de consciencia que enseñamos, y no hay duda de que el viento bajo mis alas es el proceso del ho'oponopono.

Te deseo lo mismo.

Para citar el final de la plegaria:

Que el yo bendiga continuamente a todos aquéllos implicados en el proceso del ho'oponopono.

¡Somos liberados y está hecho! Nos encontramos ahora en el Abrazo del Divino Creador.

¡Aloha!

Dame D. C. Cordova
Directora Ejecutiva de Excellerated Business Schools®
for Entrepreneurs
Programa Money & You®
www.Excellerated.com

 **INTRODUCCIÓN**

# Al principio

*«Podemos apelar a la Divinidad, que conoce nuestro proyecto personal, para que sane todos los pensamientos y los recuerdos que nos están suponiendo un lastre en este momento».*

MORRNAH SIMEONA

Estaba equivocado. Muy equivocado. Cuando acabé de escribir el libro *Cero límites,* esperaba que el mundo me diera las gracias. Sabía que la historia era inspiradora. Sabía que era milagrosa. Y sabía que tenía que ser contada.

Pero nunca supe que habría gente que la odiaría y que me odiaría a mí.

No obstante, el doctor Hew Len lo sabía. Cuando le dije que nuestro libro ya estaba escrito y listo para su publicación, dijo: «Cuando salga a la venta la mierda golpeará el ventilador». No sabía qué quería decir, pero él lo tenía más claro que yo. Él estaba en el momento y veía el futuro. La historia se estaba desplegando para él. Para mí seguía estando todo oscuro. Cuando el sol salió me dañó los ojos.

Decidí escribir esta secuela por dos razones: en primer lugar, para explicar en mayor detalle el mensaje de *Cero límites* (y lo que sucedió como resultado de su publicación) y, en segundo lugar, para aportarte más métodos secretos avanzados del auténtico ho'oponopono.

Pregunté al doctor Hew Len sobre mi idea. Se mostraba reacio, ya que los ancianos del ho'oponopono le habían abofeteado por revelar sus secretos. No quería pasar por todo eso otra vez. En su caso, él puede cambiar el mundo simplemente purificando. En mi caso, necesito luchar por la causa. Yo seguía queriendo que el mundo conociera esta maravillosa herramienta. Decidí que escribiría este libro solo, sin el doctor Hew Len como mi coautor esta vez.

Pero antes de que nos sumerjamos en este libro, permíteme que te ofrezca un resumen del principio.

Todo empezó antes de que *Cero límites* siquiera se publicara. Antes de entregar el manuscrito al editor, el libro se convirtió en un superventas en Amazon. ¿Cómo? La famosa tienda de Internet lo había incluido en su lista de libros en prepublicación, pero uno de sus fragmentos había estado circulando por Internet durante por lo menos un año. Millones de personas lo vieron, y tantas de ellas reservaron el libro que se convirtió en un superventas incluso antes de que le llegara al editor.

Aquí tenemos el artículo que circulaba por Internet en 2005 y que provocó que millones de personas quisieran el libro:

### El terapeuta más extraordinario del mundo

Hace tres años oí hablar de un terapeuta de Hawái que curó a todo un pabellón de un hospital de pacientes que eran delincuentes psicóticos sin ni siquiera atender a ninguno de ellos. El psicólogo en cuestión estudiaba el historial de un paciente y luego miraba hacia su interior para ver cómo había creado la enfermedad de esa persona. A medida que él mejoraba, el paciente mejoraba.

Cuando escuché esta historia por primera vez pensé que era una leyenda urbana. ¿Cómo podría alguien sanar a otra persona curándose a sí mismo? ¿Cómo podría, incluso el mejor maestro de la superación personal, curar a los delincuentes psicóticos?

No tenía ningún sentido. No tenía lógica, así que descarté la historia.

Sin embargo, la volví a oír un año más tarde. Oí que el terapeuta había utilizado el método de sanación hawaiano llamado ho'oponopono. Nunca había oído hablar de ello, aunque no podía hacer que se fuera de mi mente. Si la historia era cierta, tenía que saber más cosas.

Siempre había asumido que «responsabilidad total» significaba que yo soy responsable por lo que pienso y hago. Lo que está más allá de eso queda fuera de mi alcance. Creo que la mayoría de la gente piensa en la responsabilidad total de esta forma. Somos responsables de lo que hacemos, y no de lo que hace cualquier otra persona. El terapeuta hawaiano que curó a esas personas mentalmente enfermas me iba a enseñar una perspectiva nueva y avanzada sobre la responsabilidad total.

Su nombre es doctor Ihaleakala Hew Len. Pasamos, probablemente, una hora hablando en nuestra primera conversación telefónica. Le pedí que me explicara toda la historia de su trabajo como terapeuta. Me explicó que había trabajado en el Hospital Estatal de Hawái durante cuatro años. El pabellón del hospital en el que tenían a los delincuentes psicóticos era peligroso. Los psicólogos acababan renunciando cada mes. El personal acababa de baja o, sencillamente, dejaba el trabajo. La gente caminaba por ese pabellón con la espalda pegada a la pared, ya que temía ser atacada por los pacientes. No era un lugar agradable en el que vivir, trabajar o al que ir de visita.

El doctor Hew Len me explicó que nunca veía a los pacientes profesionalmente. Acordó tener una oficina y revisar sus informes. Mientras miraba esos informes trabajaba consigo mismo. A medida que trabajaba consigo mismo, los pacientes empezaron a mejorar. «Al cabo de algunos meses, a los pacientes a los que se tenía que poner grilletes se les estaba permitiendo pasear libremente –me explicó–. Otros pacientes que tenían que recibir medicaciones fuertes estaban dejando su medicación, y aquellos que no tenían esperanzas de ser liberados jamás estaban siendo dados de alta».

Estaba asombrado.

«No sólo eso –prosiguió–, sino que el personal empezó a disfrutar viniendo a trabajar. El absentismo y los sustitutos desaparecieron. Acabamos con más personal del que necesitábamos, porque los pacientes estaban siendo dados de alta y todo el personal estaba presentándose para trabajar. En la actualidad, ese pabellón está cerrado».

Era en este momento en el que tenía que hacer la pregunta del millón: «¿Qué es lo que hizo en su interior que provocó que esas personas cambiaran?».

«Estaba, simplemente, sanando la parte de mí que los creó», dijo. No comprendí.

El doctor Hew Len me explicó que la responsabilidad total por nuestra vida significa que todo en nuestra vida (simplemente porque se encuentra en nuestra vida) es nuestra responsabilidad. En un sentido literal, que todo el mundo es nuestra creación.

¡Caramba! ¡Esto es algo que cuesta digerir! Ser responsable por lo que digo o hago es una cosa. Ser responsable por lo que todos los que forman parte de mi vida dicen o hacen es algo muy diferente. Aun así, la verdad es ésta: si asumimos la responsabilidad completa por nuestra vida, entonces, todo lo que veamos, oigamos, saboreemos, toquemos o experimentemos de cualquier otra forma es responsabilidad nuestra porque es nuestra vida.

Esto significa que la actividad terrorista, el presidente, la economía (cualquier cosa que experimentemos y que no nos guste) es algo que nosotros mismos debemos sanar. No existen, por así decirlo, excepto como proyecciones que proceden de nuestro interior. El problema no tiene que ver con ellos, sino con nosotros, y para cambiarlo tenemos que cambiarnos a nosotros mismos.

Sé que esto es algo difícil de comprender, por no hablar de aceptarlo o vivirlo. El echar las culpas es más fácil que la responsabilidad total, pero a medida que hablaba con el doctor Hew Len, empecé a darme cuenta de que la sanación, para él y para el ho'oponopono, significa amarnos a nosotros mismos. Si queremos mejorar nuestra vida tenemos que sanar nuestra vida. Si queremos sanar a alguien (incluso a un delincuente psicótico) tenemos que hacerlo sanándonos a nosotros mismos.

Le pregunté al doctor Hew Len cómo le había ido sanándose a sí mismo. Qué estaba haciendo, exactamente, cuando miraba los historiales médicos de esos pacientes.

«Simplemente, no paraba de repetir "Lo siento" y "Te quiero" una y otra vez» me explicó.

«¿Eso es todo?».

«Eso es todo».

Resulta que quererse a uno mismo es la mejor manera de mejorarse a uno mismo y, a medida que nos vamos mejorando, mejoramos nuestro mundo. Permíteme mostrarte un ejemplo rápido sobre cómo funciona esto: un día, alguien me envió un *e-mail* que me molestó. En el pasado, me habría encargado de ello trabajando en mis temas candentes desde el punto de vista emocional o intentando razonar con la persona que envió el mensaje desagradable. En esta ocasión, decidí probar con el método del doctor Hew Len. No dejé de decir, en silencio, «Lo siento» y «Te quiero». No se lo decía a nadie en concreto. Sencillamente, estaba evocando al espíritu del amor para que sanara, en mi interior, lo que estaba generando la circunstancia externa.

Al cabo de una hora recibí un *e-mail* de la misma persona. Pedía disculpas por su anterior mensaje. Tengamos en cuenta que yo no llevé a cabo ninguna acción externa para recibir esa disculpa. Ni siquiera le contesté. Aun así, diciendo «Te quiero» sané, de algún modo, en mi interior, lo que le estaba creando a él.

Más tarde asistí a un taller de ho'oponopono dirigido por el doctor Hew Len. Ahora tiene setenta años, se le considera un chamán venerable y es un tanto solitario. Elogió mi libro *El poder de la atracción: cinco pasos sencillos para crear paz interior y opulencia exterior*. Me dijo que a medida que me mejorara a mí mismo la vibración de mi libro aumentaría, y que todos la sentirían cuando lo leyeran. En resumen, a medida que yo mejore mis lectores mejorarán.

«¿Qué hay de los libros que ya se han vendido y circulan?», pregunté.

«No están ahí fuera –explicó, maravillándome una vez más con su sabiduría mística–. Siguen en ti».

En pocas palabras, no hay un «ahí fuera».

Llevaría todo un libro explicar esta técnica avanzada en la profundidad que merece. Baste con decir que en cualquier momento en el que quieras mejorar algo en tu vida sólo hay un lugar en el que mirar: en tu interior.

Cuando mires, hazlo con amor.

Ese artículo del año 2005 preparó al mundo para *Cero límites* y desencadenó que fuera un superventas incluso antes de su publicación. Por supuesto, cuando el libro salió al mercado en julio de 2007, las cosas empezaron a agitarse… y la mierda empezó a volar.

Habiendo leído únicamente el extracto, la gente empezó a postear críticas del libro que, por supuesto, todavía tenían que ver y leer. Viejos amigos míos de la época en la que pasaba apuros en Houston décadas antes, personas a las que había ayudado con trabajo y consejos, se volvieron en mi contra. Me acusaban de inventarme toda la historia. Dijeron que el doctor Hew Len era un personaje ficticio, y que su historia en la que trataba a personas mentalmente enfermas era una leyenda urbana. Me acusaron de vender los secretos de la tradición hawaiana por dinero. Otros dijeron que había ganado dinero vendiendo un libro que no contenía ningún secreto en absoluto.

No podía ganar. Estaba herido. Estaba estupefacto y confundido. Me sentía como una víctima. Pensaba que se suponía que el ho'oponopono me fortalecería.

¿Cómo era posible que la gente llegara a estas conclusiones? Después de todo, el doctor Hew Len y yo pasamos mucho tiempo juntos dirigiendo talleres, con gente tomándonos fotos, haciendo programas de radio y creando la versión en audio de *Cero límites*. Aparecemos en clips de vídeo en YouTube. Hicimos todas estas cosas *juntos*. Obviamente, era (y es) real.

También había gente que no había leído el libro y que no podía haberlo hecho, ya que todavía no se había publicado, pero que escribieron una crítica y dijeron que lo odiaban, y a mí también. Me insultaron e intentaron ponerme en la lista negra en lo tocante a los *e-mails* que enviaba a mi lista de correos. Crearon y le pusieron mi nombre a un virus informático. Y más cosas.

Sí, había legiones de fans del libro y míos. *Cero límites* se convirtió en un superventas oficial cuando se publicó. Miles, quizás millones, de personas aprendieron el sencillo método de sanación descrito en él, y cambió sus vidas. La gente lo utilizaba no sólo para sí misma, sino que también lo enseñaban en las escuelas, prisiones y hospitales y vieron resultados milagrosos. El libro se tradujo a otros idiomas. Me invitaron para dar charlas en otros países. Los talleres del doctor Hew Len pasaron de tener treinta asistentes a tener más de ochocientos en un evento. Se convirtió en un gurú. El ho'oponopono se convirtió en una corriente dominante.

Pero no todo fue miel sobre hojuelas. Mi mejor amigo se volvió contra mí. Su mujer envió un *e-mail* nada cariñoso a una lista de correos que ayudé a crear, vituperándome y difamándome. Fue increíblemente doloroso y, con toda certeza, no provenía del corazón. Estaba claro que no estaban practicando el amor o el perdón, el ho'oponopono o cualquier otra cosa parecida.

¿Por qué sucedió todo esto?

Un amigo mío dice que el éxito genera desprecio. Yo llamo a eso una creencia. El doctor Hew Len lo llamaría programa. Aun así, debo admitir que *algo* sucedió cuando el libro más importante de mi vida fue escrito y publicado. Lo podría llamar oportunidad de limpiarme y purificarme, pero creo que la historia tiene más elementos. Echando la vista atrás, creo que esto fue un catalizador para mi propio despertar.

Cuando escribí *Cero límites* dije que había tres etapas del despertar. Resulta que fui impreciso: de hecho hay cuatro. La cuarta va más allá de *Cero límites* y hacia el lugar en el que lo Divino vive *a través* de ti. Explicaré todas las etapas en este nuevo libro.

Después de haber escrito *Cero límites,* pensé que le había cogido el tranquillo al cómo funcionaba la vida. En lugar de ello, me sucedieron tantos eventos amargos que me sentía más bien como una víctima. Todo esto me condujo a una comprensión de la renuncia y de la importancia de purificar sin descanso usando el ho'oponopono. Hoy conozco el milagro de la iluminación.

Si quieres saber más sobre el auténtico ho'oponopono y continuar allí donde lo dejó mi libro anterior, has llegado al lugar adecuado.

Si sientes curiosidad por los orígenes del ho'oponopono moderno y te estás preguntando quién fue el, aparentemente, loco profesor del doctor Hew Len, encontrarás la respuesta en el interior de este libro.

Pero agárrate. Si pensabas que *Cero límites* era una experiencia trepidante, espera a leer *En el cero*. Este libro puede que sea más vertiginoso. Puede que agite, sacuda y haga retumbar tu mundo.

Si te sientes preparado, dale la vuelta a la página.

Espera milagros.

Mahalo,

Ao Akua

Doctor JOE VITALE

En un avión a 35.000 pies de altitud

Agosto de 2013

 CAPÍTULO 1

# La mierda salpica

*«No hay tal cosa como el ego. Sólo son datos, datos y más datos».*

Doctor Ihaleakala Hew Len

Entregué el manuscrito de *Cero límites* al editor durante el segundo cursillo sobre los Cero límites celebrado en Maui a finales de 2006. Fue una época divertida para mí. El libro prácticamente se escribió solo. Lo escribí en dos semanas, lo cual resulta sorprendente. Otros de mis libros me llevaron entre meses y años escribirlos. ¿Dos semanas? Eso es un milagro. El doctor Hew Len, mi coautor, le dio el visto bueno tras leer sólo algunas páginas. Dijo: «Lo Divino dice que está bien». Estaba orgulloso ¿Por qué no iba a estarlo? No tenía ni idea de que lo peor estaba por llegar.

Durante ese segundo evento, el doctor Hew Len me dijo que cuando el libro saliera «la mierda golpearía el ventilador». No sabía qué quería decir, pero no estaba preocupado. Me sentía guiado y protegido. Mi espíritu estaba brillando y mi confianza era elevada. Seguiría purificando. Ninguna mierda me iba a perturbar.

Estaba equivocado.

La primera tarde del cursillo, justo antes de la cena de recepción, recibí una airada llamada telefónica de una escritora y maestra espiritual a la que idolatraba. Había mostrado su apoyo al manuscrito del libro que le había enviado pero, aparentemente, no se lo había leído. Después de hacerlo, puso objeciones a algunas cosas contenidas en él, aunque no las nombraba. Cuando se reconoció me odió por ello, y llamó para cantarme las cuarenta.

No había sido mi intención hacer daño. La sección trataba sobre cómo incluso la gente de éxito tenía sus talones de Aquiles y atraían el caos. La utilicé como ejemplo pero no di su nombre. Estaba sorprendido por su estallido porque frecuentemente usaba los retos en su vida como lecciones que enseñar en sus propios libros. Eso no era ningún secreto. Pero la gente proyecta sus inseguridades y sus significados sobre todo, incluidos los libros. Vio algo que no le gustó, y en lugar de asumir toda la responsabilidad por lo que vio (que es la idea central del ho'oponopono y de *Cero límites)*, arremetió contra mí.

Como era (y sigo siendo) fan de ella, me hizo mucho daño. Reescribí el libro y la eliminé de sus páginas, pero el dolor permaneció. Más tarde la llamé y solucioné el asunto, pero me afectó. ¿Cómo podía suceder esto? Si esto era lo que el doctor Hew Len predijo y el libro todavía no se había publicado, ¿qué me esperaba? ¡Si lo hubiera sabido! La mierda estaba, claramente, golpeando el ventilador, y una vez que el libro salió al mercado la mierda empezó a volar *de verdad.*

Tal y como mencioné en la introducción, la gente que no había leído el libro (porque todavía no se había publicado) lo condenó, además de condenarme a mí. Dijeron que me lo había inventado todo, tanto al doctor Hew Len como la historia sobre cómo ayudó a curar a los pacientes del hospital psiquiátrico de Hawái para delincuentes psicóticos. Algunos censuraron el libro porque lo consideraban incompleto, y otros me criticaron ferozmente por no revelar todos los secretos de un cursillo de ho'oponopono. Me acusaban de, simplemente, intentar promocionar mis otros productos en el libro. Algunos dijeron que si el doctor Hew Len era real, era un loco de atar.

Era algo cuando menos alucinante e inquietante. ¿Cómo podía un libro enojar tantísimo a tanta gente, especialmente un libro que no sólo estaba escrito con amor sino que también enseñaba acerca del amor y el perdón?

Al mismo tiempo, miles de personas que leyeron el libro se estaban trasformando. Recibí llamadas, cartas y correos electrónicos de personas verdaderamente agradecidas. Hallaron esperanza, sanación y salvación. Fue gratificante, pero las flechas que tenía clavadas en la espalda seguían doliendo.

Las cosas iban a ponerse más feas antes de mejorar.

Tenía un amigo muy querido que había estado pasándolo mal económicamente hablando, y había sido su *coach,* le había asistido, ayudado, asesorado e inspirado. Tenía pocas habilidades comerciales *on-line,* pero me gustaban él, su creatividad y su sentido del humor. Vi potencial en el hecho de ayudarle y trabajar con él.

Le di todo, sin coste alguno, para ayudarle, de modo que pudiera levantarse. Le ayudé a crear una empresa *on-line* y una lista de *e-mails.* Le ayudé con productos y mercadotecnia. Le pagué por ayudarme en eventos especiales, incluso perdiendo dinero por hacerlo. Estaba agradecido y lo mostraba, besándome frecuentemente en la mejilla cuando se despedía y me decía: «Te quiero, Joe».

En 2009, estaba yendo de viaje a Rusia para una serie de compromisos para dar unas charlas y le invité a que viniera conmigo. Él consiguió un pasaje gratis en primera y yo tuve un compañero. También estuvo de acuerdo en ayudarme en el escenario, ya que hablar durante varios días seguidos puede resultar agotador. Era una situación en la que ambos salíamos ganando. Aunque los dos teníamos miedo con respecto a Rusia (por todas las historias sobre ataques nucleares que habíamos oído cuando crecíamos… ¡hablando de datos!), hicimos las maletas, respiramos hondo y volamos hacia el otro extremo del planeta.

Rusia no fue un viaje de placer. La agenda era cruel, y casi una tortura.

En cuanto aterrizamos me llevaron directamente a un programa de televisión en Moscú sin ni siquiera tiempo para darme una ducha o afeitarme. Estaba tan aturdido que no podía pronunciar ni palabra. Debido al contrato firmado, sabía que tenía que hacer todo lo que los rusos me pidieran. Fui al espectáculo de televisión. Más tarde, esa misma noche, firmé libros durante horas en una librería. El programa de actos fue implacable durante las dos semanas siguientes. Aunque mi amigo estaba ahí para apoyarme, frecuentemente se quedaba en su habitación y dormía, mientras yo salía y seguía dando charlas, presentaciones, entrevistas, firmaba libros y más cosas. No me molestaba. Me aliviaba que él pudiera descansar: se lo merecía.

Incluso irnos de Rusia fue como escapar del infierno.

Nos dimos cuenta de que nuestros visados iban a caducar antes de la conclusión de nuestro viaje. Alguien la había fastidiado con nuestros papeles. Nuestros documentos para viajar no estaban en regla. Me sentía como si estuviéramos en una película de una guerra mundial. Era irreal. Los consulados estadounidenses le dijeron a mi amigo «que hiciera lo que fuera necesario para salir del país antes de medianoche».

Era horroroso. Nos llevaron por carreteras secundarias, a través de puestos militares de control, estábamos enseñando nuestros pasaportes constantemente, y finalmente nos dejaron en los bosques de Finlandia justo antes de la medianoche, justo unos minutos antes de que nuestros visados caducaran. Todavía teníamos que llegar a Helsinki y encontrar unos nuevos vuelos para regresar a Estados Unidos (con un gran coste económico para mi bolsillo) y, ¡madre mía!, no fue nada sencillo.

Pero ésa no era la verdadera mierda.

Una vez regresamos a casa, sanos y salvos, mi amigo sufrió una especie de colapso emocional. Al cabo de setenta y dos horas de nuestro regreso a casa me envió un *e-mail* con una factura inesperada y totalmente inventada por los dos años previos. Todo lo que había hecho gratis, como amigo mío, o porque se sentía en deuda conmigo, estaba incluido en la factura. Decía que le debía dinero, mucho dinero. No me lo podía creer.

Aunque nunca formó parte del acuerdo pagarle por ir a Rusia, le había dicho, mientras estábamos allí, que le daría algo. Nunca recibí el pago completo por mi trabajo en el extranjero, y me costó 10.000 dólares comprar los billetes de avión para volver a casa en el último minuto. No obstante, su apoyo en Rusia me ayudó a sobrevivir a todo aquello que me habían pedido. Como regalo sorpresa, había planeado trasferirle un coche que sabía que le encantaba, pero la ira que expresó hacia mi persona menos de tres días después de nuestro regreso, me hizo pararme en seco. Estaba en *shock*. Estaba absolutamente desconcertado. No podía encontrarle sentido a su comportamiento.

Intenté quedar con él. Le llamé. Le dejé mensajes de voz. Pensé que si, sencillamente, nos sentábamos y hablábamos, podríamos dilucidar lo que pasaba. Llegado un cierto punto, me ofrecí a pagarle, simplemente para traer la paz a nuestra relación. Airado, me escribió: «Olvídalo». Siguió aireando cosas, escribiendo cosas horribles sobre mí en Internet. Escribió, personalmente, a gente que yo conocía (incluso a mi propio personal) intentando que se unieran a él para ir en mi contra. Sus acciones en pos de minar mi reputación eran retorcidas, mezquinas, pérfidas y oscuramente turbias.

No hay forma de trasmitir, en toda su extensión, el dolor que supuso esta experiencia. Era como despertarse y averiguar que tu esposa o tu mejor amigo habían fallecido o estaban muertos. Estaba apesadumbrado. Estaba traumatizado. ¿Cómo podía, mi mejor amigo, actuar con un comportamiento tan diabólico y tanta frialdad? No podía comprenderlo. ¿Tenía todo que ver con el dinero? ¿Estaba él lanzando por la borda una amistad, una asociación comercial, un pacto espiritual sólo por *dinero?* ¿Dónde estaba su espiritualidad? ¿Dónde estaba el ho'oponopono que le había ayudado a aprender? ¿Dónde estaba su *corazón?*

Lo irónico es que debido a él, me interesé por el ho'oponopono. Él había oído una historia y visto un folleto, y me habló de ello. Él no tenía ni idea de qué era el ho'oponopono. Encontré que todo este tema era fascinante y quise saber más, así que empecé a investigar de dónde procedía la historia y quién estaba detrás de ella. Finalmente, acabé conociendo al doctor Hew Len y escribiendo *Cero límites*.

Pensé que mi amigo comprendía los principios de la responsabilidad personal, el amor y el perdón. Después de todo pagué para que asistiera a su primer evento sobre el ho'oponopono, pero cuando le sacaron de sus casillas, ya fuera por el trauma de Rusia o debido a cualquier otra cosa, no asumió su responsabilidad. Me culpó y fue más allá. En el ho'oponopono llaman a este tipo de represalia *ino,* que significa actuar para hacer un daño intencionado con el odio en mente. Es una de las trasgresiones más graves imaginables.

Y él me hizo eso *a mí.*

Aquí tienes algo de mierda para ti.

Y limpié… y limpié… y limpié.

Me fijé en mi propia implicación en este drama a un nivel energético, intentando comprender cómo lo atraje. Sé que nuestras vidas están entrelazadas. Somos una danza de energía. Nada sucede en el vacío. Mi amigo y yo estábamos compartiendo un programa (un virus de la mente). Lo hice lo mejor que pude para recordar todo lo que el doctor Hew Len me había enseñado, hasta saber que la única salida es limpiar, limpiar y limpiar.

Empecé a sentir lástima por mi amigo. Comencé a comprender que, de algún modo, él había adquirido un programa que se había adueñado de su mente. Sabía que había experimentado arrebatos con su familia y amigos antes. Los había visto suceder. Simplemente nunca esperé verlos en nuestra relación o que fueran dirigidos hacia mí. Parecía que, de verdad, un programa le hubiera poseído y le estuviera dirigiendo. Quería ayudarle, sanarle de algún modo. Me dediqué a purificar sin parar para borrar esto de mí, esperando que también se borrara desde el interior.

En la realidad del auténtico ho'oponopono, no tenía que ver con él. Tenía que ver conmigo.

Si alguien tenía alguna justificación para sentirse como una víctima, ése era yo. Si alguien tenía pruebas de que mi amigo me había traicionado, ése era yo. Sigo conservando nuestra correspondencia en forma de *e-mails* y los *e-mails* de las personas con las que contactó, que demuestran todo lo que hizo en público y en privado. Cualquier otra persona los utilizaría en su contra. Yo no lo haré.

Tal y como el doctor Hew Len me enseñó frecuentemente, «No hay nada ahí fuera». Todo está en el interior. Tuve que forzarme a aceptar la completa responsabilidad por todo lo que mi amigo había hecho, buscando el programa que estaba en mi interior y en nuestro interior que creó, atrajo y puso de manifiesto todo este drama.

Mi amigo se mudó, algo que siento que quería hacer desde siempre. ¿Creó este escenario de pesadilla para romper su relación empresarial conmigo? Supuse que tenía problemas económicos. ¿Necesitaba un chivo expiatorio? Si es así, le resulté ciertamente útil. Con esto no quiero echarle las culpas, ya que culpar a alguien no es auténtico ho'oponopono, pero sí que quiero mostrar que la mente humana se esfuerza por encontrarle sentido a tonterías. No tengo ni idea de si estoy en lo cierto o ando errado con respecto a sus motivaciones, o si tiene importancia. La idea central es que el doctor Hew Len tenía razón. La mierda, ciertamente, golpeó el ventilador.

¿Qué hice para gestionar la crisis generada por el programa compartido en mí y mi amigo?: nada.

No contraté a ningún abogado ni me puse en contacto con ninguna agencia gubernamental. Eso no parecía algo amoroso ni compasivo, ni nada que se asemejara al auténtico ho'oponopono. Incluso aunque mi amigo hizo algunas cosas terribles en un intento por echar a perder mi reputación (cosa que dolió todavía más porque él sabía acerca de la responsabilidad plena y la purificación), no tomé represalias.

En lugar de ello, limpié: sentía mi dolor profundo, la traición y la injusticia, y lo llevé todo hacia lo Divino. Usé exactamente el mismo proceso que el doctor Hew Len me había enseñado. Asumí la responsabilidad. La situación me pertenecía. No dije nada negativo públicamente, y sólo estoy compartiendo la historia contigo ahora para una lección más larga (que llegará en un momento). Me llevé el drama hacia el interior, y ahí es donde lo limpié.

También utilicé una forma avanzada de ho'oponopono que compartiré contigo más adelante en este libro. La combinación de todos estos métodos acabó permitiéndome liberar la energía de mis percepciones sobre mi antiguo amigo. El drama pasó al olvido. Detuvo su campaña de desprestigio y las cosas volvieron a la calma. La vida siguió. Los negocios continuaron como siempre pero, simplemente, sin él en mi vida. Echo de menos la cariñosa relación que tuvimos, pero prefiero ser libre que estar agitado.

Lo interesante es que se puso en contacto conmigo mientras estaba escribiendo este libro para preguntarme si me prestaría a dirigir un evento sobre el ho'oponopono con él. ¿Era esto una señal de que mi purificación había funcionado y que ahora estábamos en paz?: sí. No obstante, rechacé su propuesta. Él era el pasado, y lo había limpiado y dejado marchar. Le quiero, le perdono y le deseo lo mejor.

Sigamos adelante.

¿Cuál es la mayor lección aquí?

Por favor, comprende que nada de este drama fue culpa de mi amigo, y que tampoco fue culpa mía en absoluto. Nadie es el culpable. La razón fue un *programa*.

Es esencial captar esto. Asumí la responsabilidad total por el programa del que fui consciente en mí. A medida que limpiaba ese programa la situación se resolvió.

Ésa es la primera lección que captar. Es la razón por la cual he compartido esta historia contigo. Incluso para los escritores y los gurús, todo se basa en usar la práctica del ho'oponopono para limpiar programas, recuerdos y otros datos para volver al estado del amor puro. Tal y como dice tan frecuentemente el doctor Hew Len, «Sólo estoy aquí para limpiar».

Tal y como aprenderás en este libro, la vida siempre te presentará retos. Ésa es la naturaleza de la vida. La carta para salir en libertad de la cárcel es la práctica del ho'oponopono. Mientras pronuncias las cuatro frases *(Te quiero. Lo siento. Por favor, perdóname. Gracias)* borras programas y creencias de las que ni siquiera eres consciente, haciendo que tu aventura por la vida sea más sencilla. Cuanto más limpies, más datos borrarás y más te acercarás a la Divinidad o el Cero.

¿Es de verdad así de fácil? ¿Funciona siempre? ¿Por qué la vida, frecuentemente, parece empeorar antes de mejorar?

Quédate a mi lado y profundicemos en esta aventura...

CAPÍTULO 2

# Nunca serás el mismo

*«Ho'o significa hacer, construir y crear.*
*Pono significa equilibrio, bondad, corrección y orden perfecto.*
*El ho'oponopono es un método de creación de un orden y un*
*equilibrio perfectos para sanar una situación».*

JOE VITALE

Después de aprender el proceso básico del ho'oponopono de decir las cuatro frases *(Te quiero. Lo siento. Por favor, perdóname. Gracias),* la gente suele quejarse de que parecen suceder más eventos negativos que positivos.

¿Por qué sucede esto?

Piensa en un vaso de agua que haya estado reposando durante un rato. Cuando agitas el agua, la porquería flota a distintas alturas e, inevitablemente, parte de ella asciende hasta la superficie. Debes seguir limpiando para eliminar toda la suciedad.

La programación de nuestra mente reposa en lugares profundos y turbios, así que puede que experimentemos oscuridad antes de experimentar luz; pero tenemos que eliminar los desechos antes de obtener agua limpia. Limpiar limpia, literalmente.

*Datos* es una palabra usada para esta programación inconsciente, la suciedad que evita que oigas la voz de tu Divinidad. En un evento sobre los Cero límites, alguien preguntó una vez al doctor Hew Len sobre la diferencia entre el ego y la Divinidad. El doctor Hew Len contestó:

En primer lugar, no hay cosa tal como un ego. ¿Sabías eso? No hay cosa tal. Sólo son datos. Y son los datos los que hablan, los datos que dicen que es ego, pero no hay cosa tal. Son sólo datos. ¿Puedo hacer hincapié en esto? Son sólo datos. Los datos hablan y tú expresas los datos, así que no tienes el control en absoluto. La idea es que accedas a los datos y los borres. Ya eres perfecto, y sólo queremos apartar los datos del camino de forma que puedas estar en la luz.

Hay sólo tres tipos de datos de los que ocuparse: algo que llamo el CI, Cero Infinito. Éste es el estado neutral. El otro es cuando la Divinidad llega al Cero y te inspira, lo que yo llamo ICI, Esto es la inspiración, y significa que te encuentras en la corriente. Sucede sin esfuerzo y con facilidad. También posees lo que llamamos la memoria, y la memoria va en contra de la facilidad. Padeces una enfermedad,[5] estando así alejado de la Fuente y de ti mismo.

Tu mente sólo puede encontrarse en uno de estos tres estados. No hay término medio. No puedes estar aquí y estar también allá.

Cuando *Cero límites* salió al mercado, alborotó a la gente y sus programas. Tuve que recordarme, más de una vez, que el conflicto no era la persona fanfarroneando, sino que eran los datos *(el programa)* en su interior lo que hacía que se quejara.

Seguramente has estado ahí. Dices algo que no querías y te preguntas de dónde surgió. Según el ho'oponopono salió a la superficie desde el *programa* que hay en tu inconsciente. Ni siquiera sabías que estaba ahí hasta que la situación adecuada apareció y tocó la tecla adecuada. Y entonces, estate atento, porque aquí llega: la mierda en procesión.

Con respecto al antiguo amigo sobre el que escribí en el capítulo anterior, el que sufrió un colapso emocional después de nuestro viaje a Rusia, la pregunta que debe formularse es: «¿fue él o fue un programa activado?». Desde entonces, he aprendido que prácticamente todo lo que hacemos como humanos es resultado de nuestra programación. Personalmente, nunca he conocido a nadie que viviera en la cuarta etapa del despertar. He leído sobre ellos, pero no soy uno de ellos. Sigo en la tercera etapa (rendición). La cuarta fase (iluminación) llega mediante la gracia y,

---

5. Juego de palabras en inglés entre los términos ease (facilidad, comodidad) y *disease (dis-ease)*, que podría traducirse, además de como «enfermedad», como «falta o carencia de facilidad o comodidad». *(N. del T.)*

hasta entonces, significa que los motivadores inconscientes dirigirán la mayoría de nuestras acciones.

Esto no es ninguna sorpresa. El campo de la neurociencia revela lo inconscientes que somos. Tenemos a nuestra disposición más poder y control de lo que nunca hubiéramos sospechado, pero la gran mayoría de la gente no lo sabe, por no hablar de cómo hacer uso de ellos. Caminamos por la vida, esencialmente, como robots programados por nuestra educación y nuestro pasado heredado, para reaccionar de ciertas formas predecibles.

Cuando la gente se tira a mi yugular, o a la tuya o a la de cualquier otra persona, rara vez es algo que tenga que ver contigo, conmigo a con cualquier otra persona. Tiene que ver con el *programa* que poseen. Aquí está la trampa: si lo puedes ver en otra persona es que tú también lo tienes. El doctor Hew Len es famoso por decir: «¿Te has dado cuenta alguna vez que cuando tienes un problema tú estás ahí?».

Estás ahí *porque* eres parte del problema. O por decirlo mejor, tú eres parte del *programa*. El programa en ti atrajo a otra persona con el mismo programa. Es como mirarse en un espejo: lo que ves en la vida también eres tú. El exterior es una proyección. Ni siquiera sabrías que existe a no ser que lo experimentaras dentro de ti. Todo sucede en el interior. El exterior sólo es un reflejo. Ésta es la razón por la cual es tan importante darse cuenta de que la responsabilidad total tiene que ver con reconocer todo lo que ves y experimentas. No hay nada ahí fuera en muchos aspectos, ya que sólo tomas conciencia de ello en el interior. Una vez más, todo es un reflejo de lo que hay en ti. Todo es un espejo. Todo es un programa compartido. Cuando limpias, limpias el programa y te conviertes en parte de la solución.

Así es como el doctor Hew Len ayudó a sanar a todo un pabellón de un hospital con delincuentes psicóticos. No trabajó con ellos, sino consigo mismo. Los vio como proyecciones de un programa que se encontraba en su propio interior. Los intentos de la terapia tradicional para sanar a esos pacientes ya habían fracasado. El doctor Hew Len los cambió trabajando sobre *sus propias* percepciones. A medida que limpiaba esas proyecciones los pacientes mejoraron.

Debes comprender que cuando miras este libro, miras a cualquier persona o experimentas cualquier momento, rara vez (si es que alguna vez lo consigues) lo ves como puramente es.

En 2011, psicólogos de la Universidad Vanderbilt averiguaron que los recuerdos sobre lo que hemos visto recientemente pueden contaminar nuestra percepción visual, afectando a nuestra capacidad para comprender adecuadamente y actuar frente a lo que estamos viendo en este momento. «Este estudio muestra que conservar el recuerdo de un suceso visual en nuestra mente durante un breve período de tiempo puede "contaminar" la percepción visual durante el período de tiempo durante el cual estemos recordando», dijo Randolph Blake, uno de los coautores del estudio y profesor emérito de Psicología.[6]

Por ejemplo, hace algunos años, el coche de mi mujer se incendió mientras lo estaba conduciendo. Afortunadamente, vio el humo saliendo por el salpicadero, aparcó el coche en la cuneta y pidió ayuda. Al cabo de unos minutos su coche parecía el infierno. Como estaba cerca de nuestra casa cuando sucedió, me llamó y al poco rato estaba a su lado. Juntos vimos cómo el coche se carbonizaba. Fue algo perturbador e inolvidable.

Durante la semana siguiente veíamos y olíamos humo. Recuerdo una mañana en la que, mientras desayunábamos, ella miró hacia fuera de la casa y vio niebla. A los dos nos parecía humo. Llenos de pánico salimos fuera y buscamos si había alguna casa en llamas, pero no la había. Era, simplemente, la niebla matinal usual. Nuestra traumática experiencia viendo su coche envuelto en llamas algunos días antes provocó que nuestro cerebro viera humo allá donde no lo había.

Sí, si acabas de ver una película de miedo con imágenes vívidas y perturbadoras en tu mente, todo lo que mires durante un tiempo después tendrá tintes de terror. Tu cerebro filtrará los siguientes momentos porque las imágenes siguen en tu memoria actual.

El doctor Hew Len me enseñó que también tenemos recuerdos inconscientes que afectan a todos los niveles de nuestro ser mental y físicamente. Él dijo: «Si tu subconsciente está cargado de información y se siente abrumado, va a abandonarte. Tú lo sabes. Simplemente recoge y se despide. Esa parte de ti se ha ido: tienes una casa vacía. ¿Y qué sucede cuando tienes casas vacías?: que pueden ser poseídas. Los demonios entran. La idea es que debes quedarte en casa. Tienes que asegurarte de estar trabajando siempre para estar en el Cero, de modo que esa parte de ti no te abandone.

---

6. http://news.vanderbilt.edu/2011/07/memories-visual-perception/

»Una célula cancerígena es una célula que ha perdido su identidad. No sabe quién es. Y como no sabe quién es genera el caos. Destruye cosas. Hace que todo se desencaje. Igual que tú. Has sido desplazado por los recuerdos. En lugar de estar en el Cero, un recuerdo aparece y te desplaza. Ahora estás en el infierno y aparecen todo tipo de problemas. Demonios».

Los recuerdos inconscientes también tienen un lado más sutil, pero igual de revelador. Por ejemplo, cuando vas a una fiesta y ves a alguien que te gusta (o te desagrada) desde el primer instante, suele deberse a un programa en tu cabeza. No estás viendo a la persona claramente. Estás viendo tu programa proyectado en la persona. No es sorprendente que tanta gente se case con personas que se parecen o no se parecen en nada a sus progenitores. Esas imágenes precoces se colocan, como una capa, encima de lo que tienen delante de sus ojos.

Solía tener un problema con las figuras de autoridad. Me rebelaba contra los jefes. Odiaba estar en el trabajo. Llevaba a cabo un gran trabajo mientras murmuraba entre dientes contra mis superiores. No eran «superiores» en absoluto, excepto porque su puesto laboral era superior y su sueldo más elevado. No se encontraban por encima de mí, pero mi psicología los percibía como si fueran mis progenitores. Se trataba de que mi relación con mi padre (un exsargento del cuerpo de marines) se estaba proyectando sobre cualquiera que actuara con autoridad. No estaba viendo al jefe o la jefa como una persona, sino como una versión de mi padre. Por supuesto, yo no lo sabía. Conllevó una limpieza a largo plazo llegar al punto en el que borré el programa.

No pienses que eres inmune a este truco de la mente. Es fácil pensar que le pasa a otras personas pero no a ti. Eso sería, en sí mismo, un truco del cerebro, una forma de evitar la responsabilidad. De hecho, *en este preciso momento* no estás viendo la realidad.

Hay 100.000 millones de neuronas en tu cerebro, que apenas pesa un kilo y medio. Cada segundo, 11 millones de impresiones sensoriales se desplazan a lo largo de las autopistas de tu cerebro pero, de hecho, sólo cuarenta alcanzan tu conciencia. ¡Cuarenta! ¿Qué ha pasado con los restantes 10.999.960 pedacitos de información? Tu cerebro los ha filtrado y archivado considerándolos no útiles para tu supervivencia.

¿Cómo ha sabido qué ignorar? Fíjate: tu cerebro crea una imagen del mundo basada en los recuerdos que ya tiene. En otras palabras, las experiencias de tu pasado son los recuerdos que generan una plantilla de la realidad que tu cerebro utiliza para decirte lo que es real. Si lo que está sucediendo en este momento no encaja con lo que tu cerebro ha decidido que es valioso y real, tú, como ser consciente, nunca lo sabrás. Ni siquiera verás la información nunca. Tu cerebro te protegerá de ello. Tu cerebro es una máquina de creación de realidad, sólo que probablemente no lo sabías… hasta ahora.

No es sorprendente que me hagan preguntas como: «¿Por qué algunas personas creen en la ley de la atracción y otras no?». Es fácil. Los que creen permiten la entrada a la información que respalda su creencia y, del mismo modo, los no creyentes, permiten la entrada de la información que descarta la ley de la atracción y que respalda *su* creencia.

¿Es real la ley de la atracción? Como puedes atraer datos para respaldar *cualquier* creencia, aparentemente, la ley de la atracción es real.

Lo que el auténtico ho'oponopono revela es que nuestros recuerdos están evitando que experimentemos la pura realidad de este momento. Aunque probablemente no desees que 11.000 millones de pedacitos de información te abrumen, tampoco querrás bloquear la inspiración porque no encaje con tu visión del mundo.

Según muchos científicos, sólo los niños ven el mundo tal y como es. Ven la versión sin cortes de la realidad porque tienen menos datos que descarten las ideas que les llegan. Tal y como suele decir el doctor Hew Len: «Ten los ojos de un bebé recién nacido. Sólo entonces podrás ver».

Permíteme compartir otro ejemplo contigo, aunque es uno sobre el que me provoca dolor escribir.

Hace años, mi mujer y yo encontramos una mansión que nos encantaba. Era majestuosa y recóndita, se encontraba en una preciosa finca de unas ocho hectáreas con colinas, y satisfacía nuestras necesidades en esa época. Como era una casa de lujo tan cara, hubiera sido necesario un enorme préstamo para comprarla. Presenté solicitudes y una de ellas fue aprobada. Iniciamos el proceso de cerrar la venta y de hacer planes para mudarnos a nuestro nuevo hogar. Planeamos celebrar las Navidades en nuestra nueva casa. El entusiasmo impregnaba el ambiente.

Pero tres días antes del cierre de la venta, el banco nos llamó y añadió algunas cláusulas al préstamo. Mis asesores legales y de contabilidad me dijeron que no firmara con ellos porque me arrepentiría. Así es como, en aquella época, los bancos ponían a la gente en aprietos económicos. No quería caer en esa trampa. Decidí rehusar a la compra de la mansión. Estábamos muy decepcionados. Cancelamos la compra de la casa.

Pensé que ahí había acabado todo.

Estaba equivocado.

Los vendedores eran dos abogados que se estaban divorciando y decidieron demandarme por no comprar su casa. No podía creer que algo así fuera posible. Debido a una cláusula en el contrato que me prohibía echarme atrás en la compra de su casa, podían llevarme a juicio. Tuve que acudir a tres abogados distintos antes de encontrar a uno que me gustara y que quisiera ayudarme.

Todo esto se fue alargando en los tribunales durante casi tres años. ¡Tres años! Tuve que asistir a una declaración extrajudicial en la que el abogado rival me preguntó de todo: desde por qué no compré la casa hasta mi relación con mi difunta exesposa. Aparentemente sucede cualquier cosa en estas reuniones. El proceso fue agotador y doloroso. Lo que más dolió fue la idea de si lo estaban haciendo por avaricia o venganza. No había amor. Mi corazón se hundió al darse cuenta de que la gente podía verse impulsada a hacer tales cosas.

Conozco varios métodos de reducción del estrés, además de modalidades de curación, y los llevé a cabo todos, pero nada eliminó esta situación. Seguí limpiando, limpiando y limpiando. Limpié prácticamente cada día durante más de tres años. Nada sucedió, o eso parecía.

Cuando el doctor Hew Len vino a visitarme a Austin, justo antes de otro evento sobre los Cero límites, fui a recibirle al aeropuerto, lo que resulta interesante, teniendo en cuenta que empecé a hablarle de la mochila con la que estaba cargando. Escuchó mi historia atentamente.

«¿Todavía tienes tu tarjeta de presentación?», me preguntó, haciendo referencia a la tarjeta que una vez me dijo que era una herramienta de limpieza, ésa en la que aparecía mi coche llamado Francine. Le dije que sí.

«Toma la tarjeta y úsala para cortar en pedazos la imagen de esas personas que están demandándote —me explicó—. Simplemente velo todo cortado en trocitos y luego esfumándose».

Me estaba enseñando un método de limpieza avanzado del ho'oponopono. Hice exactamente lo que me dijo. Aun así nada pareció cambiar. De hecho, la pareja dijo entonces que me iba a demandar por 3 millones de dólares. Estaba horrorizado. No habían sufrido pérdidas reales. Seguían poseyendo la casa, pero pese a ello me estaban demandando por lo que percibían que era un lucro cesante.

Compartí mi dilema con amigos íntimos. Nadie podía explicar por qué me estaba sucediendo eso. Entonces recordé que en mi propio libro *El poder de la atracción* dije en una ocasión que una vez aprendes la lección ya no necesitas la experiencia.

«¿Cuál es la lección? –me pregunté–. ¿Cuál *es* la lección?».

Después de meses de profunda búsqueda en todo ello, llegué a la conclusión de que un programa en mi interior estaba atrayendo la situación para enseñarme una lección sobre la lectura de los contratos. Había confiado en mi agente inmobiliario, que debería haber eliminado la cláusula del contrato que estaba provocándonos todos los problemas, y no lo había leído detenidamente, a pesar de un pequeño codazo en mi interior que me conminaba a hacerlo. Había ignorado la advertencia interior. El resultado fue el infierno. Una vez aprendí la lección (obedecer a los sentimientos y leer los contratos) me sentí libre.

Entonces sucedió un milagro.

La pareja me ofreció llegar a un acuerdo en los tribunales. Ya no querían 3 millones de dólares. Ya no querían seguir con el caso. Fue un final del drama rápido y pacífico. Había acabado.

Aunque los litigios suelen llevar años, éste acabó en el preciso momento en el que obtuve mi claridad. Para mí es otro milagro.

Nótese que tuve que limpiar hasta que capté la lección y el programa fue eliminado. Una vez fue así, la escena se esfumó; pero tenemos que asumir la completa responsabilidad para que esto funcione.

Un abogado me dijo en una ocasión: «Hay algo en el cerebro humano que no permite a la gente decir que es responsable. Incluso con montones de pruebas en su contra lo negarán, ignorarán y racionalizarán para apartarse de su propia implicación».

Ésa es la razón por la cual el ho'oponopono dispone de frases como «*Lo siento*» y «*Por favor, perdóname*». Esas declaraciones te ayudan a despertarte a tu propia parte de cualquier cosa que estés experimentando. Lo que resulta interesante es que esas dos afirmaciones son las que a la gente más le cuesta decir. Ésas son las afirmaciones que la mayoría de la gente se opone incluso a pensar.

Una vez más, no es culpa tuya que tengas algo que resolver en tu vida, pero es tu responsabilidad.

Si te estás peleando con un problema persistente en tu vida, date cuenta de que el asunto no tiene nada que ver contigo ni con nadie más. *El problema es un programa.* Está en ti, de forma muy parecida a una bacteria o un virus. Es más psicológico. Es lo que el ho'oponopono llama un recuerdo. No tenemos ni idea de dónde se originó y no necesitamos saberlo. Sólo necesitamos borrarlo.

¿Cómo? Practicando auténtico ho'oponopono. Pero antes de que te explique nuevas formas de borrar programas viejos, investiguemos a fondo algo de la historia del ho'oponopono tal y como lo conocemos en la actualidad.

En cualquier caso, ¿de dónde vino este extraño método?

## CAPÍTULO 3

# ¿Está Morrnah loca?

*«El meollo del ho'oponopono actual es borrar los datos en ti mismo».*

DOCTOR JOE VITALE

Morrnah Simeona era una *rara avis*. El doctor Hew Len también lo pensaba, al principio. Se fue de la conferencia tres veces. Incluso después de volver y permanecer sentado escuchando toda la cháchara esotérica sobre demonios, elfos y espíritus, siguió pensando, durante dos años, que estaba loca. Pero algo le mantuvo a su lado, y permaneció fiel, un discípulo de su marca actualizada de ho'oponopono hasta su fallecimiento en 1992.

En 1976 Morrnah adaptó la práctica tradicional del ho'oponopono de sanar en grupo para sanar en el interior de cada uno. Morrnah era considerada una *kahuna,* una guardiana de los secretos. No obstante, no los mantuvo secretos. Dio clases y los reveló a cualquiera con unos cuantos dólares. Las enfermeras la solían invitar a que limpiara hospitales, pero ella no iba con un cubo y una escoba. Iba a ahuyentar a los espíritus que caminaban por los corredores, usaban el ascensor por la noche o tiraban de la cadena cuando les apetecía. Morrnah iba a sanar el hospital de modo que las enfermeras pudieran disponer de paz. Parece ser que era buena. Las enfermeras de otros hospitales solicitaban el mismo servicio.

Aunque Morrnah era hábil con el ho'oponopono tradicional (el método de sanación en grupo), su foco era el enfoque más interno que, aparentemente, creó ella misma. Mientras ella seguía honrando las costumbres y creencias hawaianas, sabía que si la gente cuidara su propio mundo interior, su mundo exterior cambiaría. Creó una técnica moderna de autoayuda a partir de una tradición hawaiana.

Frecuentemente decía que cuando cortas las *cuerdas aka,* o los lazos con personas y cosas, eras libre. Comparó una línea telefónica con una cuerda *aka,* o vínculo invisible, con una persona. Para ella, cuando pasas tiempo con una persona o cosa o en un lugar, creas un vínculo con él o ella: un lazo invisible que permanece con los dos, incluso cuando abandonas a esa persona, ese lugar o esa cosa. Imagínate una tela de araña conectando todo lo que has tocado y podrás captar el caos. Llegó tan lejos como para decir que las antigüedades que compras y los regalos que recibes o haces también tienen cuerdas *aka.* Debes tener cuidado y, pensaba ella, eliminar siempre los vínculos.

Una vez hice que el doctor Hew Len me firmara una pelota de béisbol que había usado en una presentación porque *quería* su energía. Tengo una colección de objetos que habían sido propiedad del famoso culturista y estrella cinematográfica Steve Reeves porque *quería* su energía. Pero, ¿qué pasa con las antigüedades que poseo de las que no tengo una idea clara sobre quién las poseyó a lo largo de las generaciones que pasaron? Tengo que cortar, intencionadamente, las cuerdas *aka* con esos objetos, ya que si no podría dar la bienvenida a su programación en el seno de mi hogar.

Morrnah sentía que debíamos cortar *todas* las cuerdas *aka* para así ser libres para que la Divinidad operara a través de nosotros. Cuando iba a los hospitales, su visión de rayos X, por decirlo de alguna forma, podía ver a almas de difuntos todavía merodeando. Su ho'oponopono tenía que ver con la limpieza kármica. Una vez que liberó sus vínculos con este plano, las almas siguieron su camino. Su método consistía en decir su oración limpiadora favorita. La comparaba con el padrenuestro, pero la prefería para limpiar lazos. Fue inspiración suya hacerlo de esta manera. La entregó al mundo como un regalo para que la usáramos libremente. El doctor Hew Len y yo la seguimos usando. Aquí está:

Espíritu, Superconsciente, localiza, por favor, el origen de mis sentimientos, pensamientos sobre (_____ rellena el espacio en blanco con tu creencia, sentimiento o pensamientos _____).

Lleva cada uno y todos los niveles, capas, áreas y aspectos de mi ser a este origen.

Analízalo y resuélvelo perfectamente con la verdad de Dios.

Acude a través de todas las generaciones del tiempo y la eternidad.

Sanando cada incidente y sus apéndices basándote en el origen.

Hazlo, por favor, de acuerdo con la voluntad de Dios hasta el Yo soy en el presente, llenado de luz y verdad.

La paz y el perdón de Dios, el perdón de mí mismo por mis percepciones incorrectas.

El perdón de cada persona, lugar, circunstancias y eventos que han contribuido a esto, a estos sentimientos y pensamientos.

Morrnah dijo que debemos rezar la oración cuatro veces cada vez que queramos liberar algo. Sentía que si memorizabas la plegaria podrías sacarla más fácilmente a la superficie en tu consciencia, pero que leerla estaba perfectamente bien.

En una ocasión, un médico le preguntó si sus sentimientos de malestar cuando un paciente fallecía permanecían en el alma del paciente. Contestó: «Sí». Hablando de cosas gordas… Explicó que tenemos vínculos con otros y que la emoción los hace más fuertes. Si queremos liberarlos debemos liberarnos a nosotros mismos.

Para liberarnos a nosotros mismos llevamos a cabo el ho'oponopono pronunciando el texto anterior.

Según Morrnah somos ordenadores. Estamos llenos de programación y teníamos poco que ver con recibir. Nacimos en una línea temporal que no empezó en el momento del nacimiento, sino antes de éste. Creía en la reencarnación, pero decía que cada uno de nosotros era único. Aquello con lo que llegamos a esta vida era bastante más de lo que parecería a simple vista. Nuestra mente fue reprogramada con datos, la mayoría de los cuales ya no eran necesarios y que estaban evitando que lo Divino nos inspirara.

Tal y como enseñó al doctor Hew Len y me enseñó a mí, nuestro único objetivo es limpiar nuestras cosas. Incluso cuando tenemos un problema con otra persona, ese problema está en nosotros, y *no* en la otra persona. Para muchos lectores de *Cero límites*, esto suponía un conflicto. Lo pasaron por encima o lo malinterpretaron. Todo el meollo del ho'oponopono de hoy en día consiste en borrar los datos en *uno mismo*.

Morrnah me enseñó, repetidas veces, que la forma de borrar la programación era con su oración. El truco consistía en repetirla cuatro veces al día. También dijo que nadie más tiene por qué saberlo. Me explicó que lo único que necesitas es el nombre de la otra persona.

De hecho, ésta es la forma en la que el doctor Hew Len limpiaba antes de cada uno de nuestros seminarios sobre los Cero límites. Me pidió una lista de todos los asistentes. Todo lo que quería eran sus nombres. Con esos nombres, miraba cada uno de ellos y, mentalmente, borraba cualquier cuerda *aka* entre él y esa persona.

La mayoría de las veces usaba el extremo en el que un lápiz tiene la goma de borrar y golpeteaba sobre cada nombre mientras decía en silencio «Gota de rocío» o «Borrar». Dudo que alguna vez rezara toda la oración de Morrnah para cada nombre: podría muy bien haber sostenido la lista y decir la plegaria sobre ella.

No puedo hacer suficiente hincapié en que todo el meollo de hacer cualquier cosa relacionada con todo esto es tu paz interior. Nadie más importa, excepto el efecto que él o ella tienen sobre tu bienestar interno. Si alguien suscita alguna reacción emocional intensa en ti, limpia y vuelve a limpiar.

En la última aparición pública filmada de Morrnah, alguien preguntó si se podía plantar una forma de pensamiento en la mente de una persona. Encontré esta pregunta fascinante. Desde mi *satori* (o vistazo del despertar), me di cuenta de que la comunicación con lo Divino es una calle con dos sentidos de circulación. Puedes limpiarte a ti mismo de modo que puedas recibir inspiración de lo Divino y puedes, claramente, *enviar* solicitudes a lo Divino.

Morrnah dijo: «Sí, puedes introducir una forma de pensamiento en el ordenador de otra persona». Esto me sorprendió. El doctor Hew Len decía: «No te metas con otra persona. Te estarías metiendo con su karma y se armaría la de San Quintín». A pesar de ello, aquí estaba Morrnah, la profesora del doctor Hew Len, diciendo que podías influir a otra persona.

¿Qué afirmación era correcta?

Ambas lo son. Puedes enviar un mensaje a otra persona teniendo una intención, alimentándola con emoción e imaginando que está yendo a la otra persona. Me gustaría que tu intención sea de bienestar y sanación de esa persona. Estoy seguro de que a Morrnah también le gustaría que fuese así.

Pero esto hace que surja una pregunta: ¿quién sabe lo que es adecuado para otra persona? No conozco tu línea temporal a lo largo de la vida. Tú no conoces la mía. A veces parece obvio: la gente está sufriendo, así que ayúdala. Pero no podemos ver todo el cuadro. Su sufrimiento puede estar conduciéndolos a un regalo que no podemos ver o predecir.

El foco de Morrnah estaba en la curación. Estoy seguro de que quería que las formas de pensamiento tuvieran un propósito positivo. Admitía, abiertamente, que había brujos que practicaban la magia negra. Confesó que la habían usado con ella y que habían intentado hacerle daño. Sabía que había un poder del bien y del no tan bien.

De hecho, los primeros *kahunas* de Hawái solían ser malvados hechiceros que se decía que «rezaban para que la gente muriera». Según Julius Scammon Rodman, en su libro *The kahuna sorcerers of Hawaii*,[7] se practicaba más magia negra que blanca. Había más odio que amor. Era más vudú que luz blanca. El amor y el perdón del ho'oponopono actual no se veían. Era arte oscuro para la manipulación.

Scott Cunningham escribió, en su libro *Cunningham's guide to hawaiian magic & spirituality*,[8] que algunos *kahunas* «enviaban espíritus volando en misiones destructivas».

Parte de esto puede comprenderse. Los cristianos no llegaron hasta 1820, momento en el cual empezaron a convertir y civilizar a los hawaianos, prohibiendo costumbres, como el famoso baile *hula*. Antes de ello, el miedo, la superstición, la paranoia y más cosas dominaban a las personas. Les aterrorizaba la tierra, la oscuridad y otras cosas. Los dioses del viento, la tierra y el mar podían no hacerles daño si se comportaban correctamente, ofrecían sacrificios o contrataban los servicios de un brujo o hechicero. Consideraban que cualquier persona que pudiera ayudar a protegerlos era una persona con poderes mágicos. Esos poderes eran frecuentemente utilizados para echar una maldición o incluso matar a cualquier cosa percibida como una amenaza. Así era el *huna* en los primeros tiempos: un arma psíquica.

Morrnah era considerada una de las últimas *kahunas* auténticas y de la vieja escuela que quedaban, pero ella usaba su poder para el bien. La diferencia era que, de punta a cabo de las enseñanzas de Morrnah, ella

---

7. Los brujos kahuna de Hawái. *(N. del T.)*
8. La guía Cunningham de la magia y la espiritualidad hawaianas. *(N. del T.)*

se centraba en *sanarte a ti mismo.* Tu bienestar es suficiente para influir en otros. En una ocasión fue a un hospital y se sentó con el director de éste. Le explicó que si quería que su hospital fuera más eficiente y eficaz, necesitaba sanarse a sí mismo. Se sentó con él y leyó la oración. Una vez recitada, el hospital mejoró al día siguiente.

Influir en otros sin decirles nada no es algo nuevo. Phineas Parkhurst Quimby, considerado, generalmente, el padre del Nuevo Pensamiento a mediados del siglo XIX que, con el tiempo, se convirtió en la Sanación de la Nueva Era de todos los tipos, escribió:

> Es un hecho indiscutido que la filosofía nunca ha explicado que las personas se afectan las unas a las otras cuando ninguna de ellas es consciente de ello. De acuerdo con el principio por el cual sano a los enfermos, tales incidentes pueden ser tenidos en cuenta, y se puede demostrar, sin ningún género de duda, que el hombre ignora totalmente las influencias que actúan sobre él y, al ignorar la causa, es constantemente propenso al efecto.

Esto también ayuda a explicar cómo el doctor Hew Len podía llevar su tranquila vibración a un pabellón de un hospital mentalmente caótico y hacer que, con el tiempo, su ser calmara a la gente sin que lo supiera. Se relajaban debido a su calma muda. Les afectó pero sin decir ni una palabra.

Morrnah creía que el mundo imaginado era tan sólido como el mundo real. Frecuentemente decía que, por ejemplo, no necesitas agua como herramienta para limpiar, sino que podías, de hecho, *imaginar* agua. Se llevaría a cabo la misma limpieza. El doctor Hew Len suele decir que el agua solarizada azul es una herramienta de limpieza que se elabora introduciendo agua normal en una botella azul y dejándola una hora al sol, pero Morrnah nos enseñó que todo lo que necesitas es la *imagen mental* del agua solarizada azul. Todo sucedía en la mente.

En una ocasión, tuve una sesión de limpieza con un practicante experimentado del ho'oponopono que me envió un *e-mail* lleno de mayúsculas en lugares raros y que decía: «La meditación comenzó con una enorme Gota de Arco Iris que llegó y se posó sobre ti y sobre todo. A medida que la Gota se derretía, fue trabajando para separar los recuerdos de tus preocupaciones físicas. Entonces, la Gota hizo que los pedazos se derritieran.

Este proceso llevó varios minutos. Al final te fue dada una Galleta de Arco Iris. Esta Galleta es una herramienta para que la uses, específicamente, con tu experiencia del peso. Cómela con frecuencia. Imagina comer galletas para perder peso. La meditación acabó. ¡Y ya está hecho!».

Para Morrnah y otros veteranos del ho'oponopono, la imaginería era tan real como la fisicalidad. No obstante, todo el foco está centrado en ti, y no en otra persona: *en ti*.

En el primer evento sobre los Cero límites, celebrado en 2006, dos de los estudiantes del doctor Hew Len se sentaron en la parte de atrás de la sala. Eran como estatuas de hormigón. No dijeron nada. No mostraron emoción alguna. Se sentaron y observaron en silencio total y sin mover una pestaña. Excepto por su vestimenta occidental, se les podría haber considerado monjes de una vida pasada.

Cuando les pregunté qué estaban haciendo, uno dijo: «Nuestro trabajo». Tuve la impresión de que estaban ahí para ayudar al doctor Hew Len a seguir limpiando la sala para que así todos pudieran experimentar la Divinidad más rápidamente. No creo que estuvieran haciendo nada más que limpiarse a sí mismos. Su foco en su bienestar estaba borrando datos en todos nosotros.

Recuerda que el único propósito es tu propio bienestar. Desde ese lugar, lo que el doctor Hew Len llama Cero, puedes verte inspirado a ayudar a otro, pero deja que venga de la inspiración, y no del propósito del ego.

Mientras tanto, sigue limpiando.

Morrnah consideraba que toda vida era sagrada. Se lo tomaba al pie de la letra. No había excepciones. Consideraba los objetos inanimados como animados. Era el animismo encarnado. *Todo* estaba y está vivo. Decía que la cosa más importante era respetar toda forma de vida.

No es sorprendente que el doctor Hew Len le hable a las mesas, sillas, alfombras y habitaciones. Está comprobando su bienestar. Considera que están vivas. También es animista. Está buscando cualquier cuerda *aka* para cortarla y así permitir que haya pureza.

Siempre pensé que el doctor Hew Len estaba un poco ido cuando hablaba a las habitaciones y las sillas, aunque a medida que mi colección de guitarras crecía, percibí que cada guitarra parecía hablarme. Los músicos suelen decir que las guitarras tienen canciones en su interior. Cogí una guitarra fabricada por Huss & Dalton, y mientras la tomaba, empecé, de repente, a rasguear y cantar una melodía y unas palabras inusuales. Se convirtieron en la canción «Ghost Train»[9] de mi álbum *The healing song,* pero nótese que esa canción no existía hasta que la guitarra pareció decírmela. Ahora ya no cuestiono que el doctor Hew Len le hable a los muebles. Ahora le hablo a las guitarras.

Morrnah profundizó todavía más. «Puedes limpiar la habitación –dijo en una ocasión–, pero… ¿qué hay de la tierra?». Explicó que toda tierra era sagrada y que necesitaba sanación. Cuando la maquinaria llegó y empezó la construcción, la tierra fue profanada. También necesita sanación.

Mientras escribía esto, recibí el manuscrito de un libro de Mark Anthony, un abogado de Florida que tiene la capacidad de ver el mundo invisible. Se llama a sí mismo abogado psíquico. Su libro está lleno de pruebas (desde su propia experiencia a las de investigadores), demostrando que hay un mundo invisible de seres.

Morrnah era invitada frecuentemente para ayudar a los espíritus invisibles de hospitales a acabar su tarea, a que se dieran cuenta de que estaban muertos y a que avanzaran en su evolución. El doctor Hew Len solía advertir que no se debía prestar atención a los fantasmas, ya que tu atención los atraería. Considera que tu única tarea consiste en cuidar de ti mismo.

Sin embargo, siempre que Morrnah o el doctor Hew Len se encontraban con espíritus con tareas inconclusas, los limpiaban. ¿Cómo? Mediante la repetición de la oración ho'oponopono. Para ambos, la plegaria era la herramienta de limpieza que rompía las cuerdas *aka* y liberaba datos, de modo que todos los implicados pudieran ser libres. A Morrnah le pidieron una vez que limpiara Pearl Harbor, porque las almas de los difuntos seguían viviendo en la zona. Accedió a hacerlo.

También creía que uno nunca lleva a cabo una limpieza *per se.* «La oración es una solicitud para el alivio», explicaba. El doctor Hew Len la llama una petición. Tu limpieza es una solicitud. Es cosa de la Divinidad hacer algo. A veces una persona tenía una deuda kármica que pagar, y no habría cantidad suficiente de ho'oponopono que pudiera ser de ayuda a no ser que la Divinidad mostrara que la deuda estaba saldada.

---

9. La canción sanadora. *(N. del T.)*

En pocas palabras, limpiar y dejar ir. Limpiar y confiar. Practicar el ho'oponopono y tener fe. Confía en el proceso. Cualquier otra cosa sería una solicitud del ego, y el ego no está al mando. Lo Divino sí.

Demasiadas personas en los círculos de sanación culpan a la gente por no ser sanada. Dicen que tienes que hacer esto o lo otro, y que es culpa tuya si no pasa nada. Lamentablemente, esos sanadores están haciendo más mal que bien. De acuerdo con el *ho'oponopono* auténtico y actual, *nadie* es culpable. Nunca. Tienes asuntos y retos debido a los datos, y trabajas parra borrar los datos. Pero si los datos son borrados o no, no depende de ti.

De hecho son más *datos* para esperar resultados de una forma concreta. En otras palabras, una expectativa es una creencia. La creencia son datos. Ésta es la razón por la cual el doctor Hew Len subraya continuamente en público y en privado que todo para lo que él está aquí es para limpiar.

El resto es cosa de la Divinidad.

No es de extrañar que algunos consideraran a Morrnah rara. No podía garantizar resultados. Podía garantizar que limpiaría, pero los resultados no dependían de ella.

Piensa en ello.

Y limpia.

CAPÍTULO 4

# ¿Podría, por favor, ponerse de pie el verdadero ho'oponopono?

*«La claridad es el activo más importante en tu vida».*

Doctor IHALEAKALA HEW LEN

De todas formas, ¿de dónde surgió el ho'oponopono?

El doctor Hew Len solía decir que vino de otras galaxias. Aquí tenemos una idea para expandir nuestra mente. Me dijo que podría haber llegado de Lemuria, un continente perdido parecido a la Atlántida que podría, o no, haber existido. Como autor que quiere conocer hechos rastreables, encontré ambas posibilidades poco útiles.

¿Cuál es la verdad?

La forma original del ho'oponopono se usó como herramienta para sanar relaciones y resolver conflictos familiares. Tiene una antigüedad de por lo menos un siglo y no tiene un origen claro, aunque se supone que es polinesio.

Según el libro *Nana i ke kumu*[10] volumen 1, que Morrnah recomendaba para comprender el ho'oponopono de la vieja escuela: «El ho'oponopono era, en esencia, un asunto de familia o sólo de aquéllos más preocupados por el problema».

---

10. Mira hacia la fuente. *(N. del A.)*

Usado en Hawái por terapeutas, pastores, asesores y cabezas de familia, solía implicar que una familia se sentara en círculo y, por turnos, aireara sus diferencias, rencores, iras y más. El objetivo era descargar la emoción, ser escuchado y terminar con el perdón.

Todavía se sigue usando en la actualidad, pero con una amplia variedad de personas interpretando cómo debería llevarse a cabo. Muchos creen que está contaminado. De acuerdo con la obra *Nana i ke kumu*, «Cuando la cristiandad llegó hace más de un siglo, el ho'oponopono se fue». El enfoque de la vieja escuela seguía estos puntos:

- *Pule* de apertura (oración)
- Una declaración del problema a resolver o sanar
- Autoexamen de los pensamientos y las acciones de cada persona
- Sinceridad absoluta
- El líder controla la discusión y dirige al grupo
- Confesión honesta de las ofensas a los dioses y de los unos a los otros
- Acuerdo para las restituciones a las partes afectadas
- *Pule* de clausura (oración)

En la época precristiana, el sacrificio de un animal seguía a la práctica del ho'oponopono tradicional que acabamos de describir. En la época posterior a la introducción del cristianismo, era una comida lo que venía tras el ritual. Morrnah decía que estaba bien comer fruta después.

El ho'oponopono que el doctor Hew Len y yo enseñamos es el actualizado que Morrnah enseñaba. Es básicamente igual que el ho'oponopono tradicional, pero sin que sea necesario nadie más. Todo se lleva a cabo en el interior. La percepción de Morrnah era que todo tiene que ver contigo. El doctor Hew Len todavía va más allá y dice que no es necesario nadie más. Ésta es la razón por la cual no es necesario enseñar ho'oponopono ni crear productos a su alrededor. Todo lo que necesitas es el proceso, y luego todo lo que necesitas es llevarlo a cabo. En todo caso, disponer de un *coach* personal (de forma muy parecida a como el doctor Hew Len tuvo a Morrnah y yo le tuve a él) puede ser de ayuda.

En una ocasión pregunté al doctor Hew Len si debía recibir formación en ho'oponopono. «No —me contestó sin pensarlo ni dudarlo—. Ya estás ahí». No estuve de acuerdo, así que seguí reuniéndome con gente que había estudiado con Morrnah o con el doctor Hew Len. Quería absorber todo lo que pudiera. Por supuesto, todo lo que estaba haciendo en realidad era añadir datos a mi ya de por sí sobrecargado disco duro mental.

Genial. Más cosas que limpiar.

¿Cuál es el ho'oponopono real?: el que tú practicas.

Es, básicamente, una herramienta, y no una religión fundamental y esencial. Es un paso hacia el despertar. Por el camino, mucha gente ha creado productos entorno al ho'oponopono. Por supuesto, incluso el doctor Hew Len tiene artículos en venta. Ofrece, por ejemplo, sus pegatinas Ceeport.[11] Ésa es la imagen que se vio inspirado a crear. *Ceeport* significa «Limpiar, borrar y borrar mientras regresas a puerto». Tiene la misma imagen en su tarjeta de visita, que vende por 10 dólares cada una. Siempre he admirado ese atrevimiento. La mayoría de la gente se esfuerza por dar con formas de que otros acepten sus tarjetas de visita, pero el doctor Hew Len las *vende*.

El doctor Hew Len dijo en una ocasión, cuando alguien le preguntó sobre la creación de un producto para vender inspirado por el ho'oponopono: «Si la idea procede de la inspiración está bien».

Utiliza esos productos o no los uses, según te sientas inspirado, pero pregúntate a ti mismo si los necesitas realmente. En el ho'oponopono, la única persona a cambiar eres tú mismo. Cuando uses el método sobre tus propios malestares, independientemente de qué o quién provocó tu alteración, entonces estarás prácticando auténtico ho'oponopono. No necesitas nada más.

Por mucho que me encantara que comprases más ejemplares de este libro (y de *Cero límites*) y los regalases a todos los que conoces, sólo tú tienes que hacer algo relativo a cualquier problema que experimentes. Sé que es tentador decir a los demás: «Límpialo», pero no es así como funciona el auténtico ho'oponopono.

Nadie más tiene que hacer algo para resolver cualquier problema.

---

11. Ceeport es intraducible en castellano. Corresponde a un acrónimo procedente de «Clean, erase, erase, as you return to port», que equivale, en castellano, a «Limpia, borra y borra mientras regresas a puerto». (*N del T.*)

Sólo tú.

El ho'oponopono tradicional se parece a esto: alguien está alterado debido a una situación. Para resolverla, todos los implicados son citados a una reunión. En esa reunión se expresan las quejas, no siempre con amor ni aceptadas con perdón. El líder del grupo considera a todos responsables, y la reunión prosigue, durante tanto tiempo como sea necesario, hasta que la resolución sea completa, lo que significa que el amor incondicional se recobra en el grupo.

El ho'oponopono actual se asemeja a lo siguiente: estás alterado debido a una situación. Entonces te vuelves hacia tu interior, sientes el dolor y suplicas a la Divinidad (Dios, Gea, Tao, el Cero, la Naturaleza, etc.) que eliminen tu programa interno (datos, pensamiento o creencia o convicción) que provocó o atrajo la situación. Repites esta limpieza, despejando, borrando o reparando hasta te encuentres en paz contigo mismo.

En el primer escenario necesitas a otros y dependes de ellos. En el segundo no necesitas a nadie. El doctor Hew Len, Morrnah y yo enseñamos el segundo enfoque.

Por ejemplo, una amiga mía estaba sufriendo problemas que tenían que ver con una mujer de un grupo al que pertenecía. La mujer parecía decir y hacer cosas sólo para molestar a los demás. Como yo no formaba parte del grupo y no conocía a la mujer que alteraba a los demás, nada de esto me molestaba. No estaba implicado, pero mi amiga, ciertamente, sí lo estaba.

Debido a la desesperación acabó por decirme: «He probado con el ho'oponopono porque no podía superar la situación con mi ingenio».

En otras palabras, siguió intentando resolver el conflicto que estaba experimentando diciendo y haciendo las cosas de forma distinta, pero nada de ello estaba funcionando. Como conocía el método del libro *Cero límites,* decidió darle una oportunidad. Como resultado de ello, fue capaz de encontrar la paz interior y al final pudo dormir tranquila.

Fue capaz de llegar al Cero en lo referente a la situación.

Aquí tenemos otro ejemplo: hace muchos años mi madre acudió a urgencias. Había estado enferma durante trece años y había empeorado mucho. Estaba sufriendo. Sus órganos vitales estaban fallando. Se llamó a toda la familia. Cancelé eventos y fui para estar a su lado.

Se encontraba en una unidad de cuidados intensivos que estaba tan aislada que sólo había otros cinco pacientes allí con ella. Tres de ellos fallecieron mientras fui allí de visita. Al ver a mi madre tan débil y pálida me sentí desamparado. Parte de mí incluso se sintió airado. Pensé que debería haberse cuidado más. Estaba molesto y asustado. No sabía qué hacer. Incluso los médicos parecían, simplemente, mantenerla con soporte vital y hacer poco más. No me encontraba en paz conmigo mismo y me sentí impotente por no poder hacer nada.

Recordé el ho'oponopono. La idea fundamental es que debo encontrar la paz en mi interior, y que mi paz la ayudaría a hacer lo que fuera que necesitara, ya fuera quedarse o pasar a mejor vida. Comencé a trabajar en mí mismo. No intenté curarla. No sabía cómo curarla. No tenía forma de saber qué hacer para ayudar. Sabía que estaba molesto, así que trabajé en mí mismo. Necesitaba recobrar la paz interior. Sabía, a partir de mis investigaciones sobre los sanadores y la sanación, que mi propio bienestar podía afectar a aquellos que se encontraban a mi alrededor. Hice todo lo que sabía hacer.

Me quedé ahí sentado y miré en mi interior y repetí las frases: «Te quiero. Lo siento. Por favor, perdóname. Gracias». No se las decía a ella, y no las estaba pronunciando en voz alta. Nadie podía saber qué estaba haciendo y probablemente pensaran que estaba meditando o rezando, o simplemente sentado en un silencio desesperado. Seguí con esta práctica hasta que las horas de espera pasaron.

Eso fue hace muchos años. Mi madre sigue viva. Está en casa. No está mucho mejor, pero sigue viva y respirando, hablando y compartiendo y comunicándose. Tiene días muy malos y días muy buenos. Ha habido veces en las que me mira y dice: «Te quiero». Ha habido días festivos en los que ha entrado en el salón con todos y se ha sentado con la familia.

Mi padre es su principal cuidador. Como excombatiente del cuerpo de marines en la Segunda Guerra Mundial casado con mi madre desde hace más de sesenta años, considera su misión cuidar de ella, por lo que el resto de la familia y yo nos hacemos a un lado y le dejamos hacer lo que mejor le parece. Mientras tanto, la prolongación de la vida de mi madre nos parece un milagro.

¿Salvó su vida mi práctica del ho'oponopono? ¿Le dio mi práctica años suplementarios o acaso no hizo nada más que proporcionarme paz interior?

No lo sé. No tengo forma de saber cómo medir algo así, pero sí que sé que mi paz interior me permitió estar con mi madre, estar centrado y estar en el momento, y quizás éste sea el verdadero milagro aquí. Quizás el hecho de que permitiera la entrada a la realidad del momento, sin juicios ni exigencias, liberó a mi madre para que hiciera lo que ella necesitara: en este caso ponerse lo suficientemente bien como para volver a casa.

Según dice Larry Dossey, médico e investigador, en su libro *Palabras que curan: el poder de la plegaria y la práctica de la medicina:* «Los investigadores sugieren que los sanadores serán más eficaces si se esfuerzan por estar completamente libres de visualizaciones, asociaciones u objetivos concretos». Continúa para explicar que quizás lo mejor sea permitir un «enfoque *hágase tu voluntad*» en la curación.

Tal y como decía Henry Ward Beecher: «La fuerza de un hombre consiste en averiguar el camino que sigue Dios y seguir ese camino».

Por supuesto, esto es más fácil de decir que de hacer. Ver a mi madre a punto de morir en una unidad de cuidados intensivos fue perturbador. Deseaba un cierto resultado: su recuperación; pero el auténtico ho'oponopono nos enseña que lo Divino, y no yo, posee el resultado perfecto. Debo tener una fe tal que pueda dejar ir, haciendo que el único trabajo necesario sea buscar mi paz interior.

Profundicemos más en esto.

## CAPÍTULO 5

# De todas formas, ¿de quién es la culpa?

*«No es la gente, no es la persona. Es el programa».*

Doctor IHALEAKALA HEW LEN

Un amigo se dejó caer por casa y me acribilló a preguntas sinceras originadas a partir de *Cero límites*.

«¿Cómo podría ya *un niño* tener creencias limitantes?».

La pregunta surgió porque la hija del doctor Hew Len sufría una enfermedad cutánea, y cuando él conoció a Morrnah, ésta ayudó a curar a la niña.

«Pero, y en primer lugar, ¿cómo pudo la niña contraer la enfermedad? ¿Acaso no son los niños inocentes?».

Venimos a la vida con programación. La ciencia de la epigenética confirma que lo que nuestros bisabuelos hicieron aparece frecuentemente en la actualidad en el ADN de un niño. No venimos a este mundo siendo una pizarra en blanco. No somos una pizarra blanca sin nada escrito en ella. Venimos con programación, y luego descargamos más programas de nuestros padres y otras personas, además de la cultura en la que vivimos.

Le dije a mi amigo que una persona que trabajaba en mi programa Miracles Coaching®[12] perdió a sus gemelos sólo unos días después de su nacimiento. La madre se sentía culpable, preguntándose qué era lo que

---

12. Sanador melancólico. *(N. del T.)*

había hecho mal. El médico le dijo que no había hecho nada mal, que no era su culpa.

En otro caso, un famoso culturista al que conozco sufrió un ataque al corazón. «¿Cómo?» se preguntaba. Siempre ha comido sensatamente y siempre ha hecho ejercicio. Lo hizo todo bien. El médico le explicó que no era nada que *él* hubiera hecho. Se encontraba en su sistema heredado, basado en lo que su árbol genealógico había hecho antes incluso de que él naciera. Él no tenía nada que ver con ello.

Mi amigo comprendió. «Si eso es cierto, entonces tenemos mucha limpieza que llevar a cabo» resumió. Y ése es el meollo del ho'oponopono. Hay tantos datos que limpiar que podríamos, virtualmente, no acabar nunca.

El doctor Hew Len fue a pasear por el centro de Austin durante uno de nuestros grandes eventos juntos. Dio los buenos días a un desconocido en una parada de autobús. No obtuvo respuesta. El doctor Hew Len dijo que se enfadó al instante. Quería un saludo amable. Esto nos muestra cuánta limpieza tenemos que llevar a cabo. El doctor Hew Len ha estado practicando la limpieza durante más de veinticinco años y, pese a ello, el desprecio de un desconocido le ofendió.

Sigue limpiando.

La mayor parte de lo que necesitas limpiar es el inconsciente. Es tu programación. Yo también la tengo. Ya llevo años limpiando, lo que me ha llevado a logros y a momentos de unidad con lo Divino. Pero todavía no he acabado. Y tampoco tú. Si estás leyendo esto tienes más trabajo que hacer. Esto no es un juicio sobre ti o sobre mí. Somos humanos. Hemos heredado programas. Nadie tiene la culpa, pero tenemos la responsabilidad de limpiar el mundo limpiándonos a nosotros mismos.

Si quieres estar en armonía con la vida y sentir alegría ahora, sigue limpiando. Digo alegría, aunque solía decir que el objetivo es ser feliz ahora y añado que la felicidad es una opción, hasta que una conversación con un amigo me hizo volver a pensar en mi vocabulario.

Mathew Dixon es un extraordinario guitarrista flamenco actual y es mi profesor de guitarra. Me ayudó a prepararme para mi primer CD musical, *Blue Healer.*[13] Proseguimos para crear dos álbumes musicales

---

13. Alineándose con el Cero. *(N. del T.)*

populares inspirados en el ho'oponopono: *Aligning to Zero*[14] y *At Zero*. Cuando viene a verme, frecuentemente hablamos más sobre la vida y el ho'oponopono de lo que tocamos la guitarra o nos dedicamos a la música.

Un día Mathew dio vueltas sobre la idea de que la felicidad es fugaz. Decía que todos queremos amor y que, con ese fin, hacemos todo tipo de cosas; pero, dijo, lo que más deseamos es la alegría. Esto me recordó al vocablo *imperturbabilidad*. En otras palabras, deseamos estar en paz con nosotros mismos. La felicidad podría ser una forma de expresarlo: la alegría es otra.

La mayoría de nosotros no estamos contentos, en paz con nosotros mismos o alegres. Frecuentemente he dicho que si quieres ver lo iluminado que estás, visita a tu familia. Ellos conocen tus puntos débiles y fuertes. Pocos de nosotros estamos contentos cuando estamos rodeados de nuestra familia durante un cierto período de tiempo. Yo solía visitar a mi familia llevando puesto un escudo psíquico. Solía estar en ascuas, esperando a que alguien criticara mi estilo de vida o a mí. Sin embargo, en la actualidad, normalmente vuelvo a casa en paz conmigo mismo. Sigo limpiando, y de algún modo mi familia parece cambiar.

Tienes que limpiar sin parar. Es el billete de entrada para la alegría. Otros beneficios, que son casi místicos y superhumanos, vienen a lo largo del camino. (Hablaré más acerca de ellos más adelante). No querrás obsesionarte con los premios. Limpiar para obtener alguna cosa es un programa. Limpias para estar aquí *ahora*. El milagro es *ahora*. El poder es *ahora*. El premio real es *ahora*. No obstante, no conozco realmente a nadie *en* el aquí y el ahora, así que sigo limpiando.

¿De dónde vinieron? ¿Por qué funcionan las cuatro frases?

No puedo encontrar investigación alguna que respalde dónde se originaron las frases. Es fácil concluir que las creencias cristianas (como arrepentirse con un «Lo siento» y «Por favor, perdóname») estuvieron implicadas. También es evidente que las antiguas supersticiones hawaianas podrían haber creado frases sobre la rendición a los dioses o a una Divinidad que podía sanar o dañar. También resulta tentador decir que las cuatro frases proceden directamente de lo que diría cualquiera en una sesión de terapia en grupo: «Por favor, perdóname por lanzar tomates a tu

---

14. En el Cero. *(N. del T.)*

casa», acabando con el perdón («Lo siento»), de modo que uno le pueda decir al otro: «Te quiero».

Fuera como fuese que llegaran, las cuatro frases han venido para quedarse. Miles de personas las repiten ahora para sanarse a sí mismos de una larga lista de quejas.

Pero, ¿por qué funcionan las frases?

Eso es incluso más difícil de decir. Podría ser, simplemente, el hecho de creer. El placebo es poderoso. Unido a la famosa historia del doctor Hew Len y el pabellón del hospital que ayudó a cerrar, se vuelve fácil creer que las frases tienen poderes mágicos.

Y no podemos pasar por alto la posibilidad de que las frases *realmente* tengan poder mágico. Si el poder procede de tu convicción en ellas o del hecho de decirlas independientemente de lo que creas, eso nadie puede decirlo con seguridad. Puedo imaginar a un científico creando un estudio en el que un grupo de personas usa las frases y otro no. Entonces *quizás* podríamos decir qué funcionaba. Como hay tantas variables en un estudio tal, incluso eso podría no ser concluyente. (Para que conste, el doctor Hew Len me envió en una ocasión un estudio que revelaba que a la gente le bajaba la presión sanguínea mediante la utilización de las cuatro frases a modo de meditación; pero el estudio era tan pequeño que apenas es válido).

Frecuentemente he explicado que las cuatro frases son palabras desencadenantes de un proceso más largo. Por ejemplo, cuando digo: «Lo siento», en realidad estoy pensando: «Lo siento por cualquier programa que haya en mi interior que generó este evento». Cuando digo: «Por favor, perdóname», de hecho quiero decir: «Por favor, perdona el hecho de que sea inconsciente de mis propios procesos de pensamiento». Cuando digo: «Gracias», estoy queriendo decir: «Gracias por liberar este programa de mi ser». Cuando digo: «Te quiero», estoy volviendo a la Fuente (la Divinidad o el Cero) y dejando limpia mi pizarra interior.

Las buenas noticias son que hoy día hay más métodos de limpieza que podemos usar para obtener resultados más rápidos, y nos ocuparemos de ellos en otro capítulo. Por el momento, echemos un vistazo a cómo la ciencia respalda las ideas subyacentes a la sanación ho'oponopono.

Las Cuatro FRACES son
* Lo siento por fabor
perdonamul, Gracias,
Te amo.

## CAPÍTULO 6

# ¿De dónde vienen estos programas?

*«Ya eres perfecto».*

Doctor IHALEAKALA HEW LEN

Me *encanta* el campo de la neuroplasticidad. Es enriquecedor. Afirma que el cerebro puede moldearse como si fuera plástico, y puede ser remodelado y vuelto a cablear *por ti*: una neuroplasticidad autodirigida. Esto ayuda a explicar cómo funciona el ho'oponopono.

Según el doctor Jeffrey Schwartz, en su último libro, *You are not your brain*,[15] escrito junto con la médico Rebecca L. Gladding, prácticamente cualquier hábito puede cambiarse con la ayuda de un proceso de cuatro pasos. Ahora puedes acabar con tu autosabotaje o con cualquier otro mal hábito. Puedes liberarte.

Entrevisté al doctor Schwartz. Este médico, psiquiatra e investigador rebosa energía, tiene una fe profunda y le encanta su trabajo. Fue asesor en la película *El aviador,* de Martin Scorsese, que habla sobre Howard Hughes. Ahora Schwartz está ayudando a gente como nosotros a aprender a volver a cablear nuestro cerebro de modo que podamos obtener los resultados que deseamos y convertirnos en las personas que anhelamos ser.

En el corazón de este enfoque innovador tenemos el conocimiento de que eres algo más que lo material. Ésa es la razón por la cual pue-

---

15. Tú no eres tu cerebro. *(N. del T.)*

des ser independiente de tu cerebro, ser consciente de ello y, de hecho, reescribirlo.

Schwartz es un hombre de ciencia que también escribió, en 2002, un fascinante libro basado en la ciencia titulado *The mind and the brain: Neuroplasticity and the power of mental force*.[16] A pesar de ello, también es un hombre espiritual y no teme decirlo.

No dice de dónde vinieron los pensamientos, pero sugiere que algunos de ellos te sirven y que otros son mensajes cerebrales engañosos. Los segundos podemos aprender a oírlos pero a no obedecerlos. Le dije a Schwartz que en la mayoría de mis libros, como en *El poder de la atracción* yo llamo creencias limitantes a lo que él llama mensajes cerebrales engañosos. Ambos son pensamientos que no sirven a tu objetivo más importante. Schwartz explicaba que en su trabajo con pacientes que padecían desorden obsesivo-compulsivo (DOC), los escáneres cerebrales revelaban que estaban obedeciendo a mensajes que se estaban desencadenando en su cerebro que les estaban haciendo daño. Sin embargo, no era un problema que tuviera que ver con los pacientes, sino que era un problema que tenía que ver *con su cerebro*. Con nuevas habilidades podrían aprender a volver a entrenar a su cerebro. (El doctor Schwartz escribió sobre el DOC en su primer libro, *Brain Lock*).[17]

Pero esto es cierto para todos nosotros. Puede que nuestro cerebro no siempre esté ayudando. El mensaje es que, independientemente del esfuerzo, puedes cambiarlo. Consiste en aprender cómo eso nos está retando. Los cuatro pasos de Schwartz son una solución universal que aplica a todo (dale tú el nombre): cosas como la adicción a la BlackBerry o al iPhone, las compras compulsivas, la bulimia, la adicción a la comida basura, engañar, la procrastinación y cómo dejar de volver con tu tóxica expareja.

En otras palabras, esos pensamientos que te vienen a la mente, como «¡Esta cosa del ho'oponopono es una mierda!», no vienen de ti, sino de tu cerebro.

Schwartz los llama mensajes cerebrales engañosos, pero hasta que te apartes de ellos, *parece* que son tú. La limpieza te ayuda a borrarlos

---

16. La mente y el cerebro: la neuroplasticidad y el poder de la fuerza mental. *(N. del T.)*

17. Cierre cerebral. *(N. del T.)*

de tu memoria. La limpieza ayuda a eludirlos de modo que ya no se desencadenen.

En pocas palabras, aquí tenemos los cuatro pasos de Schwartz para ayudarte a entenderlo:

*Paso 1: Reetiqueta:* Identifica los mensajes cerebrales engañosos y las sensaciones desagradables. Llámalos por su verdadero nombre.

*Paso 2: Redefine:* Cambia tu percepción sobre la importancia de los mensajes cerebrales engañosos. Di por qué estos pensamientos, deseos e impulsos siguen molestándote. («¡No soy yo; es, simplemente, mi cerebro!»).

*Paso 3: Vuelve a centrarte:* Dirige tu atención hacia una actividad o proceso mental que sea saludable y productivo, incluso aunque las ansias, pensamientos, impulsos y sensaciones falsos y engañosos sigan presentes y te estén molestando.

*Paso 4: Reevalúa:* Valora los pensamientos, las ansias y los impulsos por lo que realmente son: sensaciones provocadas por mensajes cerebrales engañosos que no son ciertos y que tienen poco o nada de valor.

Puedes ejercitar tu cuerpo y puedes ejercitar tu mente. Yo lo llamaré Yoga Cerebral, por el momento. Esta información te enseña a ser el piloto de tu cerebro y no un pasajero que permite que aquél te estrelle contra las paredes. Las libros y las investigaciones de pioneros de la neurociencia como el doctor Schwartz me emocionan e inspiran. Demuestran que puedes obtener lo que quieras con perseverancia, una meta y estrategia.

Lo que es más importante es que puedes llegar a un punto en el que estés aquí. Estás experimentando *este momento* plenamente, siendo capaz de escuchar a lo Divino murmurar sus intenciones e inspiraciones, y siendo capaz de actuar con respecto a ellas sin dudas ni miedo.

Hasta entonces limpia, limpia y limpia.

## CAPÍTULO 7

# Interruptor de control: el efecto placebo

*Sgeún un invetsigadro de la Unvierisadd de Cmabirgde, no ipmotrta en qué odren se ecnuenrten las leatrs en una plaarba, la úcina csoa ipmornatte es que la pimrera y la útlmia ltrea etsén en el lguar croretco. El retso peuden etsar en cmopelto dseodren y pordarís leer sin porbelma aglnuo. Etso se dbee a que la metne hmuana no lee cdaa letra por sí sloa, soin la prabala en su cjontuno.*

Tu cerebro está diseñado para crear atajos para comprender la realidad y detectar cualquier amenaza para tu supervivencia. Una de las formas mediante las cuales lo consigue es rellenando los huecos, justo igual que cuando has leído el galimatías anterior. No obstante, esta singular capacidad también puede generar problemas de percepción. Tu mente puede ser propensa el error, y puede que *tú* ni siquiera te des cuenta.

La película del año 2005 *Control* es un gran ejemplo sobre cómo funciona esto. Es la historia de un sociópata al que le dan una segunda oportunidad en la vida. Todo lo que tiene que ser es un conejillo de Indias para un nuevo fármaco que se espera que traiga la paz a las almas atormentadas. El actor Ray Liotta, que interpreta el papel del asesino, acepta a regañadientes.

Con el tiempo, este personaje se calma, siente remordimientos y aparece verdaderamente cambiado. Pero al poco tiempo descubrimos que el resto de los participantes en la prueba, todos ellos tomando el mismo fármaco experimental, mueren. A pesar de ello, Ray estaba vivo. ¿Por qué?

No quiero fastidiarte la película, así que simplemente diré esto: tus expectativas generan los resultados que obtienes. No tienes por qué saber, conscientemente, cuáles son las expectativas. Llegarás a conclusiones acerca de tus propias expectativas a partir de la gente que hay a tu alrededor y de tu propio pasado.

Aquí es donde el ho'oponopono llega para alegrarnos el día.

Según el doctor Hew Len, nuestro pasado es parte de nuestra programación. Lo que esperamos de la vida y el uno del otro viene de las conclusiones a las que hemos llegado a partir de experiencias anteriores. En otras palabras, casi nunca vemos el momento actual con claridad. Lo vemos a través de un filtro.

En la película *Control,* el actor principal creció en un ambiente violento. Fue testigo de crímenes pasionales y debidos al odio. Concluyó, inconscientemente, que su vida sería lo que había visto. Por supuesto, no era verdad, porque no tenía por qué ser de esa forma. Aun así, su mente sacó las conclusiones e, inconscientemente, las hizo realidad.

A medida que la historia se desarrolla, conoce a alguien que le ayuda a sacar una nueva conclusión acerca de sí mismo, y empieza a cambiar radicalmente. ¿Por qué? Porque su nueva percepción de sí mismo genera una nueva forma de ser: se convierte en un alma benévola en lugar de en una violenta.

El ho'oponopono nos enseña que nuestro pasado no es únicamente de esta vida.

El doctor Hew Len dice que llevamos datos de amebas y de todas las vidas desde el principio del universo. Es más de lo que llevas en la conciencia de tu vida actual. Tu equipaje es pesado. Hiciste las maletas para un viaje hace muchas vidas. Todavía no has deshecho la maleta, así que lo que ves y experimentas raramente es la pureza de este momento.

Incluso mientras lees estas palabras, tu mente te las está entregando a través de un filtro de programación preconcebida. Si te enseñaron a ser escéptico, leerás este libro de una forma. Si, por contra, te enseñaron a ser abierto, leerás este libro de otra forma. Si te gusto y te gustan mis libros, acudirás con una cierta expectativa. Si eres una de las personas a las que no les gusto o no le gustan mis libros, leerás este libro incluso de otra forma distinta.

Muy bien, ¿dónde está el libro?

Si hay múltiples formas de percibir estas palabras, dependiendo de tus datos personales y tus expectativas, ¿dónde está la realidad de este libro?

Aquí tenemos otra prueba mental para ilustrar todavía más cómo funciona el cerebro a este respecto. Lee la siguiente frase en inglés y cuenta cuantas «efes» ves:

FINISHED FILES ARE THE RESULT OF YEARS OF SCIENTIFIC STUDY COMBINED WITH THE EXPERIENCE OF YEARS.[18]

Este ejemplo nos ayuda a demostrar que tu cerebro tiene virus en su interior. (Por cierto, hay seis «efes». ¿Has visto las que hay en la palabra «of»?).

Aquí tenemos otra prueba: ¿Cuántos animales de cada tipo se llevó Moisés en el arca?

A no ser que ya conozcas esta pregunta, probablemente habrás respondido: «Dos». Pero estás equivocado. Moisés no reunió a los animales, sino que fue Noé.

Según Wray Herbert, en su libro *On second thought,* se llevó a cabo un estudio en el que se pedía a estudiantes universitarios que leyeran unas instrucciones al empezar un programa de ejercicios físicos. Un grupo leyó las instrucciones impresas con una fuente Arial Black clara y legible. El otro grupo leyó las mismas instrucciones impresas con una fuente Brush, que hacía que parecieran «como si se hubieran escrito a mano con un pincel japonés».

Se preguntó entonces a los estudiantes acerca del inicio de la rutina de ejercicios. Los que leyeron las instrucciones impresas con una fuente fácilmente legible pensaron que el programa sería fácil de iniciar y llevar a cabo; pero los que leyeron las mismas instrucciones impresas con una fuente de más difícil legibilidad pensaron que el programa resultaría demasiado difícil: no lo harían todo.

Tal y como escribió Herbert: «Aquellos que se pelearon con las pinceladas japonesas no tenían intención de ir al gimnasio. La mera lectura los agotó».

---

18. Los archivos completados son el resultado de años de estudio científico combinado con la experiencia de años. *(N. del T.)*

Nótese que los estudiantes no sabían, *conscientemente*, que el diseño de las instrucciones estaba afectando a sus decisiones. Sucedió fuera de su conciencia. Una fuente les influyó.

Tu cerebro lleva a cabo juicios precipitados todo el tiempo. Está intentando ser eficiente y mantenerte a salvo, y es perezoso; pero, tal y como revelan los ejemplos anteriores, estos atajos pueden estar limitando tu capacidad para ver la realidad de la vida y para hacer cambios cuando los deseas. Puede que ni siquiera veas cómo todo y todos a tu alrededor te están influyendo. Está sucediendo, enteramente, de forma inconsciente.

El ho'oponopono te invita a desprenderte de la programación pasada que, en esencia, genera estos virus mentales, para perdonar a cualquiera y todas las acciones pasadas para encontrar el amor y la aceptación en este momento. Está aquí para ayudarte a limpiarte, de modo que puedas despertarte al momento actual.

Es un reto. El doctor Hew Len no cree que lo consigamos en esta vida. (Creo que es un pesimista, pero eso son mis datos). La cosa a hacer, a cualquier precio, es limpiar. Limpia este libro, limpia tu vida, limpia tus expectativas: limpia cualquier cosa y todo lo que te suceda que no sea el *milagro del ahora*.

La película *Control* demostró que obtienes lo que esperas, incluso cuando es algo inconsciente; pero *Control* era una película.

¿Qué hay de la vida real?

En un post de un blog escribí acerca de creer en la magia, y alguien hizo un comentario porque quería saber cosas sobre guerreros antiguos que vestían chalecos mágicos que los protegían de las flechas o las balas. Consideraba que estaban metidos en el pensamiento mágico, y no en la realidad.

Encontré eso extraño.

Si fuéramos a entrar en batalla, me pondría cualquier cosa que prometiera protegerme, incluido un chaleco mágico, y me lo pondría sin demora. Llevaría tiras de espaguetis sobre mi cabeza o un collar de cagarrutas de conejo si pensara que eso me ayudaría.

Pienso que serías un poco tonto si no hicieras lo que fuera necesario para sentirte más fuerte, ya fuera rezar, realizar rituales, llevar abalorios: lo que se te ocurra. Cualquier cosa que te ayude a superar una experiencia tan aterradora como la guerra debería resultar aceptable.

Pero observemos en mayor profundidad el comentario de mi amigo. ¿Cuándo supone el pensamiento mágico un problema?

Mi investigación sobre los placebos (definidos como «unas pastillas, una medicina o un procedimiento inocuo prescrito más por el beneficio psicológico para el paciente que por cualquier beneficio fisiológico») confirma que cuando crees en algo, tu creencia tiende a hacer que se convierta en realidad.

Hay estudios científicos sorprendentes que demuestran que cuando se hizo creer a las personas con problemas de rodilla que tenían que someterse a una operación en su rodilla (se les administró anestesia y se practicaron incisiones, pero no una operación quirúrgica), mejoraron.

Más recientemente, un estudio reveló que un placebo funcionará incluso cuando se sabe que es un placebo.

Esto no es nada nuevo. He sabido del poder de la convicción desde la década de 1960, cuando leí por primera vez la obra maestra de Claude Bristol, *The magic of believing*.[19] Tu convicción moldea la realidad. Cree que algo sobre ti mismo o tu mundo es cierto y tenderás a atraer las situaciones que encajan con eso.

Esto también funciona con las convicciones negativas.

El *nocebo* es una expectativa negativa, y generará, con la misma facilidad, una situación pareja a él. En otras palabras: si crees que las cosas irán mal o que algo tendrá un efecto perjudicial, tenderás a atraer esa expectativa.[20]

Esto da lugar a un dilema interesante.

Si tu convicción influye en tu realidad de forma tan radical, entonces, ¿cuándo entra en conflicto tu convicción con la realidad? Por ejemplo, ¿está el hecho de llevar puesto un chaleco mágico al ir a la guerra engañándote? ¿Es la convicción en un resultado positivo, a pesar de la realidad actual, un autoengaño? ¿Es la convicción en un resultado negativo, a pesar de las pruebas en contra, un error?

Probablemente.

Sí, puede que te estés engañando cuando llevas puesto un chaleco mágico o un anillo bendecido, pero puede que ese engaño sea la convic-

---

19. La magia de creer. *(N. del T.)*
20. www.washingtonpost.com/ac2/wp-dyn/A2709–2002Apr29

ción que te ayude a pasar por la vida con fuerza y ser incluso la ventaja extra que necesites para ayudarte a sobrevivir y prosperar.

Expuesto de otra forma: ¿qué alternativa tienes? ¿Entrar en batalla sin nada? ¿Ir por la vida sin ningún poder?

Como tu convicción aquí es el elemento controlador, eres libre de creer en lo positivo, lo negativo o en *nada* en absoluto. (Escribo *nada* en cursiva porque incluso creer en nada sigue siendo una convicción en *algo*).

Algunos creen que el gran dios llamado Ciencia es la esencia de lo que es real, aunque la ciencia siempre llega a conclusiones que contradicen a las conclusiones previas, y la ciencia actual detrás de los placebos demuestra que lo que crees es más importante que la presunta realidad que hay a tu alrededor.

Si la ciencia es el factor decisivo sobre la realidad, ¿por qué no están de acuerdo todos los científicos? ¿Por qué hay, por ejemplo, científicos que creen en la percepción extrasensorial y hay científicos que no creen en ella?

¡Vaya! Pensaba que la ciencia era el veredicto final.

Dejé de leer revistas científicas populares, como *Psychology Today*,[21] porque era evidente que simplemente informaban sobre estudios recientes. Quédate el tiempo suficiente y te encontrarás con nuevos estudios que entran en conflicto con estudios antiguos. Así son las cosas.

En pocas palabras: ¿qué es real?

Desde el lanzamiento de mi libro y de mi programa de audio *The awakening course*,[22] he subrayado que la realidad es una ilusión. No es una idea nueva. Buda y otros, especialmente los maestros de la no-dualidad, han dicho lo mismo. Cuando vienes de la cuarta fase del despertar ves la ilusión.

Como dijo Einstein: «La realidad es una mera ilusión, si bien es una ilusión muy persistente».

Una vez más, eres libre de llevar amuletos o chalecos mágicos o de no hacer nada por el estilo. Puedes poner tu fe en la magia, o puedes poner tu fe en la realidad.

---

21. Psicología hoy. *(N. del T.)*
22. El curso del despertar. *(N. del T.)*

Ambas cosas reflejan tus convicciones. Ambas, en esencia, son realidad.

Después de todo, la supuesta realidad que ves se ve a través de tus percepciones, y esas percepciones están hechas de tus creencias.

Si me has conocido, me has oído hablar o me has visto en la televisión o en las películas, sabes que llevo anillos y cuentas. Parte de ello es como parte de la marca, y parte de ello tiene un carisma real y esotérico, y creo que me resulta de ayuda. De hecho, siempre que hablo en público llevo una joya especial hecha, en parte, con el meteorito Gibeon, que se estima que tiene unos 4000 millones de años de antigüedad (más viejo que el planeta Tierra). Es hermosa, y siento una energía extra cuando la llevo puesta. Además, fue un regalo de mi esposa, Nerissa, así que también tiene un valor sentimental. (Me puedes ver con ella puesta en la portada de mis libros *Attract money now*[23] o *Instant manifestation*).[24]

¿Qué es lo más importante acerca de ella?: mi convicción en ella.

Una vez dicho eso, ¿qué es realmente real?

La verdad es que preferiría creer en un universo mágico y ver mi vida florecer con milagros que pasar por ella temiendo cada pequeña cosa.

Al mismo tiempo, suscribo el dicho sufí: «Cree en Alá, pero antes ata a tu camello». Volviendo al comentario de mi amigo acerca de mi post en un blog sobre el pensamiento mágico, esto significa que debes confiar en tu chaleco mágico, pero que también debes hacer todo lo que sea necesario para cuidar de ti mismo.

Esto es en lo que consiste cocrear la realidad. Sí, existe la magia, y sí, existen tus acciones en el mundo físico. Lo más inteligente sería combinar los dos.

El único peligro real de la magia podría ser confiar únicamente en ella.

Shawn Achor, en su libro *La felicidad como ventaja: los siete principios de la psicología positiva para alcanzar el éxito*, sugiere que te pongas unas gafas con lentes rosadas en lugar de unas gafas con lentes rojas. Lo expuso de la siguiente forma: «Tal y como implica el nombre, las gafas con lentes rosadas dejan que los problemas realmente importantes entren en nuestro campo de visión, mientas siguen manteniendo, en gran medida, nuestro foco en lo positivo».

---

23. Atrae el dinero ahora. *(N. del T.)*
24. Manifestación instantánea. *(N. del T.)*

Acabaré citando a Bruce Barton, el sujeto de mi libro *The seven lost secrets of success*.[25] Escribió lo siguiente en 1927 en su propio libro *What can a man believe?*:[26]

> La fe en los negocios, la fe en el país, la fe en uno mismo, la fe en otras personas: ésta es la fuerza que mueve el mundo. ¿Y por qué es poco razonable creer que esta fuerza, que es mucho más potente que cualquier otra es, simplemente, un fragmento de la Gran Fuerza que hace funcionar el universo?

En resumen, si vamos a entrar en batalla, desde luego que me pondría un chaleco mágico, y haría todo lo posible por mantenerme a salvo. El chaleco mágico puede que tenga, o no, poder en sí y por sí mismo, pero mi convicción en él tendrá poder.

Dicho de otra forma, un placebo no es, de hecho, real, pero el *efecto* placebo sí lo es.

Ten fe y ata a tu camello.

Ah, y sigue limpiando.

---

25. Los siete secretos perdidos del éxito. *(N. del T.)*
26. ¿En qué puede creer un hombre? *(N. del T.)*

CAPÍTULO 8

# El Espejo Secreto

*«Cuando te sientes confiado y seguro, puedes seguir adelante y hablar sobre cualquier cosa. Puedes permitir que las cosas surjan y eliminarlas fácilmente. La confianza es el primer nivel de la importancia».*

Doctor JOE VITALE, de *The Miracles Manual*,[27] vol. I

A principios de 2013, la compañía que dirige mi programa Miracles Coaching® dijo que quería desarrollar conmigo un producto por Internet. La empresa pensó que sería un flujo de ingresos y un generador de liderazgo para mi programa de *coaching*. Pensé que era una gran idea y estuve de acuerdo.

Ninguno de nosotros tenía ni una pista sobre en qué consistía el producto. Hablamos por teléfono con redactores creativos a los que habían contratado y realizamos una tormenta de ideas. Les dije que gran parte de mi trabajo giraba alrededor del concepto de que la vida era un espejo y que quizás podríamos crear un producto que implicara un espejo como metáfora o herramienta. A partir de ahí se me ocurrió la idea del Espejo Secreto. Sonaba pegadizo, pero debo confesar que nadie, ni siquiera yo, sabíamos en qué consistía.

Pasaron los meses y decidimos invitar a cuatro personas a que volaran y recibieran *coaching* personal conmigo en vivo, a través de una cámara. Al

---

27. El manual de los milagros. *(N. del T.)*

igual que en un *reality* en la televisión, la idea consistía en que les ayudara mientras era filmado y convertir eso, más adelante, en un producto.

El día de la filmación, en la sala del piso de arriba del restaurante Brewster's Pizza, en Wimberley, Texas, el equipo de cámara estaba instalado y listo. Hasta habíamos alquilado un espejo de anticuario para usarlo como parte del producto que todavía no teníamos muy claro. Mientras la cámara estaba rodando, conocí a las personas y charlé con ellas sobre la vida y el éxito.

Hasta ahí todo bien.

Pero luego llegó el momento de conocer a cada persona individualmente y ayudarla a experimentar un logro (una vez más en vivo, frente a la cámara) en 30 minutos o menos.

No tenía ni idea de cómo iba a hacerlo.

Aunque cuento con décadas de experiencia en el ámbito del crecimiento personal y con bastantes técnicas a mis espaldas, ayudar a un desconocido a trasformarse por encargo delante de una cámara era más que estresante. De hecho, era paralizante.

Empecé a sentir pánico.

Pensé: «¿Y si no puedo conseguirlo? ¿Y si parezco un chalado ante la cámara? ¿Y si no puedo ayudar a estas personas? ¿Y si empeoro las cosas?».

Entonces recordé la técnica *What if up*[28] que Mindy Audlin enseña en su libro, *What if it all goes right?*[29] Dice que hagamos preguntas positivas. Como: «¿Y si funciona? ¿Y si ayudo a la gente? ¿Y si resulta que es divertido?».

Esto cambió mi energía. Me sentí contento y más optimista, pero todavía necesitaba saber en qué consistía el método del Espejo Secreto.

¡Ayuda!

Fui al cuarto de baño, cerré la puerta y miré al espejo.

Me dije a mí mismo que necesitaba una limpieza *(en ese preciso momento)* y empecé a murmurar las cuatro frases de limpieza en voz alta para mí mismo. Recordé centrarme en hablar a lo Divino, y no a mí mismo. Mis miedos eran programas. Yo era datos. Estaban ahí desde el pasado. No me importaba cómo o por qué o quién. Yo los quería *limpios*.

---

28. ¿Y si…? *(N. del T.)*
29. ¿Y si todo va bien? *(N. del T.)*

Después de varios minutos, respiré hondo, me dije que me quería (y que me querría pasara lo que pasara) y salí para la filmación.

En ese momento comprendí la técnica del Espejo Secreto. Todo se juntó en mi mente: un proceso de tres pasos que implicaba el espejo, mi orientación y el *coaching* para ayudar a la gente a comprender su problema y cómo conseguir el objetivo que quería cada uno.

Tenía este aspecto:

1. Expliqué lo que eran las contraintenciones. Ésta es la idea de que tu mente consciente quiere una cosa, mientras tu mente inconsciente desea otra. Ese conflicto evita los resultados. Por ejemplo, si quieres, conscientemente, más dinero pero, inconscientemente, tienes un programa que dice que el dinero es malo, bloquearás la recepción de dinero. Tu contraintención inconsciente, que procede de la parte invisible y más poderosa de ti, es la que dominará.

2. Entonces expliqué que era, en sí, el Espejo Secreto. Es un tipo de experiencia de visualización en la que las personas para las que estoy ejerciendo, mentalmente, de *coach* viajan al futuro, a un universo paralelo, pero hacia el futuro y *más allá* de las preocupaciones que están teniendo hoy, para ver cómo esa versión futura de ellas mismas manejó el asunto con el que están batallando en la actualidad. Ayudé a personas a utilizar un espejo real y las orienté hacia un trance estando despiertas (con los ojos abiertos) mientras miraban al espejo. Entonces podían hacer preguntas a su yo futuro sobre qué hacer hoy.

3. Entonces expliqué lo que es la acción inspirada. Consiste en el concepto de actuar en base a ideas que surgen de tu mente y que aparecen en tu realidad despierta. Como nada sucede hasta que algo se mueve, la acción es crucial para el éxito.

Inspirado, improvisé toda la actuación. Me dejé ir. Tenía confianza. Tenía fe. La primera persona a la que serví de *coach* se vio trasformada, frente a la cámara, en menos de 30 minutos. Lo mismo sucedió con cada una de las otras personas, y así nació el Espejo Secreto. Murmuré una pequeña plegaria: «Gracias».

Meses más tarde, a finales de 2013, la compañía anunció el proceso del Espejo Secreto por Internet. El resultado fue un hervidero de conversaciones y un montón de pedidos. El nuevo producto era, y es, un éxito.

Aquí tenemos otra historia que ilustra mi idea.

Hace décadas, cuando vivía en Houston, solía ir a Hermann Park y hacer *footing* a lo largo del camino de algo más de tres kilómetros que rodea el campo de golf. Como en esa época tenía sobrepeso, me machaqué los pies y desarrollé grandes espolones en el talón. Se trata de depósitos de calcio sobre de los talones o debajo de éstos. Los míos se desarrollaron en la parte posterior de *ambos* talones. Eran tan grandes que los médicos los enseñaron a otros facultativos, haciendo comentarios sobre su colosal tamaño. Era la comidilla en las clínicas médicas. Los galenos hicieron circular mis radiografías, pero ninguno de ellos alivió mi dolor.

Con el tiempo, esos espolones se volvieron extremadamente dolorosos y caminaba cojeando. Eso dio lugar a que sufriera un pequeño desgarro en un ligamento muscular de mi pie derecho. Al final apenas podía conducir porque sentía un dolor insoportable. Como creo que prácticamente todo puede ser sanado, hice que la intención consciente buscara una cura.

A lo largo del camino, fui a médicos, sanadores, terapeutas, quiroprácticos, podólogos, especialistas en medicina deportiva, acupuntores, herboristas y más. Compré zapatos y plantillas especiales. Presioné y di golpecitos en ciertos puntos de mi cuerpo usando técnicas de libertad emocional, recé a mis ángeles de la guarda, probé pociones y pomadas y busqué en Internet formas de aliviar mi calvario.

Un podólogo me administró una inyección de esteroides en el pie, lo que eliminó el dolor durante un mes. Pero el dolor volvió. Me aconsejó la cirugía, pero no fue muy convincente en lo tocante a decir que obtendría la curación. Pasé.

Acudí a un especialista en proloterapia que me inyectó varias veces agua azucarada en el talón derecho, y fue la visita a médico más dolorosa de toda mi vida. Me dijo que iba a sentir como una picadura de abeja. A mí me pareció como si un monstruo prehistórico me hubiera clavado en el pie una garra tan grande como la nariz del médico. Fue inolvidablemente doloroso. Gemí como un animal herido.

Y eso tampoco funcionó. Seguí pasando a la acción con cada oportunidad que pasaba por mi camino. Por supuesto, todos tenían una opinión.

Una mujer dijo: «Yo, sencillamente, me sometería a la cirugía». Al igual que la mayoría de la gente bienintencionada, no tenía ni idea de si era lo adecuado para mí. Tuve que seguir limpiando, seguir pasando a la acción y seguir vigilando mi forma de pisar (literalmente, el dolor era horrendo).

¿Qué iba a hacer?

Entonces, un día, en un retiro en Hawái para miembros del Transformational Leadership Council,[30] vi un anuncio para una sanación Chi Kung gratuita en la playa. Algo en mí hizo «clic». Las palabras *gratis* y *en la playa* resonaron; pero también había recibido formación en Chi Kung, el arte chino de sanación interior a veces llamado Qigong, y sentía algo más que curiosidad. Pensé que valía la pena intentarlo. Parecía una idea acertada. Fui.

Chunyi Lin es un maestro internacional cualificado de Qigong y fundador del Spring Forest Qigong. Se reunió conmigo y con un puñado de personas más en la soleada playa. Le hablé de mi espolón en el talón y del desgarro en mi ligamento. Hizo una mueca de dolor, como si sintiera mi padecimiento. No capté mucha esperanza en su capacidad para curarme, porque su cara angustiada parecía sugerir que, en realidad, no podría hacer nada por mí, pero mi papel era pequeño. Me pidió que cerrara los ojos, que me relajara y que escuchara las olas del océano, que se oía a sólo unos metros, y que visualizara el amor yendo hacia los espolones de mi talón. Yo podía hacer *eso*.

Eché una miradita a través de mis ojos para ver qué estaba haciendo. Chunyi se encontraba a mis pies y apuntaba hacia mis espolones con sus dedos. Continuó moviendo su mano siguiendo un pequeño círculo, concentrando su energía y su intención en mis pies. Esto continuó durante varios minutos. Perdí la noción del tiempo. Realmente no noté que pasara nada, pero me relajé y lo dejé estar. Tras lo que pareció que habían sido quince minutos, paró y pasó a la siguiente persona.

Cuando me fui de la playa y empecé a caminar, noté que había más flexibilidad en mis pies. Podía moverme y caminar con más facilidad. No pensé que fuera una curación, porque seguí sintiendo dolor, así que no me pareció gran cosa, pero a lo largo del siguiente par de días mi dolor se redujo, y mi capacidad para caminar aumentó. Me entusiasmé.

---

30. Consejo del Liderazgo Transformacional. *(N. del T.)*

Busqué a Chunyi antes de irme de Hawái para darle las gracias y preguntarle qué había hecho. Fue muy amable y me dijo que simplemente había enviado energía a mis pies. Me pidió mi chapa identificatoria y me dijo que seguiría enviándome energía sanadora.

Eso fue hace por lo menos dos años. Hoy día no siento dolor en absoluto, y conduzco, camino y hasta hago ejercicio sin dificultad. Se me siguen viendo los bultos en mis talones que muestran que tengo espolones. Sigo protegiéndomelos, pero eso es todo. El dolor se ha ido. Teniendo en cuenta el dolor que había sentido y durante cuánto tiempo lo había sentido, esto fue realmente un milagro.

¿Cómo sucedió este milagro?

Yo tenía una intención (curar el dolor) y seguí a la inspiración, que en este caso era ver a Chunyi. La combinación, tal y como sucedió con la creación del Espejo Mágico, dio lugar al resultado.

Pero, ¿qué permitió que todo esto sucediera? ¿Cómo creé algo desde, virtualmente, la nada? ¿Cómo encontré, finalmente, una cura?

Creo que tuvo algo que ver con la intención consciente, con la inspiración divina y con hacer algo con las dos, así que profundicemos más en cómo funciona el ho'oponopono cuando se combina con estos elementos.

CAPÍTULO 9

# La ley de la atracción frente al ho'oponopono

*«Una intención clara (manifestada sin desesperación ni necesidad, sino con un espíritu de confianza, fe y diversión infantil) da lugar a oportunidades que nadie podría haber predicho u orquestado».*

Doctor JOE VITALE

Los fans de mi libro *El poder de la atracción* o de la película en la que participé, *El secreto,* suelen tener problemas para reconciliar la ley de la atracción y el ho'oponopono.

Algunos incluso piensan que di un giro brusco cuando lancé al mercado *Cero límites.* No lo entendieron.

No veo ningún conflicto: funcionan bien juntos. Pienso que hay *intenciones* y hay *inspiraciones,* y las que quiero son las segundas.

Permíteme que te lo explique.

Un día estaba caminando por el pasillo de las oficinas para mi programa de *coaching* en mercadotecnia y uno de los *coaches* me preguntó:

«¿Tienes alguna idea para otros tipos de *coaching*?».

La inspiración iluminó mi mente.

«Siempre he querido hacer algo en lo tocante a los milagros –dije–. Quizás *coaching* de milagros».

Hablamos de ello. Al cabo de una semana creamos una página web para ello en www.MiraclesCoaching.com. Esperamos que posiblemente cincuenta personas mostraran interés en seis meses. ¡Conseguimos quinientas en un día! *Eso es* inspiración.

En 2006 celebré un evento privado llamado *Beyond manifestation*.[31] En él explicaba que hay tres formas de manifestar tu realidad:

1. *Por defecto:* Si no te implicas en tu vida de forma consciente, tu realidad será creada para ti por las acciones de otros y por tu propio inconsciente. Es una forma no despierta de vivir.

2. *Por elección:* Puedes declarar conscientemente tus intenciones, que enfocarán a tu cuerpo, mente y espíritu para que se dirijan en una cierta dirección. Esto es mejor que la intención por defecto, ya que estás más despierto y te sientes más seguro.

3. *Por inspiración:* Aquí es donde permites a la Divinidad o al Cero que te trasmitan ideas frescas. Parecen llegar de la nada. Si te relajas y te dejas ir pero permaneces consciente y despierto, puedes recibir ideas nuevas sorprendentes. Éste es un enfoque de la vida más emocionante e iluminado.

Las intenciones siguen siendo poderosas. Puedes pensar cualquier cosa que quieras, pero es mejor permitir que lo Divino te dé lo que expones, o algo mejor. Eso sucede cuando la inspiración manda.

Considéralo de la siguiente forma: las intenciones proceden de tu ego, basadas en tu pasado. Se basan en lo que tu mente cree que es posible. Esto significa que las intenciones se basan en datos actuales. Se basan en los recuerdos. Son limitaciones incorporadas.

La inspiración, por otro lado, puede asombrarte.

La inspiración puede proceder de cualquier cosa: llámalo lo Divino, el Cero, Dios, Tao o cualquier otra cosa. Incluye a tu mente, pero va más allá de ella. Es la forma en la que puedes pensar más en grande de lo que nunca habías hecho.

Otra forma de considerarla es a partir de las cuatro fases del despertar, cosa de la que hablo en *The awakening course.* Cuando escribí *Cero límites*

---

31. Más allá de la manifestación. *(N. del T.)*

no sabía de la existencia de una cuarta fase (estaba interesado en la tercera etapa); pero existe ya cuarta fase, que es cuando pasas a ser uno con la Divinidad. El ho'oponopono te puede ayudar a llegar ahí.

Éstas son las cuatro etapas:

1. *Victimismo:* Esta primera fase es en la que vive la mayoría de la gente. Independientemente de lo que esté sucediendo es culpa de los demás, o por lo menos es culpa de algún otro. Es el mundo del juego de echar las culpas. Aquí es donde la mayoría de la gente vive, tal y como señaló Thoreau, «vidas de tranquila desesperación».

2. *Fortalecimiento: El secreto, el poder de la atracción* y *Think and grow rich*[32] son libros que tienen que ver con el fortalecimiento. Es donde puedes planificar, visualizar y manifestar. Es divertido, incluso emocionante, pero llegado a un cierto punto te encuentras con algo sobre lo que no tienes control, frecuentemente una muerte o una enfermedad grave, y tienes que enfrentarte a limitaciones. Te das cuenta de que no lo controlas todo. No puedes. Esto te prepara para la siguiente etapa.

3. *Rendición:* Esta tercera fase es la etapa del ho'oponopono tal y como el doctor Hew Len me lo enseñó. No intentas dirigir el mundo. Te esfuerzas por liberar tus intenciones y permitir la entrada a las inspiraciones. Confías en un proceso que ya está funcionando. Aprendes a sintonizar con una corriente subterránea de lo Divino. Confías en ella.

4. *Despertar:* En esta fase final, tu ego se fusiona con la mente de lo Divino. Casi nadie llega ahí, pero algunos lo consiguen. Desde fuera, no puedes saber quién está iluminado o no. No hay forma de que lo sepas. Y procede de la gracia. No puedes hacer que el despertar o la iluminación sucedan. No depende de ti. Todo lo que puedes hacer es limpiar, purificar y prepararte. Una vez más, la ley de la atracción no es descartada, tal y como la escuela elemental no lo es para un estudiante universitario. Forma parte de tu evolución. Forma parte de la escalera del despertar o, tal y como lo habría expresado el di-

---

32. Piensa y hazte rico. *(N. del T.)*

funto doctor David Hawkins, del mapa de la consciencia humana. No entran en conflicto. Están, simplemente, en distintos planos de espiritualidad.

Siempre he dicho que la ley de la atracción es como la gravedad: está ahí. Puedes descartarla o no, pero está funcionando. No es toda la base para comprender la vida: la herramienta mayor es la inspiración.

El enfoque inteligente es sacar tiempo para *permitir* la inspiración. Este capítulo me surgió de esa forma. He parado de fumar un habano (pronto hablaremos más de esto) y he dejado que mi mente divague. Llámalo meditación o enviar señales de humo al universo pero, de repente, me vino la idea de escribir sobre cómo comenzó Miracles Coaching®. Me pareció genial y lo paré todo para escribirlo.

Nótese que no *tenía la intención* de escribir sobre nada de esto en esta sección: estaba *inspirado*. Hay una gran diferencia.

Hace algunos años decidí convertirme en cantautor, ya que era una cosa que estaba en mi lista de deseos. Quería hacerlo antes de morir. Tenía el propósito, pero también tenía muchos datos, o equipaje. No sabía cómo cantar, tocar la guitarra o componer canciones, y no estaba seguro de poder aprender. Después de todo, se me consideraba torpe en la escuela, me sentaron en una fila especial con los que éramos un fracaso en clase y casi suspendí cada uno de mis cursos en la universidad. Nunca me consideré inteligente, así que ¿cómo podría llegar a aprender a tocar música?

Por supuesto, limpié. Repetí esas cuatro frases. Incluso eliminé mi frustración con la limpieza. Seguí así y continué limpiándome más. Reduje mis demonios internos hasta que fueron ratones diminutos, luego murmullos y después prácticamente nada.

También escribí algunas buenas canciones. «Got a problem?»[33] es una canción original inspirada en el ho'oponopono que escribí y grabé para mi segundo álbum, *Strut!*[34] El público la valora como una de sus favoritas de entre las mías en iTunes. Estoy orgulloso de ella, además de estarlo de

---

33. «¿Tienes un problema?». *(N. del T.)*
34. Puntal. *(N. del T.)*

otras canciones populares que escribí, como «Today's the day!»[35] (también del álbum *Strut!).*

¿Cómo conseguí mi objetivo de ser un cantautor empezando con una experiencia nula?

Combiné la intención con la limpieza. Emparejé la ley de la atracción con el ho'oponopono.

Preparé un cóctel espiritual que me dejó atontado de felicidad. Cuando oigas esta historia podrás ver a la ley de la atracción y al ho'oponopono en acción.

Tenía la intención de crear un producto, pero también limpié y dejé ir. Hice lo mismo con las cuatro personas de las que he hablado en el capítulo anterior. Tuve la intención de ayudarles en vivo, frente a la cámara, pero también limpié y dejé ir.

Ten la intención.

Limpia y deja ir.

Sencillo, ¿verdad? Sí, es un acto de equilibrado. Quieres centrarte en lo que deseas, pero sin ligaduras, adicciones, necesidad o desesperación. Si hay algo de ese equipaje, limpia para liberarlo.

Lo ideal es encontrarse en un estado de ánimo del tipo: «¿No sería genial?».

La parte de la ley de la atracción en la que la gente parece estar obsesionada es en el cómo de ella. Se marcan una intención y luego se preguntan y se preocupan sobre qué hacer para, de hecho, manifestar el resultado.

Quieren saber el cómo, y eso es un error.

En *El poder de la atracción,* escribí que, después de que expongas una intención clara, tu paso final consiste en dejar ir mientras actúas de forma inspirada, pero ¿qué significa eso?

La siguiente historia puede ayudarte a aclarar la idea.

En 2012, mi entrenador personal, Scott York, y yo nos reunimos y pasamos tiempo en mi casa con el culturista y actor Lou Ferrigno (probablemente más conocido por interpretar el papel principal de la popular serie televisiva *El increíble Hulk*). Juntarme con él durante horas fue un momento cumbre en mi vida. Era encantador y abierto. Nunca olvidaré eso ni a él.

---

35. «Hoy es el día». *(N. del T.)*

Más tarde, Scott y yo especulamos sobre a quién nos gustaría conocer después.

La respuesta obvia para ambos fue a la mismísima leyenda: Arnold Schwarzenegger. Los dos habíamos leído su autobiografía, *Desafío total: mi increíble historia*, y estábamos impresionados con la persona y sus logros. Su lista de éxitos, que bate récords, es asombrosa. Incluso con 65 años no está bajando el ritmo. Tiene nuevos objetivos, nuevas pasiones, nuevos proyectos, nuevas películas y un impulso imparable por conseguir más.

Decidimos que queríamos verle. Ésa era nuestra nueva intención.

Pero, ¿cómo íbamos a conseguirlo?

No nos preocupamos sobre cómo sucedería. No hicimos planes ni llamadas ni pedimos a nadie que nos lo presentara. Podría haberlo hecho. Después de todo, conozco a gente que le conoce. Podría haber contactado con alguien y haber empezado a tocar algunas teclas en busca de que me lo presentaran.

Pero no hice nada de eso. Scott tampoco lo hizo.

¿Por qué no?: no nos sentimos inspirados a hacerlo.

Cuando digo: «Deja ir y lleva a cabo una acción inspirada», significa desprenderse de cualquier apego al, adicción al o necesidad del resultado. Esto requiere de fe. Requiere confianza. Requiere saber que la intención se manifestará, pero a su debido tiempo y en el lugar adecuado, o que algo incluso mejor aparecerá para reemplazarlo. Nos desprendemos de cualquier pregunta sobre cómo hacer que suceda.

Eso es desapego, pero ésa es sólo parte de la fórmula.

La otra parte es que, al mismo tiempo, actúes cuando estés inspirado.

Una tarde, Scott estaba jugueteando con su iPhone, echando un vistazo a sus *e-mails* mientras sus hijos jugaban. Mientras se desplazaba por la pantalla de su correo vio uno que decía: «¿Quieres ver a Arnold?».

Scott no podía creérselo. Pensó que era una broma o un fraude, pero hizo clic en el *e-mail* y leyó que una persona de la localidad que tenía contactos en la industria cinematográfica era el anfitrión del estreno de la última película de acción de Arnold, *El último desafío*. Había un concurso en el que veinte ganadores podrían ver la película y luego conocerle (y también conocer al coprotagonista Johnny Knoxville) después de la proyección en una mesa redonda.

Scott dudaba que eso nos fuera a llevar a algún sitio, pero se sintió inspirado a actuar.

El anfitrión quería un párrafo y una foto de cada persona que quisiera ganar. Scott cumplió con los requisitos luego se olvidó del tema. Más tarde, esa misma noche, recibió un *e-mail* de respuesta que decía: «¡Has ganado!».

Se le decía que podría ir al evento con un amigo, y fuimos juntos al estreno de la película. Nos sentamos al lado de algunas otras personas e hicimos preguntas a Arnold sobre la película (genial), la política (sucia), sus objetivos (muchos), su futuro (películas) y su rutina de ejercicios (diaria), y más. ¡Conseguimos nuestra intención!

¿Ves cómo funciona esto?

Una intención clara (afirmada sin desesperación ni necesidad, con un ánimo infantil de confianza, fe y diversión) dio lugar a una oportunidad que nadie podría haber predicho u orquestado. Nuestro trabajo fue emprender una acción inspirada cuando apareciera, y lo hicimos.

Así es como funciona la ley de la atracción.

¿Qué es lo que quieres? ¿Qué sería genial para ti ser, hacer o tener? Arnold dijo que su padre le enseñó a ser de utilidad, y ese consejo le ha guiado durante toda su vida. Sé útil.

¿Qué intención puedes afirmar que te encante, al tiempo que te hace útil para los demás? Esto hará que la ley de la atracción se acelere. Sencillamente, no te preocupes sobre cómo lo conseguirás. Cuando las ideas se presenten, actúa.

¿Cuál es tu intención bondadosa?

Afírmala, y luego despréndete de ella mientras prestas atención a cualquier empujón interno o a las oportunidades que pasen por tu lado. Cuando sientas la inspiración para hacer algo actúa: ése es el cómo del hacer que tus sueños se conviertan en realidad.

Éste es el lugar en el que el ho'oponopono puede ayudarte, porque cuando te sientes ligado a o dependiente de un cierto resultado, necesitas dejarlo ir. Quieres estar en el Cero, donde estás bien con la intención o sin ella.

El doctor Hew Len suele decir que no necesitas una intención en absoluto. «Simplemente limpia, de modo que la Divinidad pueda venir a través de ti», nos recuerda.

Eso, a mí, me sigue sonando a intención.

Una vez le pregunté: «Si sigues limpiando, ¿puede acudir a ti el paso de una acción que deberías tomar?».

«¡Por supuesto!», contestó rápidamente. «Mientras limpias, lo despejas todo del camino, por lo que el Cero puede decirte qué hacer».

Una vez más, practicar el ho'oponopono es limpiar las malas hierbas mentales y los recuerdos heredados, de modo que oigas a la inspiración cuando te llame.

La inspiración puede parecer una directiva procedente de lo Divino. Es más profunda que tu mente. La sientes en tu cuerpo. Captas la sensación general de que algo más grande que tú quiere hacerte algo. Te da un codazo desde el interior.

Por ejemplo, estaba cenando con Will Arntz, el productor de la exitosa película *¡¡Y tú qué sabes!?* Llegado a un cierto punto le pregunté a Will: «¿Estás trabajando en otra película?».

«No en este preciso momento –contestó–. No me han asignado una misión».

Sabía lo que quería decir. Las misiones son órdenes del Cero para que hagas algo. Se parecen un poco a la famosa escena de la película *Granujas a todo ritmo,* en la que uno de los personajes no para de decir: «Estamos en una misión de Dios».

Algunas de mis canciones acudieron a mí como misiones. La canción «Ghost Train» (del álbum *The healing song*) parecía como si hubiera llegado de la nada. Incluso músicos experimentados que oían la primera parte de la canción decían: «¿Qué *es* eso?». Suena a algo completamente nuevo. Lo es. Y llegó como un regalo de la inspiración. Podría haberme resistido a grabarla, pero quería obedecer la misión de escribirla y cantarla.

Muchos de mis libros son iguales. Obviamente, había un poder tras *Cero límites* que procedía de algún lugar más que desde mí mismo. El libro fue escrito en dos semanas. Me sentí, con respecto a él, más como un taquígrafo que como un escritor. Una mano invisible inspiró mis pensamientos y dirigió mis frases. Es el único de mis libros que he releído porque es el único que parece que haya escrito otra persona aunque, en realidad, fui sólo yo. (El doctor Hew Len aparece listado como coautor, pero ha admitido abiertamente en eventos en vivo que nunca ha leído el libro).

Una vez más, no hay nada de malo en la intención.

Pero un camino más elevado en la vida consiste en mantener la limpieza hasta que la inspiración acuda a ti, y luego permitir que la inspiración sea tu nueva intención. Haz que la intención inspirada sea tu misión. Llegado a ese punto, todo lo que necesitarás es una actitud imparcial, una rendición total al resultado *mientras* actúas, y seguir limpiando.

Ésta es la combinación que abre el camino hacia el despertar: tienes deseo, pero al mismo tiempo tampoco no lo tienes. Quieres algo, pero al mismo tiempo tampoco lo quieres. Estás en un estado de ánimo de dejar ir mientras persigues tu intención inspirada.

Cuando puedes tener una fe tan firme que confías en el momento y en todo lo que hay en él, sin saber qué ocurrirá a continuación, estás un paso más cerca del Cero. Si consideras que hacer esto es un reto, entonces usa el ho'oponopono para despejar la interferencia. Cualquier duda o incertidumbre son datos en tu ordenador. Bórralos para liberarte.

Una vez libre, puedes tener, hacer o ser lo que puedas imaginar, pero probablemente serás lo suficientemente inteligente para preferir lo que lo Divino imagina para ti.

Recuerda que la limpieza y la purificación constantes son lo que elimina los datos de la mente para permitir que algo mayor que tú aparezca.

Limpia, limpia y limpia.

CAPÍTULO 10

# Aun así… ¡las intenciones son para los débiles!

*«No siempre se capta la diferencia. Es muy fácil estar confundido o verse mecido en una dirección u otra. Limpia, purifica o reza ante cualquier impulso que aparezca, tanto si crees que procede del ego como de lo Divino».*

Doctor IHALEAKALA HEW LEN

He cenado un par de veces con el doctor Garland Landrith, un innovador psicólogo cuántico y sanador de energías cuyas investigaciones fueron citadas en la muy aclamada película *¿¡Y tú qué sabes!?* Es un tipo fascinante y un profundo pensador.

En una de nuestras conversaciones dijo que los pensamientos y las intenciones eran dos cosas distintas. Esto me fascinó, porque coincide con mis propios descubrimientos personales. Le pedí que me lo explicara. Dijo: «Las intenciones son el telón de fondo de tu vida, mientras que los pensamientos vienen y van por delante de ese telón de fondo».

Esto era asombrosamente similar a mi propia práctica de tener una intención (o inspiración) mientras entro en lo que llamo la pizarra blanca y luego libero esa intención mientras me siento en ese espacio. (He incluido una meditación de la pizarra blanca para ti en el Apéndice B). Cualesquiera pensamientos no son más que nubes flotando. No son necesarios ni se les presta mucha atención. No obstante, Landrith tenía algunos refinamientos que encuentro poderosos. Siguió hablando y explicándome que en sus meditaciones cuánticas la gente podía obtener resultados más rápidos si practicaba tres cosas:

1. Tener una intención.
2. Liberarse de esa intención.
3. Permitir que los pensamientos circulen alrededor de frases como: «Sí, sí, sí»; «Te quiero» y «Soy muy afortunado».

Puede que esto no signifique mucho para ti, hasta que te des cuenta de que Landrith ha estado implicado en cientos de estudios científicos que demuestran que esta nueva forma de meditar y manifestarse funciona.

La clave parece ser doble:

1. Dejar ir es más importante que tener una intención.
2. Los pensamientos entorno a palabras positivas generan un vórtice de energía que atrae lo positivo.

Mientras explorábamos esto durante la cena, ambos estuvimos de acuerdo en que las intenciones no eran tan importantes como habíamos creído anteriormente. Sí, es una buena práctica desear algo benevolente como intención, pero no es esencial. Dejándote ir en esa energía de fondo de la vida y manteniendo los pensamientos circulando alrededor de palabras y frases positivas generas, de forma natural, un resultado para tu mayor bien.

En otras palabras, aprender a llevar a cabo el cambio de paradigma para ver el milagro del ahora te permite estar en la corriente de la vida donde los milagros son la norma.

Cuando estás ahí, ¿quién necesita intenciones?

Estuvimos de acuerdo en que una de las mejores formas de entrar en ese Ritmo Divino es con gratitud. He escrito sobre esto muchas veces y en muchos lugares. Cuando te sientes agradecido por algo, lo que sea, en este momento, alteras la señal que surge de este momento. Atraes más de la misma vibración para hacerla encajar en momentos futuros.

En pocas palabras, lo que sientes ahora tiende a atraer lo que experimentarás a continuación. He dicho, frecuentemente, que aquello en lo que piensas con emoción en este preciso momento tenderá a manifestarse en tu vida en tres días. Sea como fuere, estás, más o menos, provocando tu futuro mediante tus pensamientos más energizados.

Una vez más, esta parte no es nada nuevo: es la ley de la atracción básica, un amable recordatorio para que vigiles tus pensamientos; pero cuanto más puedas lograr que tus pensamientos circulen alrededor de palabras y frases positivas (como «Sí, sí, sí» y «Te quiero») más podrás mejorar tu atmósfera interna para que atraiga los milagros que buscas.

Hay algo más con respecto a este secreto.

Un amigo mío me escribió un *e-mail,* y en él decía: «Lo Divino quiere que siga escribiendo». Aun así, lo que escribía era moralista y negativo. ¿Acaso se parece eso a lo Divino?

Otro amigo dijo una vez: «Mis ángeles de la guarda no quieren que tenga dinero». ¿De verdad? ¿Se parece eso a algo que diría un ángel de la guarda?

Permite que tu intención de fondo sea lo que tú quieras manifestar, pero deja que tus pensamientos sean de la naturaleza más elevada que puedas imaginar. Mantén, en todo lo posible, pensamientos de amor, positividad, alegría y optimismo en tu conciencia. Ésta es la razón por la cual los elementos clave del ho'oponopono actual giran en torno a frases como «Gracias» y «Te quiero». Te ayudan a permanecer en la zona del cero.

Déjame explicar esto de otra forma:

Tu intención es, simplemente, un lienzo blanco con un cuadro pintado en él. El cuadro es lo que te gustaría manifestar, y tus pensamientos mientras miras el cuadro deben ser positivos en general. Tu actitud global es la de «Hágase no mi voluntad, sino la tuya».

Sin presión. Sin fecha límite.

Por supuesto, sigues actuando cuando estás inspirado para hacerlo, pero esto no está motivado por una *necesidad* de hacerlo.

Cuando escribí mi libro *El poder de la atracción,* machaqué la idea de tener una intención. Dirige tu energía y centra tu rumbo. Después de practicar ho'oponopono durante casi una década y de haber tenido varias experiencias *satori,* he acabado dándome cuenta de que las intenciones pueden ser limitaciones.

En una ocasión estaba en un programa de radio y me preguntaron dónde quería estar en un año. En el pasado habría contestado con algún objetivo pintoresco, pero ese día dije: «No tengo ni idea. Cualquier cosa que diga será una limitación basada en mi experiencia de lo que es posible. Preferiría que lo Divino me sorprendiera».

En la auténtica nueva tradición del ho'oponopono lo que quieres es limpiar para oír la intención de lo Divino, y no la intención de tu ego.

Después de todo, ¿acaso lo Divino no sabe más que tú?

El doctor Hew Len tiene su propia opinión sobre la intención. Le di, como regalo, un ejemplar de *El secreto,* la popular película sobre la ley de la atracción. La aceptó, sonrió y dijo: «La pondré en la estantería».

Estaba sorprendido, pero a medida que fui conociéndole, le comprendí mejor. Para él, las intenciones son limitaciones. Son programas. Son recuerdos. Lo más probable es que él aconsejara: «No necesitas intenciones. Permite que lo Divino te inspire».

Lo que no creo que captara es lo siguiente: querer seguir inspiraciones es, en sí mismo, una intención. En otras palabras, podrías expresarlo de la siguiente forma: «Tengo la intención de seguir las inspiraciones que lo Divino me dé».

Sigue siendo una intención, sólo que una más evolucionada.

Déjame expresarlo de la siguiente manera: mi intención de escribir este libro es permitir que la Divinidad hable a través de mí.

Eso es una intención inspirada. Sigue siendo una intención, pero también viene de la inspiración, además de permitirla. A medida que voy escribiendo este libro sigo preguntando a la parte superior en mí: «¿Es esto lo que quieres que diga? ¿Es correcto?». Estoy escribiendo y comprobando continuamente para ver si voy por el mismo camino que mi *intención inspirada.*

Percibo que esto puede que todavía sea confuso para ti, así que permíteme compartir una idea más.

El doctor Hew Len y yo estábamos, un día, caminando por una carretera de tierra cuando le pregunté:

«¿Cómo sabes la diferencia entre un recuerdo y una inspiración?».

En otras palabras, ¿cómo sabes si tu deseo es una intención de tu ego, un recuerdo, una programación o una inspiración de la Divinidad?

El doctor Hew Len contestó sin vacilar:

«No lo sabes».

«¿Qué se supone que tenemos que hacer para saber cuál es la acción correcta?».

«Limpiar —dijo—. Yo limpio cualquier decisión tres veces. Si la misma respuesta sigue ahí al cabo de tres limpiezas, la sigo».

Limpia, limpia y limpia.

CAPÍTULO 11

# ¿Caja de deseos o caja de regalo?

*«Cuando empecé a rendir el control de mi ego, dije: "De acuerdo, Divino. No lo estoy haciendo muy bien por mi cuenta. Ayúdame. Muéstrame el camino y lo haré". Entonces encontré la escalera mecánica que pasa por la vida, y he estado subido a ella desde entonces».*

Doctor JOE VITALE, de *The Miracles Manual*, vol. I

Bill Phillips es una leyenda. Ha escrito tres libros superventas, ha creado el famoso concurso para ponerse en forma Body-*for*-Life[36] junto con novedosos productos nutricionales que cambian la vida y ha contribuido con millones de dólares a la Make-A-Wish Foundation,[37] y sigue apoyando a la gente para que consiga sus objetivos relativos a la salud y al ponerse en forma en su centro de Denver, Colorado.

Nos hicimos grandes amigos después de que trasformara mi vida hace más de una década, cuando participé en su concurso Body-*for*-Life cinco veces seguidas, perdiendo casi 45 kilos en un año. Más adelante me inscribí en su Transformation Camp,[38] un enfoque hacia el cambio de todo tu ser.

---

36. Cuerpo para (toda) la vida. *(N. del T.)*
37. Fundación Pide un Deseo. *(N. del T.)*
38. Campamento de Trasformación. *(N. del T.)*

Ahora que tengo 60 años, estoy volviendo a trasformar mi cuerpo de nuevo con su ayuda.

Un día estábamos almorzando con Maria, su preciosa mujer (que perdió 27 kilos en 6 meses siguiendo su programa) y dijo algo sorprendente:

«Siempre supe que ganaría un anillo de campeón de la Super Bowl,[39] –dijo–. No sabía cómo sería posible, ya que, de hecho, no jugaba al futbol americano en esa famosa competición. Era *coach* y entrenador de muchos de los atletas. Siempre supe que sucedería, incluso sin ninguna prueba de que eso fuera posible».

Aun así, como era de esperar, en 15 de julio de 1998, durante la ceremonia de entrega de premios, Bill fue llamado y le entregaron un anillo de campeón de la Super Bowl por su apoyo al equipo vencedor. Su sueño se convirtió en realidad.

Pero esto no acabó ahí: un año más tarde recibió un segundo anillo.

«Eso –dijo– me hizo sentir que la vida es, sencillamente, una caja de deseos».

Lo encontré fascinante. Tenía que profundizar en ello.

«¿Tenías intención de ganarlo o, simplemente, tuviste la premonición de que lo ganarías?», le pregunté.

Bill, que es un gran pensador y un meditador activo, enseña trasformación (escribió un libro con ese título), y sabe que la vida es más que lo que se ve a simple vista. Me miró, sonriendo, mientras procesaba la pregunta.

Seguí hablando para explicarle lo que tenía en mente:

«Oprah[40] dijo que sabía que sería famosa incluso siendo una niña. Ayn Rand articuló en su mente la mayor parte de su filosofía de la vida cuando tenía seis años; y yo siempre supe que sería escritor».

Seguí:

«Una vez hice a Rhonda Byrne, la creadora de la exitosa película *El secreto,* la misma pregunta (si había tenido la intención de hacer la película o si recibió inspiración para hacerla), pero no pudo decirlo con claridad. Me dijo que "había requerido su presencia"; pero, ¿de dónde

---

39. La final del campeonato nacional de fútbol americano de EE. UU.
40. Oprah Winfrey, una famosa estrella televisiva estadounidense. *(N. del T.)*

surgió la idea para hacerla? ¿Crees que pretendimos esos sueños o que sintonizamos con nuestro destino?».

«Esa es una gran pregunta», dijo Bill.

«Quizás deberíamos pasar menos tiempo teniendo intenciones y más tiempo recibiendo», sugerí.

Le encantó la idea.

Creo que esto es tan importante que quiero repetirlo aquí como una especie de aforismo:

> Quizás debamos pasar menos tiempo teniendo intenciones y más tiempo recibiendo.

A medida que sigo practicando el ho'oponopono y me voy limpiando, se hace más aparente que hay algún tipo de corriente subyacente en la vida. En otras palabras, parece como si la Divinidad tuviera un plan para cada uno de nosotros, y pudiéramos sintonizar con él.

Si la Divinidad está intentando orientarnos, debemos permanecer en silencio para oír sus susurros y notar sus suaves codazos. Esto significa sumergirse en el silencio más a menudo, practicar la meditación con más frecuencia y escuchar a las flores y los árboles más asiduamente.

En una ocasión vi al doctor Hew Len en un campo: estaba de pie, con los brazos cruzados y miraba fijamente unas malas hierbas. Cuando le pregunté qué estaba haciendo, dijo: «Escuchando». Esto no era algo raro. Frecuentemente paseaba por los jardines para escuchar a las plantas. Es una antigua tradición de los hawaianos no sólo respetar toda forma de vida, sino también escuchar lo que estén intentando decir, las pistas que nos estén dando.

Recuerda que tu realidad actual es, sencillamente, lo que está pasando en este momento, y que está basada en los recuerdos y las creencias que has tenido en el pasado. Vas con el piloto automático puesto. Tu futuro es, en cierta medida, predecible, porque cualquiera que se fije en tu presente con objetividad podrá ver una tendencia a ir en una cierta dirección; pero bajo esta programación hay un camino Divino de la vida que está esperando que lo descubras.

Ocasionalmente me piden que lea el futuro a la gente fijándome en su campo de energía. Es fácil de hacer porque la mayoría de la gente lleva puestos sus datos. Sus creencias y recuerdos están ahí mismo, de modo que cualquiera puede verlos: cualquiera menos ellos, claro. Normalmente no podemos ver nuestros propios datos porque están demasiado cerca de nosotros.

No es de extrañar que el doctor Hew Len pueda sentarse con la gente y describir su futuro, la mayor parte del cual sucede debido a lo que están creyendo justo ahora. Sus recuerdos, y no sus inspiraciones, están dirigiendo la función. Para ellos son datos, y no lo Divino.

«A medida que limpias, cambias tu camino», dijo en una ocasión en un evento sobre los Cero límites.

A medida que practicas ho'oponopono limpias los datos de tu subconsciente *(Unihipili)*, lo que te libera para disponer del camino que el Divino te tiene reservado. Cuanto más limpies el yo inferior de su programación, más de tu yo superior *(Aumakua)* podrá guiar tu camino.

En ese mismo almuerzo con Bill Phillips, su mujer me preguntó cómo conseguí salir de las calles de Dallas a finales de la década de 1970. Le fascinó que pasara de estar arruinado y ser un desconocido a llevar el estilo de vida de los ricos y los famosos.

«Hice de *todo*», le dije a Maria. «Leí libros en la biblioteca, asistí a charlas gratuitas, seguí practicando los métodos de autoayuda que había aprendido y seguí trabajando en mí mismo para modificar mis problemas de autoestima y mis creencias autolimitantes».

Al final también me di cuenta de que cuando no escuchaba a mi guía interior, la vida era más dura, y que cuando lo hacía todo iba mejor. Esta orientación interna es lo Divino dirigiendo mis pasos.

Después de practicar el ho'oponopono durante más de diez años, para mí está claro que los hawaianos tienen una maravillosa herramienta para limpiar los datos, de modo que podamos oír esa vocecita calmada en nuestro interior ya la llamemos Dios, lo Divino o la Naturaleza.

Y es tan sencillo como escuchar.

En lugar de una caja de deseos, diría que la vida es más bien una caja de regalo. En lugar de meter tus intenciones en la caja, sería mejor mirar dentro de la caja y ver qué regalos te están esperando. ¿Preferirías decirle a lo Divino qué hacer, o aceptar los regalos que lo Divino tiene guardados para ti? Después de todo, tal y como dice el doctor Hew Len: «La Divinidad no es un conserje».

Bill no sabía cómo ganaría un anillo de campeón de la Super Bowl, pero lo hizo dos veces.

Yo no tenía ni idea de cómo me convertiría, alguna vez, en un escritor, pero lo conseguí.

Sí, puedes rezar por tus deseos y peticiones y fingir que el yo consciente *(Uhane)* sabe qué es lo mejor; pero, ¿por qué lo harías, cuando la Divinidad es la fuente de la magia y los milagros? Los resultados son mucho más espectaculares cuando escuchas las indicaciones y premoniciones de lo Divino, entregando el control a la propia Divinidad.

Sigue limpiando y acepta las maravillas que te son ofrecidas.

Tu vida es un milagro.

Acepta el regalo.

## CAPÍTULO 12

# El arte del no atraer

*«Los datos hablan, y tú hablas datos, así que no tienes el control en absoluto».*

Doctor Ihaleakala Hew Len

«¿Cuál es tu mayor miedo?».

La pregunta fue repentina y profunda, y me sorprendió. Quizás es porque no estoy acostumbrado a una consulta tan filosófica y psicológica mientras ceno con alguien a quien admiro tanto y a quien acabo de conocer. Puede que fuera porque se trataba de Lou Ferrigno, la estrella televisiva de la serie *El increíble Hulk* y culturista del que hablé antes, el que me lo preguntaba, o quizás era porque todavía me sentía honrado por estar tomando una comida con este héroe de mi infancia. No me podía creer que este superhéroe (que parecía un armario y que tenía un alma bondadosa y una mente aguda) estuviera conmigo, por no hablar del hecho de que me estuviera haciendo preguntas incisivas.

Me llevó tanto tiempo contestar que acabó dándome un suave codazo y diciendo:

«Venga. Tú sabes lo que es».

«Tengo miedo al fracaso», desembuché.

Lou sonrió.

«Tienes miedo de perderlo todo», dijo, mostrando que comprendía.

«No pensaba que estuviera ahí –confesé–, pero aparentemente estaba».

Él también admitió que tenía miedos. En un cierto momento había tenido miedo a hablar en público. Como de niño había tenido problemas auditivos, se esforzaba por ser oído, además de por oír. Hoy día habla sin temor frente a decenas de miles de personas. También admitía que tenía miedo de ahogarse.

En el ho'oponopono, un miedo es, simplemente, un programa. Igual que en el caso del *software*, sólo es trasferido a tu cerebro: no es ni bueno ni malo. Morrnah, además del doctor Hew Len, solían describir a la gente como meros ordenadores, que rara vez están tan limpios como para no tener programas. No tengo ni idea de si Morrnah estaba iluminada. Hawái la considera un tesoro nacional, pero eso no significa que hubiera experimentado el despertar. Estoy seguro de que también tenía programas.

Los miedos de Lou no son más que programas. Los míos también lo son. Afortunadamente, puedes borrar los miedos tan fácilmente como cualquier otra cosa, recitando (preferiblemente en voz alta y mejor cuatro veces) la oración limpiadora que Morrnah nos dio.

No hablé del ho'oponopono con Lou porque nos habíamos reunido para hablar de nuestro mutuo interés por el legendario culturista y actor Steve Reeves. El ho'oponopono no surgió en la conversación, pero si lo hubiera hecho y hubiera tenido la oportunidad de liberar los programas de los dos, podría haber ido así:

Yo soy el «Yo».
Vengo del vacío hacia el interior de la Luz,
yo soy ese vacío,
esa vacuidad más allá de toda Consciencia,
el «Yo», el «Ello» y el «Todo».
Dibujo mi arco de arcos iris a través de las aguas,
el continuo de mentes con materia.
Yo soy lo invisible, la brisa intocable,
el átomo indefinible de creación,
yo soy el «Yo»
Espíritu, Superconsciente, por favor, localiza el origen de mis sentimientos,
pensamientos del miedo a perderlo todo.
Lleva todos y cada uno de los niveles, área y aspecto de mi ser hacia este origen.
Analízalos y resuélvelos a la perfección con la verdad de Dios.
Ven a través de todas las generaciones del tiempo y la eternidad.
Sanando cada incidente y sus apéndices basados en el origen.

Por favor, hazlo de acuerdo con la voluntad de Dios hasta que yo esté en el
   presente
lleno de luz y verdad.
La paz y el amor de Dios, el perdón a mí mismo por mis percepciones erróneas.
El perdón de cada persona, lugar, circunstancias y evento que
contribuyeron a esto, estos sentimientos, pensamientos.
Que la Paz esté contigo,
toda Mi paz.
La Paz que soy «Yo»,
la Paz que es «Yo Soy»,
la Paz para Siempre,
Ahora, y para Siempre, y Eternamente.
Mi Paz te doy a Ti,
mi Paz dejo contigo.
No la Paz del Mundo,
sino sólo Mi Paz.
La Paz de mí.

Practicas, de una forma real, el arte del no atraer con una oración limpiadora, como la anterior. Cuando tienes un programa activo en el ordenador de tu cerebro, atraerá precisamente eso que amas, odias o temes, y son tus emociones las que lo activan; pero si liberas el programa, desactivándolo por así decirlo, te liberas a ti mismo para estar en el momento, para ser feliz ahora y para permitir a la Divinidad que te inspire o incluso que te despierte.

La clave del ho'oponopono actual consiste en desprenderse de todos los programas de modo que puedas ser uno con la Divinidad, que también se puede llamar estar en el Cero. El secreto consiste en borrar la programación mientras te vuelves consciente de ella. Cuando lo haces, la Divinidad vendrá a ti y a través de ti.

En ese momento puedes decir, tal y como Lou Ferrigno dijo una vez tras un concurso de culturismo: «Ahora puedo comerme mi pastel».

## CAPÍTULO 13

# Nuevos métodos de limpieza

*«La responsabilidad total significa aceptarlo todo, incluso a las personas que entran en tu vida y sus problemas, porque sus problemas son tus problemas. Están en tu vida, y si asumes la plena responsabilidad por tu vida, entonces también debes asumir la plena responsabilidad por lo que ellos estén experimentando».*

Doctor JOE VITALE y doctor IHALEAKALA HEW LEN,
en *Cero límites*

Cuando asistes a un evento sobre el ho'oponopono, te piden que firmes un acuerdo de confidencialidad, cosa que hice. Ésa es la razón por la cual no podía revelar todos los secretos que aprendí cuando escribí *Cero límites,* redactado junto con el doctor Hew Len. No fue hasta que celebré mis propios eventos sobre el ho'oponopono Cero límites, dirigidos por los dos, cuando me di cuenta de que no tenía que firmar un acuerdo. Soy el propietario de sus *copyright* y, como resultado de ello, ahora puedo revelarte los secretos del ho'oponopono. (*Véase* la sección «Materiales» en la parte final de este libro para obtener las direcciones de Internet de los eventos sobre los Cero límites).

En *Cero límites* aporté, fundamentalmente, un método: las cuatro frases. Esas líneas son un tipo de mantra, oración o petición. Eran el foco del libro. Las volveré a presentar aquí y las explicaré, pero también iré más allá de ellas.

Ha llegado el momento de que conozcas los secretos avanzados.

Siempre que paso tiempo con el doctor Hew Len, me recuerda los fundamentos subyacentes a *Cero límites* y el ho'oponopono:

- No hay nada más que hacer que limpiar.
- Cuanto más limpias, más puedes recibir inspiración de lo Divino.
- Hay o memoria o inspiración, y generalmente es memoria (datos).
- La única cosa que hay que limpiar es lo que sientes en tu interior.
- El único objetivo es la libertad: estar en el Cero.

Conocer los fundamentos es una cosa y vivirlos es otra bastante distinta. Ésta es la razón por la cual podemos usar libros, CD, DVD, herramientas, seminarios, *coaches* y cualquier otra cosa que podamos utilizar para recordarnos que todo el trabajo tiene lugar en el interior.

El mundo está formado por datos, y son esos datos lo que debe ser limpiado; pero sólo podemos percibir todos los datos desde el interior. En otras palabras, no hay nada ahí fuera: está todo en tu interior. Ahí es donde experimentas problemas, y ahí es donde debe efectuarse la limpieza.

Pero, ¿cuál es la forma adecuada de limpiar? Si la limpieza es la cosa más importante que hacer y es el núcleo de todo el proceso de los Cero límites, ¿cómo se hace exactamente?

Aunque no hay una única manera correcta de limpiar, he encontrado que estas cinco ideas funcionan bien para mí y para otros que las han seguido:

1. *Percibir algo raro.* Esto puede verse desencadenado por un pensamiento, otra persona, un evento o cualquier otra cosa. Éste es el estímulo. Antes de *Cero límites* captas un problema que consideras que está ahí fuera. Después de *Cero límites* te das cuenta de que el problema está en el interior. Nadie puede airarte o molestarte: haces eso en tu *interior* a partir de lo que percibes fuera de ti. Sea cual sea el caso, el primer paso consiste en darte cuenta de que no te sientes bien. Estás enfadado, molesto, preocupado, asustado o experimentas cualquier otra serie de emociones y sentimientos que podrían etiquetarse como de infelicidad.

2. *Empieza a limpiar el sentimiento.* No se trata de limpiar a la otra persona, el pensamiento, la situación ni nada que esté ahí fuera. Una vez más, el problema está en el interior. Yo soy el que soy consciente de un problema. Yo soy el que tiene que limpiarlo. Decir «Te quiero», «Lo siento», «Por favor, perdóname» y «Gracias» es la forma de limpiar. Puedes decir las frases en cualquier orden. Yo las digo sin parar en mi mente mientras siento el problema tal y como lo percibo. Y se las digo a lo Divino.

3. *Puedes utilizar otros métodos de limpieza.* El doctor Hew Len, por ejemplo, explicó qué era el agua solarizada azul y cómo nos podía ayudar: «Toma una botella de vidrio azul, de cualquier tono de azul, y vierte en ella agua del grifo normal y corriente. Deja la botella a la luz del sol o bajo una bombilla (no de luz proveniente de fluorescentes) durante entre quince y sesenta minutos. Esto solarizará el agua. Puedes añadirla a tu agua de bebida o usarla de cualquier forma en la que utilices el agua. Es maravillosa si tienes mascotas y para cocinar. A mí me encanta usarla con mi colada. Incluso la rocío sobre los neumáticos de mi coche antes de salir de viaje. El agua solarizada azul es una herramienta de limpieza. Bébela o úsala de cualquier forma en que utilices el agua».

4. *Deja ir hasta que te veas motivado a emprender una acción inspirada.* El doctor Hew Len me dijo una vez que limpia una decisión tres veces. Si la respuesta es la misma después de esas limpiezas, lleva a cabo la decisión. Esto significa que si recibo un impulso para hacer algo para resolver lo que es considerado un problema, podría limpiarlo tres veces antes de emprender cualquier acción. Ésta es una forma de asegurar que la acción procede de la inspiración y no del recuerdo.

5. *Repite.*
Todos quieren un atajo para la limpieza y para llegar al Cero. Yo también; pero esa misma impaciencia requiere limpieza. Desear algo en este preciso momento es el recuerdo evolucionando, apremiándonos para obtener una gratificación instantánea. Son datos. Lo Divino no tiene tiempo ni prisa. Querer que las cosas se desplieguen más rá-

pidamente de lo que lo hacen es una maravillosa oportunidad para limpiar.

Y sigo limpiando porque me hace sentir más ligero, feliz y sano. Para mí es una vía rápida para eliminar los datos en mi ser, de modo que pueda acercarme más a lo Divino. Además, es fácil, cómodo y gratis.

Aunque el doctor Hew Len me ha enseñado muchos métodos para limpiar, también he aprendido que los métodos de limpieza podían inventarse (o ser inspirados) de inmediato.

Por ejemplo, en el último evento sobre los Cero límites, alguien dijo que limpiar era como tener una pizarra mágica (como las de juguete) mental. Al doctor Hew Len le encantó y dijo: «Me gusta mucho esta imagen de la pizarra mágica. Tienes esa cosa, con todos estos datos en ella, incluyendo tu propia pregunta, y la agitamos y se ha ido todo. Me encanta esa imagen. Voy a usar eso como una nueva herramienta de limpieza. Cuando tenga una pregunta, simplemente haré ver que la he escrito en mi pizarra mágica. Por ejemplo: "¿Cuál es el sentido de la vida?". De acuerdo: ¡ahí está, agitas y ha desaparecido! ¡Maravilloso! ¡Soy libre, soy libre!».

En otra ocasión, cuando el doctor Hew Len vio mi tarjeta de visita, la que aparece descrita en *Cero límites* y que tiene una imagen de mi coche llamado Francine, me dijo que era una herramienta de limpieza.

«¿Lo es?».

«Sí –dijo–. Visualiza el problema y luego usa el borde de la tarjeta para rebanarlo».

¿Era mi tarjeta de visita realmente una herramienta de limpieza? No lo sabía entonces y sigo sin saberlo; pero el doctor Hew Len declaró que era verdad, y suelo usar la tarjeta para ayudarme a librarme de cualquier problema que aparece en mi vida.

¿Qué hay de los habanos como herramienta de limpieza?

¿Qué? *¿Habanos?* ¿Acaso no son malos para ti?

No según el doctor Hew Len. Los habanos pueden ser pipas de la paz o sahumerios. En una ocasión oí que el doctor Joseph Murphy, uno de mis escritores favoritos del Nuevo Pensamiento, fumaba muchos habanos. Solía decir: «Estoy enviando señales de humo a los dioses». Me gusta eso. Para mí, el fumar un habano se ha convertido en una meditación. Me relaja y reflexiono mientras lo disfruto.

Me recuerda al monje que decía:

«¿Puedo fumar mientras rezo?».

El maestro le contestó:

«¡No!».

El monje preguntó entonces inteligentemente:

«¿Puedo rezar mientras fumo?».

Esta vez la respuesta fue:

«¡Sí!».

Todo está en la percepción.

Cuando estaba promocionando los vídeos por Internet para el último evento sobre los Cero límites, acompañé a los espectadores a través de un nuevo proceso de limpieza.

Simplemente imagina cualquier problema que estés teniendo actualmente como si fuera un campo de energía. De todos modos, eso es lo que es. Algunos le dan el nombre de forma de pensamiento.

A continuación imagina un cuchillo. Luego visualízate cortando el problema en trocitos. A medida que la energía se divide, puedes, de hecho, sentir cómo se disuelve. (En el vídeo por Internet usé un *furba*: un cuchillo ritual tibetano). Tú puedes hacer lo mismo.

En esencia, puedes usar cualquier cosa como utensilio o herramienta de limpieza. Incluso este libro es una herramienta limpiadora. Quizás hayas visto que en parte delantera libro hay una invocación. Es una oración para limpiar este libro, de forma que mientras la leas te limpie. Puede que lo sientas, o puede que no. *La limpieza está sucediendo de todos modos.*

Además, la misma portada de este libro es una herramienta de limpieza. Mientras la miras, casi puedes sentir cómo limpia y purifica la negatividad de tu base mental de datos. Quienquiera que creara la portada en las oficinas de John Wiley, mi editor, estaba inspirado. En mi opinión, la portada es una poderosa herramienta para borrar programas.

Todo es asunto de aquello en lo que crees.

Un día, Linda Manzer, una legendaria *luthier* de guitarras que vive en Toronto (Canadá), me ofreció una de sus guitarras hechas a mano y de calidad superior pero usada. Yo ya tenía tres guitarras y sabía que ella hacía obras maestras. Le pedí una foto de la guitarra que me ofrecía, y se la envié a Mathew Dixon, mi asesor y amigo. Le echó un vistazo y exclamó: «¡Esa guitarra es una herramienta de limpieza!».

¿Lo era?

Ahora soy el propietario de la guitarra, a la que apodo Marilyn debido a sus curvas, y admito que hay algo en el aura que tiene alrededor. Me encanta. Mathew y yo la tocamos en nuestro segundo álbum juntos: *At Zero*. Ambos estamos de acuerdo en que es especial.

Pero, ¿es *realmente* una herramienta de limpieza?

Cuando el doctor Hew Len dijo que mi tarjeta de visita era una herramienta de limpieza, la empecé a usar como tal. Escribí acerca de ello en *Cero límites,* y desde entonces la gente suele pedirme si puede ver la tarjeta.

Por ejemplo, cuando estaba en Moscú, los asistentes al seminario me pidieron que la usara con ellos. Querían que agitara la tarjeta por encima de ellos como si se tratara de un instrumento sagrado con poderes mágicos. Lo hice. Sabía que el poder estaba en su convicción, y no en mí ni en la tarjeta.

Sucede lo mismo con los *furbas.* Son antiguos y están cargados de tradiciones. También puedes, simplemente, imaginarlos y obtener los mismos resultados: imagina esto con la mirada de tu mente.

Cuando estaba trabajando en mi segundo CD musical, *Strut!,* decidí usar un ejercicio de imaginación para ayudar a manifestar el CD siendo un éxito. Acudí a un artista gráfico y le pedí que me pusiera en la portada de la revista *Rolling Stone.* La idea consistía en crear una portada con aspecto auténtico de revista, de modo que pudiera mirarla cada día y programar mi mente para el éxito. Había recordado que Jack Canfield y Mark Victor Hanson hicieron esto antes de que sus libros de la colección *Sopa de pollo para el alma / Caldo de pollo para el alma* se convirtieran en unos superventas legendarios.

Mi artista gráfico me hizo la portada, y era impresionante. Cada vez que la miraba sonreía. Irradiaba vibraciones optimistas. Justo entonces decidí que era una herramienta de limpieza. Siempre que la miraba me ayudaba a limpiarme y purificarme de cualquier duda sobre el que mi música fuera a ser un éxito.

Recuerda que es lo que haces en tu mente, con tu mente y para tu mente lo que de verdad importa. Se trata de ti limpiando los datos. Eso es lo que importa, de modo que haya espacio para que entre lo Divino. Cualquier cosa que percibas que está limpiando probablemente será de ayuda, sencillamente por tu convicción en ella. Vuelve a pensar en el efecto placebo del que hablamos. Tu mente es inconmensurablemente poderosa. Cuando crees que algo es una herramienta de limpieza, reclutas al poder de tu mente. Por supuesto, llegado un cierto punto, querrás ir más allá de la mente y directamente al cero; pero llegaremos a eso en breve.

Una vez estaba en un programa de radio con doctor Hew Len, y una persona que llamó se enfrentó a nosotros dos con un tono beligerante y desagradable. A mí me agitó, pero al doctor Hew Len no. Pensé: «¿Por qué están estas personas haciendo esto?». No lo estaba captando.

Durante un anuncio publicitario le dije al doctor Hew Len que lo sentía, explicándole que no me había dado cuenta de que nos harían ese tipo de preguntas. Me disculpé por todos. Me dijo: «No es la persona: es el programa».

*No es la persona: es el programa.*

Se encendió una bombilla en mi cabeza y nunca la he olvidado.

Siempre que hacemos preguntas, incluyendo las que me hago a mí mismo sobre qué es y qué no es una herramienta de limpieza, proceden de un programa, o de datos, que aparecen por encima del Cero, ocultando a lo Divino.

Es igual cuando la gente que tenemos delante de nosotros está molesta de algún modo u otro (gritando o llorando, por ejemplo): se sienten así debido a un virus del campo de energía, a un programa. Por supuesto, no lo saben, porque el programa los tiene pillados. Son un huésped para él.

Llegado a ese punto, usa cualquier herramienta de limpieza de la que dispongas, o inspírate para crear y así resolver y liberar el programa.

Mientras estaba escribiendo este capítulo para ti recibí una llamada de una amiga.

He estado de buen humor y feliz, disfrutando completamente del proceso de escribir esto para ti; pero mi amiga estaba molesta, y la escuché paciente y atentamente. Pronto empecé a sentirme también molesto, atrapado en sus arenas movedizas. Pasé de sentirme fuerte y seguro a sentirme débil e infeliz.

¿Qué sucedió?

Cuando mi amiga llamó, cogí el virus (el programa) igual que el niño en la sala de espera del médico que pilla un resfriado de alguien que hay ahí. No importaba que hubiera llevado a cabo años de limpieza. Al principio me sentía molesto por eso. Luego me di cuenta de que tenía que limpiar mi malestar.

El secreto es limpiarlo todo. Limpias a cada momento, usando el método que te guste, tanto si hay malestar en el momento como si no.

Por ejemplo, estás leyendo esto mientras piensas: «No quiero limpiar nada».

Limpia eso.

«No quiero limpiar eso».

Limpia eso.

«Toda esta limpieza es una pérdida de tiempo».

Limpia eso.

«¿Y qué pasa si esta limpieza no funciona?».

Limpia eso.

«¿Y qué pasa si esta limpieza funciona?».

Limpia eso.

«Me siento bien, así que no limpiaré justo ahora».

Limpia eso.

«Pero, ¿por qué limpiar si me está yendo bien?».

Limpia eso.

«No lo entiendo».

Limpia eso.

«Comprendo».

Limpia eso.

«Dejaré que limpies por mí».

Limpia eso.

«¡Los puros no pueden ser una herramienta de limpieza!».

Limpia eso.

¿Captas la idea?

Limpias todo el tiempo, a cada momento, tanto si tienes un desencadenante para limpiar como si no.

«Pero, ¿para qué necesito limpiar si todo está yendo bien?».

La limpieza constante despeja el camino que tienes por delante.

Hoy día llevo una vida tranquila (aunque no siempre fue así) debido a que paso mi tiempo limpiando. Lo hago por la noche y por el día, lo estoy haciendo incluso ahora, mientras escribo estas palabras para ti. Mientras lo hago, es como una máquina barredora que limpia las carreteras por la noche para que puedas conducir por ellas al día siguiente. La limpieza mantiene limpio mi camino por la vida, tal y como verás en algunas de las historias que están por venir.

Una vez más, prácticamente cualquier cosa puede ser una herramienta limpiadora. Creo que mi guitarra Marylin, fabricada por Linda Manzer, es una de ellas. También creo que la portada de mi álbum *Sun will rise*[41] es otra. La portada de este libro es otra. El doctor Hew Len cree que mi tarjeta de visita es otra.

¿Qué es en realidad una herramienta limpiadora?

Aquella que tú creas que lo es.

---

41. El sol saldrá. *(N. del T.)*

## CAPÍTULO 14

# ¿Tienes un problema?

*«Todo lo que tienes que hacer es mirarte al espejo y enamorarte de ti mismo, sin importar lo que diga el resto del mundo».*

Doctor Joe Vitale, en *The Miracles Manual*, vol. I

Aquí hay algo con lo que probablemente podrás identificarte. No fue fácil pasar de la nada a crear seis álbumes musicales en dos años. Contraté a profesionales para que me ayudaran: Daniel Barrett, el cantante principal del grupo Porterdavis y productor de los estudios Rubicon, me llevó de de la mano en el estudio; Guy Monroe, un profesor de canto que es un genio y que me enseñó a cantar; Mathew Dixon, un guitarrista contemporáneo que es un gran improvisador y discípulo de ho'oponopono, que me enseñó a tocar la guitarra a un nivel al que previamente no podría ni soñar en haber alcanzado; y Sarah Marie McSweeney, una talentosa cantautora y profesora de música que fue la primera que escuchó mis canciones originales y me animó.

También asistí a un taller de composición de canciones con dos famosos cantautores: Ray Wylie Hubbard y Kevin Welch. Contraté al prestigioso cantante Lee Coulter para que me diera consejos de canto y composición de canciones. Contraté a Jay Frank, autor de *Hack your hit*,[42] para que me aconsejara sobre la creación de música comercializable.

Cuando fui al estudio, contraté a verdaderas leyendas del mundo de la música: desde la estrella del *rock and roll* y miembro del Salón de la

---

42. Piratea tu éxito. *(N. del T.)*

Fama Joe Vitale (sí, el famoso batería que se llama igual que yo) hasta el bajista Glenn Fukunaga. También contraté a tres ganadores de premios Grammy para que me ayudaran en uno de mis álbumes *(The Healing Song)*.

Todo este tiempo, esfuerzo y dinero dieron sus frutos. Mis álbumes fueron bien recibidos. Canciones como «Today's the day», del álbum *Strut!*, se convirtieron en temas destacados, con compradores en iTunes y CDbaby, dos de las más importantes tiendas de música en Internet. Otras canciones fueron tenidas en cuenta para la banda sonora de una película. Me compararon con Johnny Cash, Tom Petty y Leonard Cohen. Reverberation.com, una página web para músicos, me votó como el cantautor local número uno en marzo de 2013.

No está mal.

Así que podrás imaginarte el devastador impacto que sufrí cuando un miembro de mi familia me dijo que no «pillaba» mi música.

Dijo que tenía que ser honesto (cosa que normalmente es una declaración que constituye una cortina de humo para una crítica posterior) y me aconsejó que me siguiera dedicando a los libros.

Añadió: «No soy fan tuyo».

No le pedí su opinión, pero se sintió obligado a dármela. No estaba acostumbrado a escuchar tal negatividad, incluso aunque mi padre solía advertirme que la gente sería crítica. «Incluso tu propia familia podría estar en tu contra», me recordaba a veces.

Fue impactante. No podía creérmelo. Dolido y confundido, me afectó hasta lo más profundo de mi ser. Obviamente, había un interruptor en mí que mi familiar accionó, y permaneció encendido. Este asunto me molestó durante semanas. Incluso con todas las técnicas de autoayuda que conozco, encontré difícil aliviar ese dolor.

Por supuesto, si mi familiar hubiera tenido experiencia musical, podría valer la pena escucharle. Una norma general es seguir sólo los consejos de gente que ya haya tenido éxito en el campo sobre el que estás preguntando; pero mi familiar no es músico, ni toca música. Tiene pocos o ningún conocimiento sobre teoría musical, historia de la música o ni quiera sobre música popular actual, pero aun así me juzgó como si supiera de qué estaba hablando. Su crítica no solicitada me dolió profundamente.

Todo el mundo tiene derecho a dar su opinión. En una ocasión salí de un concierto de Bob Dylan. Me encantan sus canciones (e incluso reescribí y grabé mi propia versión de su famosa canción «All along the watchtower»[43] en mi álbum *Strut!*), pero sus chillidos me martillearon. Aun así, nunca llamé a Bob Dylan y me quejé. Me guardé lo que pensaba. (Bob, si estás leyendo esto, perdóname, por favor. Lo siento. Gracias por tu música y por permitirme grabar «All along the watchtower». Eres un compositor de canciones *legendario*. Me encantas).

En el caso de mi familiar, yo quería ser como el músico Tom Petty, que, cuando un periodista le preguntó qué decía cuando la gente se quejaba porque su música no era suficientemente buena, contestaba: «Es *rock and roll*, tío; se supone que no tiene por qué ser buena».

Pero yo no estaba desvinculado.

Un programa (datos) estaba siendo activado en mí, y mi familiar activó su interruptor. No supe cómo responder a la crítica ofensiva, por no decir que no solicitada, de mi familiar. La mayoría de la gente de mi círculo de amigos y mi familia es más cariñosa y comprensiva.

También sabía, a partir de la lectura de libros como *The power of un-popular*,[44] que no tengo por qué complacer a todo el mundo, sino sólo a un reducido grupo de fans entregados. Incluso he enseñado a la gente en mis seminarios que todo lo que necesitas es un grupo de personas que quieran que te hagas rico. Olvida a aquellos que no lo quieran. Aun así, la fea acción de mi familiar me escoció mucho. No podía olvidarla.

El doctor Hew Len me dijo: «No es la persona: es la basura que tienes de esa persona. Así, cuando trabajé con gente en el Hospital Estatal de Hawái, lo que me sucedía es que estaba experimentando prejuicios, ira, resentimiento, etc. Estaba atascado. Estaba lejos de mí mismo y quería volver al Cero».

Se me estaba recordando que la situación no tenía que ver con mi familiar, sino con el *programa* que compartíamos. Mi objetivo era el de borrar el programa de forma que pudiera ser libre. Llegado a ese punto no me importaría lo que dijera mi familiar, y lo más probable es que se quedara callado.

---

43. «A lo largo de la torre de vigilancia». *(N. del T.)*
44. El poder de lo impopular. *(N. del T.)*

¿Cómo iba a hacer que eso sucediera?

Mientras seguía limpiando, recordé que lo que no nos gusta en otras personas es, frecuentemente, lo que poseemos inconscientemente y no nos gusta en nosotros mismos.

Pensé en mi familiar diciendo que no era fan de mi música. Convertí esa declaración en algo que yo podría decir y me pregunté a mí mismo: «¿Creo yo esto acerca de mi propia música?». En otras palabras, ¿acaso, en secreto, me desagrado como músico?

Por mucho que no quisiera admitirlo, parte de mí era profundamente crítica con mi forma de cantar y de componer. Una parte de mí *coincidía* con mi familiar. Todo lo que mi familiar estaba haciendo era poner voz a lo que estaba sospechando todo el tiempo. Como frecuentemente he dicho a otros, lo exterior es una proyección de tu interior. Mi familiar era, en muchos aspectos, yo mismo.

Esto fue un gran descubrimiento, y no me gustó. Quería que fuese culpa de mi familiar que yo me sintiera mal. Quería que mi familiar cambiara. No quería que todos los matorrales estuvieran en mi campo.

Pero así es como funciona el verdadero ho'oponopono. No miras hacia el exterior, sino que miras hacia el interior.

Tal y como decía el psicólogo suizo Carl Jung: «El que mira hacia el exterior sueña. El que mira hacia el interior despierta».

Mi conocimiento sobre esta situación no se detuvo aquí.

Más adelante, mientras practicaba ejercicio aeróbico en mi gimnasio, me sentí inspirado a practicar ho'oponopono en voz alta, cosa que era inusual. Rara vez hablaba mientras hacía ejercicio, principalmente porque la intensidad de los entrenos me dejaba sin resuello; pero algo dijo: «Hazlo».

Pensé en las palabras de mi familiar y en lo mal que me hicieron sentir. Mientras conservaba la conciencia de mis sentimientos, procedí a decir lo siguiente en voz alta:

> Siento que algunos aspectos de mi ser o mi programación o mi linaje desencadenaran esta opinión de mí y mi música. Siento haber reaccionado exageradamente y haber olvidado mi paz. Siento que mi programación inconsciente provocara que mi familiar me juzgara con dureza.
>
> Por favor, perdóname por juzgar a mi familiar por ser insensible. Por favor, perdóname por tener esta sensibilidad a la crítica dentro de mí. Por favor, perdona

a mis antepasados por lo que fuera que hicieran o pensaran que hizo que ese sistema de creencias llegara a mi interior hoy. Por favor, perdóname por ser ajeno a mis pensamientos internos.

Gracias por traer esta convicción y estos datos a mi atención. Gracias por escuchar mi súplica para borrar esta fecha de mi mente y de todas las mentes. Gracias por ayudarme a agradecer a mi familiar que me diera esta oportunidad para limpiar, purificar y liberarme. Gracias por recordarme el amor que hay bajo toda la oscuridad.

Te quiero, quiero a mi familiar, me quiero a mí mismo, quiero a mis antepasados y quiero a lo Divino por borrar todas las limitaciones internas y los datos de modo que pueda estar aquí y ahora para experimentar el milagro de este milagro y el milagro del amor. Te quiero, te quiero, te quiero.

Lo que resulta interesante es que, mientras recitaba la plegaria ho'oponopono en voz alta, sentí el cambio interno. De hecho, ¡fue una limpieza tan profunda que apenas podía recordar qué había dicho mi familiar sobre mí!

Esto suele suceder con la verdadera curación. El evento del que te estabas quejando desaparece. Apenas puedes recordarlo y, si lo haces, lo haces sin emociones con respecto a él. Es parecido a una historia que hayas leído: es interesante, pero no te ha sucedido a ti.

Ése es el milagro del ho'oponopono.

Mi descubrimiento con mi familiar fue éste: si quería experimentar una verdadera curación (rápidamente) necesitaba pronunciar las frases de limpieza *en voz alta*. Lo que no sé es si esto significaba que mi mente estaba más implicada, mi voz estaba resonando con vibraciones del universo o mi plegaria estaba siendo oída por ángeles que no podían leerme la mente.

Clark Wilkerson, en su libro de 1968, *Hawaiian magic*,[45] explica: «Se ha visto, y es la verdad divina, que si dices algo con deseo sincero y profunda emoción y lo gritas en voz alta, se hará realidad».

Expresar mi petición a lo Divino en voz alta se *convirtió* en una forma sencilla, aunque de éxito seguro, de obtener la sanación o un resultado. Mi familiar y su crítica ya no me molestan. No tengo ni idea de si ahora

---

45    Magia hawaiana. *(N. del T.)*

le gusta mi música o no. No me importa. A *mí* me gusta mi música. No estoy intentando competir con grandes músicos: simplemente intento crear. Y desde este punto de vista estoy teniendo éxito.

En 2013, diez de mis canciones fueron nominadas para los premios Posi, los Grammys de la música positiva. Algo debo de estar haciendo bien, a pesar de lo que mi familiar (y yo) habíamos pensado previamente. Mi limpieza del programa que habíamos compartido desbrozó el camino para el éxito de mi música.

Como siempre, la solución es limpiar, limpiar y limpiar.

## CAPÍTULO 15

# El quinto milagro

*«Cuando estás limpio no piensas: simplemente haces».*

Doctor Hew Len

¿Cómo puedes generar milagros reales en la vida cotidiana con el ho'oponopono? En octubre de 2012 le dije a mi productor musical y amigo, Daniel Barrett, que mi deseo de crear más música estaba muerto. No me sentía inspirado ni conectado con la musa. Estaba contento con los cuatro álbumes de música sanadora que ya había creado, pero no veía nada más de eso en el horizonte.

Me sentía acabado.

Mientras hablábamos, seguí practicando ho'oponopono en mi interior, repitiendo las cuatro frases. Tenía la sospecha oculta de que quizás me estuviera engañando a mí mismo. Después de todo, el autosabotaje está descontrolado en prácticamente todos nosotros y, generalmente, no sabemos que nos lo estamos haciendo. ¿Lo estaba haciendo yo?

Daniel sugirió que encontráramos una forma de reforzar mi energía por la música. Él no sabía cómo, pero sentía que existía una solución.

Al cabo de un momento me llegó una inspiración: Conocía una forma de activar a mi musa, pero no estaba seguro de que quisiera hacerlo. Respiré hondo y dije: «Puedo marcarme la intención de grabar cinco nuevas canciones para Navidad».

Sólo faltaban dos meses para la Navidad. Supondría un milagro escribir y grabar cinco nuevas canciones para esa fecha. No sólo iba a empezar de cero, sino que también estaba exhausto después de acabar mi cuarto álbum: *The Healing Song*.

Daniel no vaciló: «¿Por qué no probamos con diez canciones?», preguntó.

Resollé. Eso sí que era poner el listón más alto, incluso para mí. Ya había batido récords creando cuatro álbumes en menos de dos años, y cuatro milagros parecían suficientes.

No obstante, acepté el reto.

Acordamos que trabajaría para crear diez canciones originales en el trascurso de dos meses, y que juntos las grabaríamos para mi quinto álbum.

Sentimos la estimulante energía de disponer de un objetivo que nos asustaba, aunque también nos encantaba. Estábamos ansiosos, nos sentíamos inseguros, abiertos y dispuestos, y no teníamos ni idea de cómo saldría un nuevo álbum de la nada. Tenía mucha limpieza y purificación que llevar a cabo, y me apoyé en mi práctica del ho'oponopono para que me allanara el camino.

Recuerda que no tenía ninguna idea para nuevas canciones ni ninguna pasión por crear música nueva. Me sentía vacío. Aun así, esta nueva intención inspirada convocó más música. El nuevo objetivo estimuló mi imaginación, y al cabo de unos días venían a mí nuevas canciones.

¡No podía detener el flujo creativo!

Estaba sentado, leyendo un libro en mi iPad y, repentinamente, la idea de una canción entraba en mi consciencia. Dejaba de inmediato lo que estaba haciendo para escribirla. (Pasa a la acción siempre).

En otras ocasiones me sentía inspirado a echar un vistazo a distintos tipos de música, como el *rock and roll* primitivo o antiguo, llamado música *rockabilly.* Simplemente seguí a la musa para ver qué pasaba. Me encantaba la búsqueda, explorar y aprender. (Sigue siempre a la inspiración también).

Al cabo de algunas semanas ya tenía más de dos docenas de buenas canciones. De ellas escogí nueve que pensaba que eran de buena calidad. Quería dejar la décima idea abierta a la improvisación inspiradora en el estudio de grabación.

¡Me sentía preparado para grabar mi quinto álbum!

Mi grupo (no es realmente mi grupo, pero eran los mismos músicos que grabaron los álbumes *Strut!* y *The Healing Song* conmigo) volvió a reunirse. Fuimos al estudio el 18 y el 19 de diciembre, antes de las Navidades, y grabamos diez nuevas pistas.

Tengo entendido que la música no suele venir toda junta con esta rapidez o facilidad o con tanta energía y enfoque, pero cuando nos reunimos en el estudio, dejamos espacio para que se diera la magia en torno a mis canciones.

El resultado es mi quinto álbum musical: *Sun Will Rise*, otro milagro.

Cuando tuve el CD de audio ya terminado en mis manos y escuché la música original que había compuesto e interpretado llevada a la vida con los músicos que me acompañaron, empecé a llorar.

Que esto pudiera crearse de la nada sigue sorprendiéndome. Pensar que las canciones son tan buenas, la música tan increíble y los mensajes tan relevantes me hace, sencillamente, pararme y mirar con asombro y gratitud.

Una vez le pregunté al doctor Hew Len sobre el pasar a la acción.

Dijo: «Cuando estás limpio no piensas: simplemente haces».

Si tienes que pensar, entonces es que tienes convicciones opuestas batallando en tu mente: una lo quiere de una forma y la otra de otra manera. Lo ideal es estar tan limpio que la inspiración esté ahí, y entonces el suave codazo para que entres en acción viene a continuación. Actúas sin preocuparte por ello porque la acción es pura. Sin interferencias. Sin pensártelo dos veces.

No digo que ésta sea una forma de vida continua para la gente: incluso el doctor Hew Len medita para obtener respuestas. Cuando un amigo me envió el guión de una película para llevar a la vida el libro *Cero límites,* pedí permiso al doctor Hew Len, ya que ambos somos los propietarios del *copyright* del libro. Me envió un *e-mail* que decía: «La Divinidad dice no».

¿Cómo se puede discutir con la Divinidad?

Como soy consciente de que conocer la diferencia entre la Divinidad y el ego puede, en ocasiones, ser una decisión difícil, le llamé una segunda vez. Se tomó un momento para pensárselo y, una vez más, pasó.

Lo que es curioso es que no tenía ninguna razón lógica para declinar el guión. Estaba perplejo respecto a por qué podría haberlo rechazado. Era una gran oportunidad para llevar esta increíble historia a la gran pantalla. Uno de mis sueños había sido una película. La quería. También sabía que el doctor Hew Len había estado abierto a la idea anteriormente, porque una vez me había dicho que quería que Robert de Niro interpretara su papel en la película, pero el patente «¡No!» lo detuvo todo. Lo acepté, pero estaba confundido.

A medida que pasó el tiempo, descubrí que los potenciales productores de la película estaban siendo explotadores y manipuladores. Querían que persuadiera al doctor Hew Len para que cambiara de opinión utilizando algunos trucos psicológicos cuya intención sabía que captaría el doctor Hew Len. Fue entonces cuando supe que la razón por la cual el doctor Hew Len había dicho que no fue porque estos productores cinematográficos hubieran acabado por ser algo de lo que arrepentirse.

Digo esto para plantear que tuvo que tomarse un momento para pensárselo porque no tenía una respuesta clara, así que no seas tan duro contigo mismo. Aquí, el recordatorio es que te quieras a ti mismo. Todo lo hacemos lo mejor que podemos. Si las cosas no parecen funcionar, márcate una intención, pide orientación y claridad, y emprende cualquier acción que venga a continuación. Un *no* quizás te esté protegiendo y manteniéndote listo para un enorme éxito con un *sí*. Debes confiar. Debes tener fe.

Si hay alguna esencia en el ho'oponopono, ésta se encuentra en la idea de la confianza. Confía en ti mismo. Confía en la vida. El antiguo anillo de oro que llevo, que tiene grabada la palabra latina *Fidem,* que significa «fe», es un recordatorio para que tenga fe. La moneda con una semilla de mostaza que siempre llevo conmigo y de la que a veces doy copias a mis amigos es otro recordatorio.

No tengo ni idea de cuándo se hará una película de la increíble historia del doctor Hew Len, pero tengo fe en que sucederá. Simplemente no sé cómo ni cuándo. En cuanto al álbum musical que hice (cuando estaba sin energía para componer o grabar más), los milagros sucederán si sigo la corriente, actúo con respecto a las ideas y siempre, siempre y siempre tengo fe.

Ése es el secreto para los milagros.

O por lo menos uno de los secretos.

Exploremos un poco más…

CAPÍTULO 16

# Más secretos del evento sobre los Cero límites

*«La limpieza es el único camino hacia el Cero y la Inspiración».*

Doctor IHALEAKALA HEW LEN

El doctor Hew Len y yo celebramos tres eventos sobre los Cero límites juntos antes de que él decidiera dejar de viajar y dar conferencias y se jubilara. No me sorprendió, porque frecuentemente decía: «Sólo quiero cuidar de mi jardín, pero la Divinidad me sigue forzando a salir de casa».

Normalmente me sentía como el personaje que hace de serio en los eventos: la parte cómica iba a cargo del doctor Hew Len. Algunos me llamaban «el agradable». La gente a veces le encontraba severo, pero yo nunca lo hice. Me encantaba y me sigue encantando. Siempre aprecié su claro enfoque en nuestros eventos. Él no daba rodeos: era directo.

Por ejemplo, él preguntaba a los asistentes: «Si estuvierais buscando la habilidad más fundamental, el activo más fundamental para dirigir un negocio, ¿cuál sería?».

Tras obtener algunas respuestas que no le satisficieron, dijo. «Os diré cuál es el activo más importante porque, si no lo tenéis, entonces estáis metidos en un buen lío. Podéis ser tan entusiastas como queráis y proporcionar un servicio. Podéis hacer todo eso, pero el activo más importante es tenerlo claro.

Una vez lo tienes claro todo sucede, así que la claridad es el activo más importante en vuestra vida. Si no lo tenéis claro, cosa que sucede con la mayoría de vosotros, no me importa lo que proporcionéis o lo bueno que sea vuestro servicio».

Siguió explicando que gente como Jesucristo y Buda lo tenían claro. No necesitaban ser entusiastas ni obtener más información. Lo tenían claro, y su claridad les permitía estar inspirados. La claridad, cosa que él solía llamar Cero o el Vacío, era el objetivo.

El doctor Hew Len me dijo en una ocasión: «Si la gente pusiera a Dios en primer lugar, dispondría de todo el dinero con el que soñara».

Es como la famosa historia sobre la que escribí al principio de *El poder de la atracción* sobre por qué a la gente que emigró a Sudamérica no le fue tan bien como a la que emigró a Norteamérica en términos de riqueza material y recursos financieros. ¿Por qué? Porque la gente que fue a Sudamérica iba en busca de oro, y la gente que fue a Norteamérica iba en busca de la libertad para seguir a Dios.

*Iban en busca de Dios.*

La mente humana, llena de sus datos y programación, estaría aturdida intentando influir sobre el tipo de cambios profundos en la vida y los sucesos que pueden conseguirse tan fácilmente simplemente limpiando y permitiendo que la Divinidad susurre sus inspiraciones. Me entran escalofríos al pensar en ello. Es el poder sublime del ho'oponopono.

«El ho'oponopono sólo tiene que ver con observar lo que está pasando en mí y que experimento con ciertas personas, ciertas formas o ciertas ideas –dijo el doctor Hew Len–. Entonces, la pregunta es si estoy dispuesto a dejarlo ir. Una vez lo dejo ir, entonces sucede algo maravilloso. Instantáneamente, cuando estás en el Cero, ésta es la casa matriz de lo Divino, el yo soy», dijo el doctor Hew Len.

¿Cuán fácil puede ser?

¿Puedes creerte que es tan fácil como respirar y comer?

En los eventos, el doctor Hew Len hizo una demostración para dejar ir y eliminar los datos mediante la respiración.

Siéntate cómodamente con ambos pies en el suelo y tu columna vertebral apoyada suavemente contra el respaldo de la silla.

El pulgar representa a lo Divino, el YO SOY en ti. Tu dedo índice es el dedo direccional y te representa como ser. Toma a lo Divino en ti (pulgar) y el índice y únelos, de forma que tú y lo Divino seáis uno. Entonces, simplemente, ponlos sobre tu regazo. Este proceso prevendrá el *jet lag*. Si padeces arritmia, te volverá a poner en el ritmo adecuado. Toda la idea consiste en volver a coger el ritmo.

Con los ojos cerrados, inspira (a través de la nariz) muy suavemente, como en un proceso normal de respiración.

Ahora empieza a contar, mientras inspiras y espiras, de la siguiente forma: mientras inspiras cuenta hasta siete, detente al llegar a siete y luego espira mientras cuentas hasta siete, vuelve a detenerte y repite. Cada ronda consiste en inspirar siete veces, detenerse siete veces, espirar siete veces y detenerse siete veces. Eso es una ronda. Haz esto durante siete rondas: siete rondas del Ha.

En los seminarios que he celebrado con el doctor Hew Len hablamos de los efectos de limpieza que tiene comer fresas, arándanos e incluso caramelos M&M's. Sí, lo sé: M&M's. La primera vez que lo oí me pareció una tontería, pero el doctor Hew Len siempre dice que, de hecho, no necesitas comerte el caramelo, sino que, simplemente, puedes chuparlo.

*¿Chupar* un M&M's?

¿No comerse uno?

Difícil.

Si eres como yo, eso podría ser difícil de comprender. Me recuerda al hombre que fue a ver a un psiquiatra porque se sentía tonto. El médico le recetó unas pastillas. El hombre las estuvo tomando durante una semana y volvió a la consulta diciendo:

«Doctor, puede que sea yo, pero estas pastillas no parecen sino caramelos».

El psiquiatra contestó:

«¿Lo ve?, ya se está usted volviendo más listo».

Depende de si crees que cualquier cosa es una herramienta de limpieza. Según el doctor Hew Len, incluso comer azúcar y chocolate puede limpiar datos. Decía que aquéllos sólo eran considerados malos para nosotros debido a nuestras percepciones. Una de sus cosas favoritas era el chocolate. Decía:

El chocolate caliente borra los recuerdos que ponen el dinero por delante. Así pues, ¿qué significa eso? Significa que vas a poner a Dios en primer lugar. Bebo chocolate caliente para borrar recuerdos en mí que ponen al mundo, y no a la Divinidad, en primer lugar. No tienes que decir ni hacer nada, sino sólo bebértelo. Tienes que darte cuenta de que el chocolate no es el problema: es tu experiencia de ello, y tú puedes desprenderte de esas experiencias.

Si tienes cualquier tipo de problema, son los recuerdos: no la comida, no las personas a las que frecuentas. No tiene nada que ver con el azúcar. No tiene nada que ver con todo eso. Es nuestra percepción (lo que quiera que sea) la que es el problema.

Si vas a tener que comer algo, ¿por qué no comer algo que pueda limpiar datos, como fresas, arándanos, galletas de jengibre o M&M's? Incluso las gominolas son un proceso de limpieza que te hace estar, específicamente, en el lugar adecuado en el momento adecuado.

Para un escéptico, estos métodos pueden parecer un poco locos, pero en el ho'oponopono actual, eso no constituiría sino más datos, ya que no hay nada ahí fuera.

No puedes estar colgado de algo sin que sea parte del molino de datos de tu mente. Todo lo que sucede está sucediendo *en* ti, así que ¿quién puede saberlo sino tú?

Personalmente, estoy dispuesto a usar cualquier método que funcione. Tal y como nos recuerda el doctor Hew Len: «El objetivo último es ser libre. ¿Libre de qué?: libre del pasado, de modo que siempre estés en sintonía con la Divinidad».

Por experiencia, una mente abierta te lleva más lejos que una cerrada, y si puede, potencialmente, ofrecerte libertad, entonces estoy completamente de acuerdo con eso; pero si de verdad quieres poner a prueba los límites de tu mente, considera si la famosa historia acerca del doctor Hew Len sanando a todo un pabellón de un hospital lleno de delincuentes psicóticos es cierta o no.

¿Fue acaso todo una enorme mentira que embaucó a todos, incluyéndome a mí?

## CAPÍTULO 17

# ¿Sucedió realmente? La gran mentira

*«La maravilla de todo ello es que no tenemos el control. Control. Intención. No son todo más que ilusiones. ¿Quién decide? Recuerdo e Inspiración: el uno una espina y la otra una rosa. Cualquiera de ellos dirige al Alma con su proverbial olfato. De verdad».*

Doctor IHALEAKALA HEW LEN

La gente que ha leído *Cero límites* suele preguntar si la historia era real. «*¿De verdad* el doctor Hew Len sanó a todo un pabellón de un hospital lleno de delincuentes psicóticos? Si es así, ¿cómo es que no oímos hablar de ello en las noticias? ¿Dónde están los documentos públicos que lo atestiguan?».

No me creí la historia la primera vez que la oí, pero después de hablar con el doctor Hew Len por teléfono, sí me la creí. Más adelante asistí a mi primer seminario con él, lo que me convenció todavía más de su autenticidad. Proseguimos para escribir *Cero límites,* y organicé tres eventos junto con él, eliminando cualquier duda de mi mente. Sabía que creer era más inteligente que no creer. Después de todo, también escribí un libro titulado *Faith.*[46] La convicción tiene poder, y preferiría creer en milagros que no creer.

---

46. Fe. *(N. del T.)*

Aun así, como escritor de libros de no-ficción, necesitaba saber más sobre la historia, y la siguiente vez que tuve la oportunidad le volví a preguntar sobre ella.

«Ao Akua –empezó, llamándome por el nombre hawaiano que me él había puesto–. No lo hice solo y no fue fácil».

«¿Fueron todos sanados?».

«No –contestó–. Nunca conseguimos que Billy sanara. Fue trasladado a otro hospital».

Cuando estaba investigando para escribir *Cero límites,* me puse en contacto con trabajadores sociales que habían estado en el hospital mientras el doctor Hew Len estaba también allí. Dijeron, abiertamente, que habían sentido algo en su presencia, pero tampoco afirmaron que fuera un mesías. Nunca le atribuyeron directamente ninguna sanación. Ninguno de ellos dijo que los internos hubieran sido sanados y que el pabellón del hospital hubiera sido cerrado debido, directamente, a algo que doctor Hew Len hubiera hecho.

Eso no me sorprende.

La vida está tan interconectada que mi espiración afecta a tu inspiración, pero nunca, conscientemente, me mirarías y dirías: «¡Oye, gracias por respirar!».

El hecho de que los medios nunca informaran sobre el hospital tampoco me sorprende. Hace años, vinieron a mi casa del programa de noticias *ABC News* y me entrevistaron durante una hora. Tocamos muchos temas, incluyendo mis libros y la gente a la que había trasformado. Aun así, no escogieron las noticias positivas para emitirlas: en lugar de eso, eliminaron lo bueno y emitieron algunos segundos en los que balbuceaba en busca de una respuesta después de que me pillaran por sorpresa con una pregunta.

Los medios de comunicación convencionales no están diseñados para explicarte buenas noticias. Necesitan que sigas teniendo miedo para que así compres los productos de sus anunciantes. (Digo esto mientras lo estoy limpiando). Ésa es la razón por la cual emiten noticias horribles, trágicas y tristes. Cuando no sucede nada malo a nivel local, los centros de noticias buscan una historia triste de otras regiones o incluso de otros países.

Y cuando los medios de comunicación no pueden encontrar suficientes malas noticias actuales, suelen volver a emitir historias tomadas de sus archivos. De hecho, mientras estaba escribiendo esto, algunos amigos se pusieron en contacto conmigo, felicitándome por mi aparición la noche pasada en el programa de noticias *ABC News,* un bloque que se emitió por primera vez hace *tres años.*

Pero rara vez, por no decir nunca, los ves emitiendo noticias buenas.

Después de todo, ¿cuál podría ser el titular de una fuente de información convencional sobre la sanación de unos internos en el hospital psiquiátrico?

*Pacientes dementes sanados sin explicación: ¡Celebrémoslo!*

Si los medios quisieran informar de que el doctor Hew Len es un sanador, podrían usar un titular que dijera:

*¡Un tipo raro no hace nada y sus pacientes sanan!*

En pocas palabras, los medios de comunicación convencionales no están diseñados para escribir sobre eventos positivos o sucesos milagrosos. Tienen más inclinación a ver el ángulo negativo, incluso en al caso más abrumadoramente positivo. Hubiera tenido más éxito con los medios de comunicación si les hubiera hablado de mi guitarra Bourgeois que parece tener una cara en la madera de su parte posterior. (La tiene de verdad). Algunos creen que la cara se parece a un nativo americano. Yo creo que es bastante más discutible y sugerente. Los medios podrían entonces decir:

*¡Un Buda descubierto EN una guitarra!*

O incluso:

*¡Jesucristo visto en una guitarra!*

O quizás:

*¡Un autor que escribe sobre secretos ve a un sabio en una guitarra!*

Por supuesto, una historia milagrosa promocionada como verdadera debe ser por lo menos algo cierta para ser de alguna utilidad. Las historias ficticias o, incluso peor, las historias catalogadas como verdaderas que resultan ser ficticias pueden ser dañinas.

Esto no es lo mismo que usar una historia metafórica Muchos hipnotizadores explican este tipo de historias para abordar problemas en tu subconsciente. Eso es distinto. Eso no es mentir. Es, simplemente, ficción pura y dura.

Recuerdo haber leído un libro de un popular escritor de libros de autoayuda que escribió que Harry Houdini, el famoso mago, no había necesitado hacer trucos de magia en sus últimos años. Decía que Houdini hacía «magia de verdad». Estaba horrorizado.

De hecho, Houdini pasó sus últimos años de vida demostrando que la verdadera magia *no* existía. Como miembro vitalicio de la Asociación de Magos Americanos (el mismísimo grupo que fundó Houdini), sabía que Houdini no engañaba a la gente y que tenía los pies firmemente asentados en la tierra.

¿Por qué mintió este autor a las masas en su libro? No lo sé, pero estaba tan molesto con esta mentira inocente, por ignorancia o intencionada, que tiré su libro a la basura. Me llevó algo de tiempo perdonarle. Un amigo racionalizó la mentira diciendo: «Probablemente explicó la historia para que creyeras en la verdadera magia». La cosa es que ese flagrante error me llevó a concluir que no podía confiar en nada más que dijera ese autor. Se convirtió en una fuente no fiable.

No quería que la historia milagrosa del doctor Hew Len fuera una historia de tipo Houdini, así que seguí investigando para saber más. Seguí escuchando historias más o menos parecidas, como la siguiente (recibida por *e-mail* y usada aquí con permiso del autor):

Apreciado doctor Vitale:

Leí su libro *Cero límites* en diciembre de 2008. Trabajo como *coach* personal y asesora sobre la forma de educar a los hijos en la cárcel de mujeres de Baton Rouge (Luisiana). Doy tres clases por semana y a cada una de ellas asisten veinte mujeres.

Empecé a practicar el ho'oponopono inmediatamente después de empezar a leer el libro. Pude ver resultados instantáneos en las mujeres del grupo. Compartí la información con ellas y compré cinco ejemplares para que se turnaran leyéndolos.

Han compartido muchas historias de éxitos conmigo sobre cómo los subal-caides encargados de ellas estaban cambiando. Un día de la semana pasada había habido algún tipo de altercado en la cárcel. Podía oír el alboroto fuera de la clase. Un funcionario de prisiones entró en mi aula y tenía una mirada de estupefacción. No se podía creer la calma y la tranquilidad en la clase con todo el jaleo que había fuera. Me dijo: «No sé lo que están haciendo, pero sigan ha-ciéndolo». Ha compartido conmigo en muchas ocasiones que las mujeres se están comportando mejor y que, de hecho, están consiguiendo privilegios que nunca antes habían sido capaces de conseguir.

Yo también estoy experimentando cambios en lo tocante a mis hijas ado-lescentes y mi marido.

Muchas gracias por sacar a la luz esta información.

CINDY RAY-HUBER
Directora Regional, RCB de Baton Rouge

Como personas, todos tenemos retos. Todos tenemos cosas que limpiar.

El doctor Hew Len vino a visitarme cuando estábamos trabajando juntos en el libro *Cero límites*. Condujimos por varias carreteras secunda-rias, buscando el hostal que había reservado para él por teléfono. Cuando se hizo evidente que estábamos perdidos, suspiró. Parecía estar frustrán-dose. Dijo: «Debería haber llamado para que me dieran indicaciones». Ésas fueron sus palabras, pero lo que en realidad quería decir era que era *yo* quien debería haber llamado. Su pesadez conmigo reflejaba a un hombre que no las tenía todas consigo.

En otra ocasión vi una foto en la que iba cogido de la mano de una mujer joven mientras paseaban por la playa. Parecía una escena románti-ca, aunque el doctor Hew Len tiene cincuenta años más que ella. Eso no lo convierte en un problema, ya que puede que estén enamorados, pero es un signo claro de que es humano.

Pero incluso Jesucristo era humano. Como hombre normal que vivía y respiraba, parece que hizo milagros. De acuerdo con el autor de *Zealot*,[47] Jesucristo nunca fue acusado de engaños en sus manifestaciones. No es-taba haciendo magia, sino milagros. Fue acusado de muchas cosas, pero

---

47. Zelote. *(N. del T.)*

nunca de ser un mago. Era un hombre que, al parecer, hacía milagros con la ayuda de lo Divino.

¿Era eso lo que el muy humano doctor Hew Len estaba haciendo?

Después de todo, Albert Einstein dijo: «Es bastante posible que podamos hacer cosas más grandes que Jesucristo, ya que lo que está escrito en la Biblia sobre él está embellecido poéticamente».

Pero no quiero evadir la pregunta: ¿ayudó realmente el doctor Hew Len a sanar al 99 por 100 de los internos en el hospital psiquiátrico para delincuentes psicóticos?

Yo así lo creo; pero, ¿cómo podemos estar seguros?

Considéralo de esta forma: si yo rezo, en secreto, por tu bienestar y un día tu enfermedad desaparece, ¿me otorgarás algún mérito por ello? Probablemente no. ¿Cómo podrías hacerlo si no sabías que había estado rezando por ti?

Mathew Dixon se vio inspirado a escribir un libro titulado *Attracting for others*.[48] La premisa es que cuando alguien te dice que cuando él o ella quieren ser, hacer o tener algo, tú limpias para que él o ella lo consigan. Limpias lo que sea que haya en ti que surge en ti, de modo que la persona a la que has visto pueda obtener su deseo.

En otras palabras, te conviertes en un *ninja* para lo bueno. Puede ser tan sencillo como pronunciar las cuatro frases utilizando algunos de los secretos avanzados que has aprendido aquí o cualquier otra cosa que quizás estés inspirado a compartir para ayudarle o ayudarla.

Ahora detente y piensa: si alguien limpia, en silencio, algo que deseas y lo obtienes, ¿le otorgarás algún mérito? Por supuesto que no. ¿Cómo podrías? No tenías ni idea de que él o ella estaban haciendo algo por ti. Él o ella lo hicieron en secreto y con benevolencia.

Lo mismo se puede aplicar a la historia del doctor Hew Len y el hospital. Su limpieza de sí mismo trasmitió un campo de atracción que afectó a todos los demás. Mejoraron, pero no pueden otorgarle ningún mérito ya que no tenían ni idea de que estaba haciendo algo por ellos.

Las noticias convencionales no tienen manera de informar sobre una historia como ésta. Quieren ver una causa y efecto visibles. Si el doctor Hew Len hubiera recetado píldoras para caballos y la gente hubiera mejo-

---

48. Atrayendo para los demás. (*N. del T.*)

rado, entonces quizás le hubieran dado tiempo en antena. (No obstante, lo más probable es que encontraran algo raro en las píldoras y que informaran sobre *eso*).

En resumen, cree en la historia de *Cero límites,* aunque sólo sea por la razón de que te otorga poder para crear tus propios milagros.

Y si eso todavía te parece incompleto, límpialo.

## CAPÍTULO 18

# Cómo iniciar
# tu propia religión

*«Ua ola loko i ke aloha».*

«El amor es la fuente de la Vida».

El doctor Hew Len se puso en pie durante nuestro segundo evento sobre los Cero límites y anunció: «Dejadme mostraros cómo iniciar una religión».

Entonces se acercó a la pizarra blanca, siempre a la pizarra blanca (hablaremos más de esto en breve) y dibujó un punto en el centro del espacio blanco.

«Una persona experimenta un despertar de Divinidad –dijo–. Es puro y es inspiración».

Entonces dibujó más círculos en la pizarra.

«A partir de aquí, la persona que ha despertado intenta explicar a los demás su experiencia».

El doctor Hew Len continuó:

«Pero los otros no han pasado por esa experiencia. No comprenden. *Piensan* que sí, así que salen e intentan explicar a otros el despertar que ellos nunca han experimentado. Y entonces nace una religión».

Comprendí totalmente. Siempre que estudiaba a gente que había experimentado un despertar, me mostraba perplejo con sus seguidores. Los seguidores nunca parecían haber experimentado el despertar. Con el tiempo, concluí que la mayoría de la gente es como las ovejas. Siguen a la cabra que va en cabeza, al líder, que, de hecho, puede que sepa o no sepa hacia dónde va.

¿Qué lugar ocupaba Morrnah en todo esto? El doctor Hew Len hizo más que sugerir que Morrnah había experimentado un despertar. Había tomado el ho'oponopono tradicional de la vieja escuela (el método para solucionar problemas consistente en airear las diferencias hablando, en persona, formando un círculo con otras personas, hasta que hay perdón y paz) y lo convirtió en un proceso interno. Pero el despertar de Morrnah no significaba que cualquier otro que practicara su versión del ho'oponopono experimentara un despertar.

*¿Había* ella experimentado un despertar? No lo podemos saber con certeza alguna. Sólo podemos asumirlo, y al hacerlo la historia se vuelve más convincente.

¿Qué hay del doctor Hew Len, con el que he pasado incontables horas? ¿Ha experimentado él un despertar, o forma él parte del rebaño de ovejas?

Cuando estábamos tomando café una mañana, dijo: «Lo estás captando».

No sabía lo que estaba captando. No habíamos dicho ni una palabra desde hacía varios minutos. Mi mente se había quedado sin preguntas.

En medio de ese silencio hubo una abertura en mi corazón, como si una ventana se hubiese abierto. Más adelante lo llamé un *satori:* un destello de despertar. No significaba que hubiera experimentado un despertar. Significaba que alguien me había permitido ver un despertar. ¿Fue el doctor Hew Len? ¿Desencadenó su ser mi propio *satori?*

Creo que es el leal discípulo de Morrnah practicando lo que aprendió de ella, y que está haciéndolo lo mejor que puede, a través de sus propias idiosincrasias, para llevar a cabo el trabajo de limpieza.

Limpiar de esta forma tiene el efecto de asentar al ser interior. Al relajarnos, podríamos experimentar un despertar un buen día. He escrito en mi libro *The awakening course* que la iluminación viene a través de la gracia. No es una experiencia automática. No puedes declarar: «¡Estaré meditando hasta que experimente un despertar!». Declaraciones como ésa proceden del ego, y el ego debe quedarse a un lado para permitir que el despertar tenga lugar.

Pero volvamos a cómo iniciar tu propia religión.

Hace algunos años di una presentación sobre el ho'oponopono a colegas míos en una reunión del Transformational Leadership Council (*véase* la sección «Materiales» en la parte final del libro para ver el vídeo). Esta gente es la que mueve los hilos en el mundo del desarrollo personal, y muchos de ellos son leyendas en el campo de la autoayuda. Muchos de ellos son gente que cambió mi vida hace décadas, cuando estaba arruinado, era desconocido y estaba en apuros.

Cuando subí al escenario, les enseñé una pizarra blanca (mi herramienta favorita y una metáfora de la vida) y luego los invité a subir y escribir en la pizarra todas las maneras con las que podemos trasformarnos. Después de veinte minutos escribiendo sus respuestas, pregunté: «¿Qué ha pasado con la pizarra blanca?».

Estaba cubierta de cosas escritas en negro. Ya no podía verse el fondo blanco.

«Estoy aquí para sugerir que vuestros métodos para el cambio pueden, de hecho, suponer un bloqueo para la inspiración por parte de la Divinidad».

Luego expliqué la historia del doctor Hew Len, del hospital psiquiátrico y de la práctica del ho'oponopono. Mientras hablaba, fui borrando las cosas escritas en la pizarra. Para cuando acabé, pudimos ver la pizarra blanca de nuevo. Habíamos vuelto al Cero.

La explicación del doctor Hew Len sobre cómo se inicia una religión encaja perfectamente con lo que la mayoría de los autores, conferenciantes, profesores, agentes de cambio y otros hacen. Por supuesto, creemos que estamos ayudando, y por lo general lo hacemos. No obstante, viéndolo desde una perspectiva superior, lo que realmente queremos es estar tan abiertos que la inspiración nos susurre al oído y la oigamos.

En otras palabras, si estoy convencido de que la única forma de ayudar a alguien es comiendo tarta de zanahoria (lo que *sí* ayuda, créeme), entonces, siempre que oiga un problema sugeriré tarta de zanahoria.

Los discípulos del ho'oponopono suelen ser así. Han olvidado que el ho'oponopono es, simplemente, una de entre muchas técnicas, y no es la quintaesencia de las prácticas de autoayuda o espirituales. Está diseñado para ayudarte a borrar todas las interferencias (lo que el doctor Hew Len llama programación), de modo que puedas estar disponible para la inspiración de la Divinidad.

El éxito de mi libro escrito junto con el doctor Hew Len, *Cero límites,* incrementó el nivel de conciencia con respecto al ho'oponopono a gran escala. Lamentablemente también reunió a muchas ovejas. Por supuesto, no todos caen en esa forma de pensamiento. Los hay que creen sinceramente en lo que están haciendo. Pero, ¿podría ser que fueran como los discípulos de un ser iluminado: con el ser habiéndose visto iluminado pero los discípulos no?

Y si es así, ¿qué te queda? ¿Cómo sabes a quién seguir, qué comprar o qué hacer?

Te queda la limpieza.

Mientras llevas a cabo esa práctica, limpias los datos de la mente para permitir que entre la claridad, y mientras entre la claridad lo sabrás.

Aquí tenemos otra forma de llegar ahí.

Morrnah enseñó en una ocasión que deberías tomar una hoja de papel y escribir en ella cada persona, lugar u objeto relacionado con lo que sea que estés limpiando.

Dijo: «Tu subconsciente comprenderá mejor todo el asunto y captarás más del problema de lo que se describe de él en primera instancia».

A partir de ahí, recitarás la oración de Morrnah sobre la hoja de papel.

Digamos, por ejemplo, que tienes un problema con otra persona en tu trabajo. Lo primero que hay que hacer es darse cuenta de que el problema está dentro de ti, y que se está mostrando como una percepción sobre la otra persona en tu mente. El interruptor que está siendo presionado está en ti, y la otra persona no es más que el desencadenante. Tal y como solía decir el doctor Hew Len: «¿Te has dado cuenta alguna vez de que cuando tienes un problema tú estás ahí?».

A continuación, escribe todo lo relativo al problema: el nombre de la persona, la descripción de tu puesto de trabajo, el nombre de la compañía, la dirección del trabajo y cualquier otra cosa que te acuda a la mente. Estás vertiendo todos los elementos del problema en esta hoja de papel. Tal y como señaló Morrnah, esto ayuda a tu mente interior a captar toda la situación.

Entonces lee su oración sobre la hoja de papel, preferiblemente en voz alta, cuatro veces. Después de eso rompe en trocitos o quema la hoja.

Ve en paz, esperando que lo Divino se haga cargo de los detalles.

Lo hará.

¿Es el cero realmente tan importante? ¿Es el volver a la pizarra blanca tan necesario?

El doctor Hew Len habla del Cero como una forma de expresar la Divinidad. Otros hablan de una frecuencia cero. Para mí, el cero es esa vacuidad o vacío en el que no puede existir ningún pensamiento, creencia o dato. Es el testigo de la vida que se encuentra en segundo plano y que puede permitir que la inspiración llegue a ti desde la Fuente.

Sé que ese concepto puede inquietar a tu mente, así que dame un momento para que te lo explique.

Tenía un profesor excéntrico en Niles, Ohio, que me enseñaba Álgebra. Se llamaba Ron Posey. Yo había suspendido el Álgebra en la escuela secundaria. Con el señor Posey dando las clases en el bachillerato, saqué sobresalientes. Era un genio de la enseñanza.

Se ponía de pie delante de la clase y preguntaba: «¿Son los ceros importantes? ¿Es un cero nada?».

Entonces escribía el número «1» en la pizarra y decía: «¡Dadme seis ceros detrás de ese 1 y tendré un millón de dólares!».

Sí, los ceros cuentan.

Pero lo que realmente quieres es estar *en el* Cero.

Déjame llevarte ahí ahora mismo.

## CAPÍTULO 19

# El milagro del ho'oponopono

*«Lo primero que puedes hacer para desbloquear tu energía de forma que puedas atraer una mayor cantidad de los grandes sueños que deseas es perdonar a cualquiera por cualquier cosa a lo largo de toda tu vida y, más importante todavía, perdonarte a ti mismo».*

DOCTOR JOE VITALE, en *The Miracles Manual*, vol. I

Hace décadas era discípulo de Bhagwan Shree Rajneesh, al que más adelante se conoció con el nombre de Osho. Era un personaje audaz y controvertido. Pensaba que estaba iluminado. Recientemente leí dos libros sobre él: uno escrito por su dentista, que vivió con él durante varios meses, y otro escrito por la mujer que dirigió sus operaciones durante años y que más tarde fue encarcelada. El uno le retrata como Divino y la otra como el Demonio.

También he sido fan del difunto doctor David Hawkins. Creó una herramienta llamada el Mapa de la Consciencia, y sus conocimientos me han ayudado. Luego, no hace mucho, leí un minucioso libro científico escrito por uno de sus leales fans y cariñoso biógrafo suyo que demostraba que ese mapa de la consciencia era impreciso y que las pruebas para crearlo tenían puntos flacos.

¿Quién es el gurú?

Ésa es la verdadera pregunta, y es una pregunta muy justa.

Después de todo, en una cultura en la que se da un valor desorbitado a la noción del estatus de experto, existen posibilidades de que haya muchos expertos dando vueltas con información variada y opuesta. ¿Por cuál nos decantamos? Probablemente no van a ser como el joven hindú de la película *Kumaré,* que se crió en América pero que más tarde se hizo pasar por un gurú, consiguiendo un pequeño grupo de seguidores y luego destapando, él mismo, que era un fraude, diciendo que él era el gurú de *sí mismo.*

Lo cierto es que a veces conseguimos ver los entresijos de la gente a la que admiramos, como me pasó a mí en el caso de Rajneesh y Hawkins, y a veces no lo conseguimos. Un buen recordatorio es el de seguir a nuestra guía interior. Después de todo, ¿cómo sabrás en quién confiar y a quién seguir? ¿Acaso no tienes, en última instancia, que confiar en y seguirte a *ti mismo?*

¿Cuál es el propósito del ho'oponopono? ¿Cuál es su objetivo? La tradición hawaiana dice que el ho'oponopono es un ritual de perdón. El doctor Hew Len dice que sólo estamos aquí para limpiar. Morrnah, su maestra, creía que estábamos aquí para practicar la sanación. Las escisiones de la *huna* y el ho'oponopono tienen sus propias respuestas.

Yo también tengo una.

En mi forma de ver la vida, el auténtico ho'oponopono es un método para ayudarte a alcanzar la paz. Es una herramienta para detectar programas, creencias y otros datos antiguos, de forma que puedas estar aquí ahora y recibir inspiración de la Divinidad. Su principal objetivo es perdonarlo todo (y a todos) de cualquier tiempo y lugar. Aunque yo lo practico a diario, sé que no es la única herramienta, sino que es una de muchas.

En 2013 di una conferencia sobre una técnica llamada *El proceso de recordar,* acerca de la cual Daniel Barrett y yo escribimos en nuestro siguiente libro, que tiene el mismo título.[49] En esa charla señalé hacia una gran pizarra blanca y dije: «Esto sois vosotros sin programación. Estáis limpios. Estáis en el cero. A partir de aquí podéis recibir inspiración».

Continué, pidiendo a la gente que fuera consciente de su cuerpo. ¿Se sentían cómodos? ¿Sufrían algún dolor o malestar? Les expliqué que,

---

49. The remembering process. *(N. del T.)*

aunque pudieran sentir su cuerpo, ellos no eran su cuerpo. Eran independientes de él. Podían ser testigos de él y, de hecho, no ser él.

Podrías preguntarte a ti mismo sobre tu cuerpo en este preciso instante. Obviamente, tienes uno, pero porque puedas observarlo no tienes por qué, de hecho, *ser* él.

Entonces les pedí que percibieran sus pensamientos. ¿En qué estaban pensando? Mientras hablaba, su mente estaba discurriendo. Estaban escuchando a un nivel, pero también comentando a otro nivel. Si podían experimentar sus pensamientos, eso quería decir que, de algún modo, no eran sus pensamientos. Eran independientes de ellos. Podían observarlos.

¿Qué hay de ti? Mientras estás leyendo también estás pensando, pero tú no eres tus pensamientos. Puedes darte cuenta de tu pensar, lo que sugiere que debes ser distinto de tus pensamientos.

Entonces pedí a mi audiencia que reflexionara sobre lo que estaba sintiendo desde el punto de vista emocional. Por ejemplo, cuando mi charla era cómica, reían. En otras ocasiones se conmovían de otras maneras. Si podían sentir emociones, entonces ellos no podían ser las emociones. En lugar de ello eran observadores.

Una vez más, ¿qué hay de ti? Tú experimentas emociones. Quizás hayas experimentado diferentes emociones mientras leías este libro. Independientemente de ello, si sientes emociones y puedes describirlas, entonces es que no eres, de alguna forma, tus emociones.

«Si no eres tus pensamientos, ni tu cuerpo ni tus emociones –pregunté–, entonces, ¿quién eres?». En muchos contextos espirituales, la palabra *presenciar* describe esta conciencia del fondo. En la espiritualidad hawaiana, en el ho'oponopono, ese fondo se llama lo Divino. Algunos lo llaman Dios, otros lo llaman naturaleza. El doctor Hew Len y yo lo llamamos Cero.

Independientemente del nombre que le pongas, esa Divinidad está en ti, y es la misma Divinidad que hay en tus amigos y tu familia, en Morrnah, en el doctor Hew Len y en mí. El gran objetivo es ser uno con la Divinidad: eso es la Iluminación, el Despertar. Cuando eres uno con todo lo que hay, eres uno con la propia fuente de la vida.

El milagro del ho'oponopono es que es una forma sencilla de borrar lo que hay entre ti y la Divinidad. Cuando señalo la pizarra blanca estoy apuntando a un símbolo. Cuando practicas el ho'oponopono estás avanzando hacia esa pizarra blanca o Divinidad. Cuando eres uno con ella estás en paz. Cuando estás ahí estás *en el* Cero.

Sé que algunas personas dicen que la conciencia del fondo no es nada pero, tal y como oí decir una vez al papa Juan Pablo: «Lo que vosotros llamáis nada es lo que yo llamo todo». Ese todo es la Divinidad, y te quiere. Quiere lo mejor para ti, para tu familia y para el mundo. Una vez que borremos los programas que interfieren con que oigamos a la Divinidad y sintamos su amor incondicional experimentaremos el milagro del justo ahora.

Ése es el objetivo del ho'oponopono.

Y ése es su milagro.

Eres tú quien tiene que ser tu propio gurú.

 EPÍLOGO

# Cogiéndole el «tranquillo»

*«Vivimos en un universo que se mueve por las creencias. Cambia tus creencias y obtendrás un universo diferente».*

Doctor JOE VITALE

El doctor Hew Len me solía decir que cuando estás en el Cero es cuando la inspiración puede venir a ti. Cuando no estás limpio, todo lo que tienes son recuerdos: viejos programas, creencias, experiencias y otros datos que, simplemente, están por medio y estorban.

Un día, mientras estaba meditando, recibí la inspiración de buscar un *hang*.[50] Lo sé: no tiene ningún sentido, pero tal y como enseña el doctor Hew Len, cuando estás limpio la Divinidad puede proveer. Así pues, hice lo que cualquier persona digna actual haría: busqué en Internet.

Resultó que un *hang* (se pronuncia «hong») es un instrumento musical que fue creado por Felix Rohner y Sabina Schärer en Berna (Suiza) en el año 2000. No es un tambor (tal y como corrigen rápidamente los creadores), sino que es un instrumento musical completamente nuevo.

Francamente, parece un ovni, una nave espacial de algún tipo. Imagínate dos *woks* o dos tapas de un cubo de la basura unidos y con unas abolladuras. No es la mejor de las imágenes, pero podrás hacerte una idea.

---

50. El título del capítulo es intraducible en castellano. Se basa en un juego de palabras con el vocablo hang, que en inglés significa «tranquillo», además de ser el nombre de este peculiar instrumento musical. *(N. del T.)*

Las abolladuras son como diapasones, y cuando das golpecitos al *hang* con la mano, éste emite un sonido misterioso, relajante y como de otro mundo.

Quería uno.

Lamentablemente, el *hang* tiene tanta demanda que el puñado de productores que los fabrican trabajan a puerta cerrada y su lista de espera es de entre meses y años. Los usados son casi imposibles de encontrar, pero localicé dos en eBay.

Uno de ellos era una versión antigua de Rohner y Schärer, con un precio de «¡cómpralo ya!» de 8000 dólares. La subasta empezó en 5000 dólares. Sabiendo que uno nuevo se vende normalmente por 1500 dólares, no quería gastar varias veces esa cantidad por un *hang* usado.

El otro *hang* era italiano y su precio en eBay era de 700 dólares. Algo en mi interior me dijo que pujara por él, así que estudié las fotografías, vi un vídeo sobre cómo alguien en Italia lo tocaba y decidí que iba a ser mío. Gané la subasta.

Más adelante, ese mismo día, recibí un cheque por valor de 1250 dólares: la misma cantidad que pagué por el *hang* en eBay. Lo consideré como un signo de que tenía que tener el *hang*. Al tener la inspiración, en primer lugar, de buscar el *hang* por Internet, ganar la subasta y con la aparición de ese dinero, supe que estaba hecho para mí.

¿Por qué estaba hecho para mí? Me encontré con Mathew Dixon, mi socio y profesor de guitarra, y le expliqué la historia. Mientras hablaba, me di cuenta de que podía crear una melodía con mi *hang* y añadirle mi voz leyendo la oración de Morrnah. La combinación entre la plegaria y el *hang* sería una herramienta de limpieza intensiva, relajante y exhaustiva. (Puedes escuchar la oración de Morrnah, leída por mí y con el acompañamiento del *hang* en el archivo de audio que encontrarás en www. MorrnahsPrayer.com).

Tal y como señalaba el doctor Hew Len, cuando te encuentras en el Cero, la Divinidad tiene un camino libre y expedito hacia tu cerebro. Yo no estaba buscando un instrumento nuevo, y mucho menos un *hang*. No tenía ni idea que los *hangs* existían. Ni siquiera estaba esperando crear un nuevo archivo de audio. No obstante, estaba abierto a lo que fuera, y entonces lo que fuera apareció.

El doctor Hew Len suele decir que ya somos ricos, aunque no nos damos cuenta de ello porque nuestros datos lo tapan. Nos preocupamos.

Creamos excusas. Intentamos esto y aquello, generalmente debido al miedo. Rara vez nos sumergimos en el milagro del momento y, simplemente, *somos*.

Ése podría ser el mantra del ho'oponopono: «Sé y enriquécete».

Todo lo que necesitas es pillarle el «tranquillo».

Por último, tal y como explica el doctor Hew Len en nuestra página web www.ZeroLimits.info, el objetivo del ho'oponopono es la libertad completa.

Cuando estás libre de datos (pensamientos, creencias, programación) estás disponible para recibir inspiración de lo Divino.

Mi objetivo al escribir este libro es ayudarte a ser libre.

Y todo empieza conmigo.

Que la paz esté contigo.

*Aloha Nui Loa.*

(Todo mi amor).

APÉNDICE A

# Preguntas y respuestas relativas al ho'oponopono

**Pregunta:** ¿Durante cuánto tiempo debo practicar ho'oponopono cada día?

**Respuesta:** Durante todo el día. Al principio requiere una decisión consciente. Con el tiempo te resultará algo muy natural. Yo digo las frases mientras escribo este libro. Es la cháchara de fondo en mi mente.

**P:** ¿Pienso en el problema concreto cuando esté practicando ho'oponopono?

**R:** Si tienes uno sí. Si no lo tienes, no.

**P:** Practico las frases a diario, pero parece que las cosas están empeorando.

**R:** Cuando agitas una botella con arena en el fondo, la botella tiene un aspecto turbio. Hasta que no se elimine la arena verás algunas manchitas flotando. Sigue limpiando.

**P:** ¿Puedo limpiar por otra persona?

**R:** Limpias *tu percepción* de otra persona. Si percibes un problema en él o ella, en realidad está en ti. Limpia el interior.

**P:** ¿Cómo usas el chocolate para limpiar? ¿Te lo comes?

**R:** Cómetelo. Huélelo. Lámelo. Medita sobre él. Esto es algo que el doctor Hew Len cree que es una verdadera herramienta de limpieza. Pero, ¿quién sabe? Quizás sólo quiere una excusa para comer chocolate.

**P:** ¿Puedo decir las frases en un orden distinto?

**R:** Sí.

**P:** ¿Puedo decir simplemente la parte del «Te quiero»?

**R:** Claro que sí.

**P:** ¿Qué pasa si me siento airado mientras limpio?

**R:** Limpia la ira.

**P:** ¿Cuáles son los nombres del niño interior?

**R:** Los que tú sientas que son.

**P:** Cuando limpias un negocio, una propiedad, etc., ¿debes estar físicamente en ese lugar para limpiarlo y hablarle? ¿Necesito la dirección?

**R:** La dirección ayuda. Las fotos ayudan; pero no necesitas estar ahí.

**P:** Cuando creo que tengo una pregunta, en lugar de preguntar, ¿debería detenerme, limpiar y darme cuenta de que no soy yo quien tiene una pregunta sino que es mi memoria o son los datos los que preguntan?

**R:** Sí.

**P:** ¿Cómo, el limpiar mis asuntos, ayuda al mundo a estar en el Cero?

**R:** Tú eres el mundo. La paz empieza contigo. Si estás esperando a que otra persona se ponga contenta antes de que lo hagas tú, entonces no has captado la idea y sigues sin estar limpio. Trabaja primero en ti mismo.

**P:** ¿Cómo sabemos que hemos llegado al Cero? ¿Lo *sabremos*? ¿Es llegar al Cero el objetivo? ¿Una vez que estamos ahí, permanecemos ahí o se trata de un esfuerzo constante? ¿Está el doctor Hew Len en el Cero?

**R:** No te harás ninguna pregunta más.

**P:** Cuando se está haciendo el ejercicio de respiración, ¿importa si respiramos más de siete veces?

**R:** No.

**P:** He estado practicando ho'oponopono durante algunas semanas, pero no está sucediendo nada.

**R:** ¿Nada? ¿De verdad? ¿Cómo podrías saberlo? Hay muchas cosas sucediendo fuera de tu conciencia consciente de las que no tienes ni la más remota idea. Ten fe.

**P:** ¿Cuándo van a celebrar otro seminario el doctor Joe Vitale y el doctor Hew Len?

**R:** Cuando el doctor Hew Len abandone su retiro.

**P:** He empezado con las cuatro frases y el proceso de limpieza. ¿Cómo sabré que lo estoy haciendo bien?

**R:** El hecho de que lo estés haciendo está bien.

**P:** ¿Puedo usar el ho'oponopono con mis problemas de salud?

**R:** Sí.

**P:** ¿Cómo sabré qué limpiar?

**R:** Limpia el no saber.

**P:** Durante el ejercicio de respiración, ¿deberíamos espirar por la boca o qué? Además, durante el ejercicio de respiración, ¿deberíamos centrarnos en el recuerdo o el problema que queremos limpiar, o deberíamos centrarnos en nada más que en la respiración?

**R:** Deja que el problema se quede en el fondo. Céntrate en la respiración.

**P:** Mi novia ha roto conmigo. ¿Puedo usar el ho'oponopono para recuperarla?

**R:** No, pero lo puedes usar para limpiar tu frustración, arrepentimiento o sensación de pérdida. Ella era una manifestación externa de un programa interno. Puedes atraer a otra. Hay varios miles de millones de personas en este planeta.

**P:** ¿Sanará y modificará el ho'oponopono a la persona con la que estoy molesto?

**R:** No. Te sanará a ti. Cuando hayas sido sanado, la persona exterior podrá cambiar.

**P:** ¿Necesito que el doctor Hew Len me ponga mi verdadero nombre?

**R:** No.

**P:** Si digo las frases en francés, ¿tendrán el mismo efecto?

**R:** Sí.

**P:** ¿Tienes algún otro libro sobre ho'oponopono después de *Cero límites?*

**R:** Éste.

**P:** ¿Cómo puedo usar el ho'oponopono para cambiar mi situación económica?

**R:** Limpia lo que te preocupe de tu situación económica. En comparación con los países en vías de desarrollo y con la gente que ni siquiera puede permitirse leer este libro, eres alguien de éxito y rico.

**P:** Me gustaría muchísimo aprender más sobre el ho'oponopono y enseñar este método de limpieza. ¿Dónde puedo obtener más información?

**R:** No hay nada que enseñar. Tu trabajo es cosa tuya. Deja que tu vida sea una inspiración. No obstante, si quieres ayuda personal, piensa en Miracles Coaching®.

APÉNDICE B

# La meditación
# de la pizarra blanca

*«Una casa enfrentada contra sí misma no puede permanecer de pie. Esto es verdad para las naciones, las comunidades, las organizaciones y las familias, además de para las personas. En la Casa de la Humanidad la persona es el denominador común. Cuando la persona está dividida la casa está dividida».*

Doctor Ihaleakala Hew Len

Al final del segundo evento sobre los Cero límites (éste celebrado en Maui), llevé a cabo una meditación privada la mañana después de la experiencia. Esta meditación fue tan inspirada y poderosa que quiero incluirla aquí para que disfrutes de ella. Nota: Puedes encontrar el archivo de audio de esta meditación en la sección «Materiales».

La meditación no es algo que se hace, simplemente, durante un período de una hora en el que todos nos reunimos y lo llamamos, oficialmente, meditación. La meditación es cómo vives tu vida. Yo solía tener una camiseta que llevaba escrito: «La meditación no es lo que piensas». Me encanta esa cita.

El primer nivel sobre aquello de lo que estamos hablando aquí mismo y hacia donde te estoy conduciendo (porque la meditación ya ha comenzado) es ir más allá del pensamiento. Piensa en este pasado fin de semana y piensa en la pizarra blanca. Puedes hacer ver que hay una pizarra blanca aquí. Llegado a un cierto punto, quizás quieras cerrar los ojos siempre que eso te resulte agradable. Simplemente deja que suceda y permite, en tu mente, que una gran pizarra blanca sea el fondo. Si no la ves con mucha claridad, imagina que, sencillamente acercas, en tu mente, tu silla un poco más a ella o que te acercas y haces que, en tu mente, se encuentre un poco más cerca de ti.

Dispones de la pizarra blanca, y mientras estoy hablando, al tiempo que estás sentado, mientras respiras y mientras estás relajándote, se escriben cosas en la pizarra blanca. Deja, simplemente, que vengan y déjalas ir: no hay nada en lo que centrarse en especial justo ahora. Sencillamente permite que la pizarra blanca sea el fondo de tu experiencia. En realidad, tú no eres tus pensamientos, así que deja que vengan y se vayan como si fueran nubes flotando. Tú no eres tus emociones. Tú no eres tu cuerpo. Tú eres, de hecho, la pizarra blanca en sí misma.

Simplemente durante un momento siente, ve y percibe ese fondo, esa pizarra blanca, ese testigo que es la esencia de quién eres tú. Los sonidos que oigas, los sentimientos que experimentes y los pensamientos que tengas, puedes dejarlos pasar. No hay nada a lo que prestar atención. No hay nada que tengas que hacer. Estás, simplemente, aprendiendo a ser un testigo.

A lo largo del fin de semana, mientras escribía en la pizarra blanca, podíais ver que siempre la borraba. Cuando nos fuimos, al final del fin de semana, la pizarra blanca que había en la sala era, una vez más, una pizarra blanca sin nada escrito en ella.

Si alguna parte de tu cuerpo se siente un poco incómoda estando sentado en la silla o en el suelo, podrías, simplemente, hacer una nota mental: «Mi cuerpo se siente un poco incómodo» y dejar que eso también pase. Al relajarte mantén los ojos cerrados y disfruta de este momento en tu interior, disfruta de tu conexión con la pizarra blanca, tu conexión con lo Divino. Te invito a que pienses en algo que te gustaría tener, hacer o ser en tu vida. Puede ser algo muy pequeño, como un buen desayuno o un buen almuerzo. Puede ser algo muy grande, como una casa, una relación o una sanación. No importa. Deja, simplemente, que surja. No tienes que pensar en ello. Algo saldrá a la superficie. Simplemente deja que surja.

Mientras surge, préstale un poco de atención. No eres adicto a eso. No estás apegado a eso. Simplemente permites que esté en tu conciencia y agradeces la experiencia de tener eso en tu vida. ¿Qué tal sería tener, hacer o ser esa cosa que ha surgido en tu conciencia? Mira si puedes encarnar ese momento. Date cuenta de que la pizarra blanca sigue estando detrás de ti. Todavía puedes ser uno con la pizarra blanca. Está representando a lo Divino, y lo que te invito a hacer es que permitas que lo que te gustaría ser, hacer o tener flote hacia el interior de la pizarra blanca. Independientemente de cómo te parezca eso, simplemente permite que se disuelva, se trasporte o se trasfiera hacia el interior del fondo de tu ser. Simplemente déjalo ir. Has hecho tu petición a la pizarra blanca.

Si hay una palabra que describe la pizarra blanca mientras estás sentado ahí, con los ojos cerrados, es, generalmente, *«amor»*. Permite que el sentimiento de amor salga a la superficie en tu cuerpo, en tu conciencia, y en tu ser. Independientemente de qué te haga sentir eso, siente amor. Siente una conexión con lo Divino, y siéntelo permitiéndolo. Los pensamientos vienen y van. Mi voz viene y va. La conciencia corporal viene y va. Las emociones vienen y van. Detrás de todo ello está quién eres de verdad.

Presta atención a tu respiración. Inspira y espira. Inspira y espira al ritmo adecuado para ti. Mientras respiras, imagina que sube energía a través de tus pies procedente de la tierra, desde el núcleo del universo. La energía está ascendiendo desde las plantas de tus pies. Sube a través de tus tobillos, tus piernas, ascendiendo lentamente. Puedes sentir esta energía subiendo.

Imagínalo si al principio no puedes sentirlo. Simplemente imagina, mientras respiras, que la energía sube desde la tierra, conectándote con lo Divino a través de lo físico. Subiendo a través de tu cuerpo. Ascendiendo a través de tu corazón, de tu cabeza. Saliendo por tu coronilla hacia esta habitación. La energía está subiendo a través de tus pies. Te está limpiando, purificándote desde el interior y vigorizándote.

Esta energía está ayudando a alimentar esa cosa que te gustaría tener, hacer o ser. Esa cosa que surgió de la pizarra blanca. Permite que esta energía ascienda a través de tus pies. Puede que sientas un cosquilleo mientras sube por tus piernas, un cosquilleo a través de tu abdomen. Puede que sientas una vibración, o escalofríos. Será algo exclusivamente tuyo. Permite que la energía ascienda a través de tus pies, a través de tu cuerpo y que salga por tu coronilla. Te estás convirtiendo en un diapasón para lo Divino.

Me gustaría que estiraras el brazo y tocaras la mano de la persona que tienes al lado, de modo que podamos estar todos cogidos de las manos mientras esta energía pasa a través de nosotros. Podemos compartirla. Hay un zumbido en esta habitación. Hay un zumbido en tu cuerpo. Permite que pase, como una corriente eléctrica que atraviesa esta habitación, a través de esta conexión corporal. Esta energía procede de lo Divino, a través de la tierra, a través de tu cuerpo, saliendo por tu coronilla y saliendo por tu mano. Está siendo compartida con todos los que están en esta habitación. Te está limpiando. Te está vigorizando. Te está ayudando a materializar esa cosa que decías que querías tener, hacer o ser, y detrás de todo ello está la claridad de la pizarra blanca. Tú eres lo Divino.

Mientras estáis cogidos de las manos, sabéis cómo hacer la limpieza con la que trabajasteis el fin de semana pasado. Podéis decir en voz baja: «Te quiero», y si simplemente habéis dicho eso sólo, se propagará por toda la habitación, acariciando el corazón de cada persona, ayudando a sanar y limpiar a todos. A través de nosotros se extiende por el universo. «Te quiero. Lo siento. Por favor, perdóname. Gracias. Te quiero. Lo siento. Por favor, perdóname. Gracias. Te quiero. Lo siento. Por favor, perdóname. Gracias».

Eres bienvenido a permanecer en esta experiencia de este momento tanto como quieras. Puedes abrir los ojos siempre que quieras. «Te quiero. Te quiero. Te quiero. Te quiero. Te quiero. Te quiero. Te quiero. Te quiero».

Todos sois unas personas maravillosas, conexiones espirituales con lo Divino, con éste brillando a través de vuestros ojos. ¿Ves eso en todos? ¿Ves eso mientras miras por la habitación? ¿Ves lo Divino? Hay un zumbido, como si me hubieran lamido los dedos y me los hubieran metido en un enchufe. En ese momento tuve que dejarme caer al suelo durante un rato.

Estoy increíblemente agradecido porque todos hayáis venido a Maui para pasar el fin de semana y luego por venir a una meditación aquí. Sinceramente, no sabía si habría aquí cinco o cincuenta personas. No tenía ni idea de que prácticamente todos los que habíais acudido al evento fuerais a venir a esto. No tenía ni idea. Estoy agradecido por el hecho de que hayáis venido todos y porque cada uno de vosotros ha entrado en este profundo estado. Quiero decir que me fijé en cada persona, en cada uno de vosotros, y todos entrasteis en ese profundo estado, yendo hacia la pizarra blanca.

La meditación que he estado realizando aquí, si queréis una pequeña explicación (lo que el doctor Hew Len llamaría una sandez) para comentar lo que estaba haciendo, diré que en primer lugar era ayudaros a dirigiros hacia lo Divino, a lo que sigo llamando la pizarra blanca. Para mí es fácil llamarlo pizarra blanca, porque puedes imaginarte escribiendo cosas en ella y luego borrándola, pero, en segundo lugar, quería llevaros a la pizarra blanca para tener algún tipo de conexión con ella. Lo que he aprendido es que cuando he establecido una conexión con la pizarra puedo hacer una petición a lo Divino.

Es importante darse cuenta de que cuando realizo una petición, no se trata de una necesidad. No es un apego. No es una adicción. Es más bien como un tipo de petición: «Sería realmente chulo que experimentara esto y aquello». No hay necesidad de que ello suceda en absoluto ni de desesperación en absoluto. Es más bien como si hubiera ido hasta el regazo de Dios, si así lo queréis, y le hubiera dicho: «¿Podría tener esto?». La forma en la que comunico esa petición es mediante el sentimiento, la imaginación y la concentración, y ésa es la razón por la cual os estaba invitando a sentir lo que sería tener, hacer o haber experimentado ya la cosa (la que fuera) que queríais. Estabais ofreciendo eso a lo Divino como un sentimiento.

Luego me alejé de eso porque enviasteis vuestra petición. No había ninguna adicción ni apego: simplemente enviasteis vuestra petición y os alejasteis de ella para implicaros en más limpieza. «Te quiero. Lo siento. Por favor, perdóname. Gracias». Os he llevado de vuelta a la pizarra blanca y luego, llegados a ese punto, simplemente me he sentido inspirado para llevar energía, en sentido ascendente, hacia el interior de mi cuerpo.

A mí ya me estaba sucediendo, y me sentí inspirado a compartirlo con vosotros. Ésa es la razón por la cual os estaba guiando para que imaginarais la energía ascendiendo a través de vuestros pies, conectándoos con lo Divino y ayudándoos a ser un ser espiritual teniendo una experiencia física, y luego simplemente permití que eso sucediera. También me sentí inspirado a que conectarais cogiéndoos de las manos y tocándoos, creando este circuito de energía, y luego permití eso hasta que me desmayé. Había tanta energía zumbando a través de mí que, realmente, caí y, simplemente, me callé.

Luego os permití ir dondequiera que fuisteis y salir de dondequiera que vinierais. Algunos de vosotros seguís ahí, y eso está perfectamente bien, porque al principio dije: «La meditación no es lo que piensas». También dije: «La meditación no es lo que haces durante un período de una hora. Es lo que haces con tu vida». Seguís meditando. Al salir de la habitación seguís meditando. Tal y como dije ayer, mientras camináis, podéis caminar meditativamente.

Id en paz.

## APÉNDICE C

# Una entrevista
# con el doctor Joe Vitale

Por Kory Basaraba[51]

El siguiente texto procede de un teleseminario en el que fui entrevistado acerca de *Cero límites* y el ho'oponopono. Como es una entrevista tan profunda y reveladora, quiero compartirla contigo aquí.

**Kory:** Hola, mi nombre es Kory Basaraba, de Peak Life Publishing,[52] y estoy emocionado porque tengo al teléfono a alguien cuyo trabajo he admirado durante mucho tiempo. Es alguien a quien llamo amigo y mentor: el doctor Joe Vitale. Joe, gracias por sacar tiempo para reunirte conmigo mediante esta llamada.

**Joe:** Siempre me encanta hablar de este tema y siempre me encanta hablar contigo, así que esto es genial.

**Kory:** Gracias por lo que has dicho. Hablando de temas, estoy emocionado porque te voy a hacer algunas preguntas sobre el ho'oponopono, la antigua tradición hawaiana de sanación. Es un asunto sobre el que sé que tienes mucha experiencia, y la gente tiene muchas preguntas sobre él, así que nuestro objetivo aquí es ayudar a la gente a comprender qué es el ho'oponopono, y les aportaremos algunos conocimientos sobre cómo pueden usarlo, así que sigamos adelante y empecemos.

---

51. Copyright © Kory Basaraba, abril del 2011. Todos los derechos reservados. Reimpreso con permiso.

52. Se trata de una empresa de mercadotecnia. *(N. del T.)*

Escribiste sobre tu experiencia con el ho'oponopono en tu libro *Cero límites*. ¿Qué tenía el ho'oponopono que captó tu atención y te inspiró a escribir un libro sobre ello?

**Joe:** Bueno, lo que captó mi atención fue algo que nunca he podido olvidar. Cuando la oí por primera vez, me pareció una posible historia milagrosa que podía haber sido una mentira o una leyenda urbana: era algo muy grande, tremendamente enorme.

Un amigo mío me había explicado una historia sobre un terapeuta que ayudó a que sanara todo un pabellón de un hospital de delincuentes psicóticos en Hawái. Pero el remate fue que les hizo sanar sin trabajar con ellos directamente. Utilizó un tipo de método de sanación hawaiana inusual.

Así pues, se trató de una sanación milagrosa sin participación activa, ya que se trataba de presidiarios enfermos mentales. Estaban en un manicomio y este médico los curó, de un modo u otro, así que pensé que tenía que saber si era algo real. Y aquí tenemos el remate: si era real, y en esa época yo todavía no lo sabía (sospechaba que no lo era), alguien tenía que explicar esa historia, ya que era muy inspiradora. Si ese enorme hospital con todos esos pacientes y todos esos problemas podía ser sanado, entonces tú y yo, y la gente que está escuchando y los demás que están caminando por el planeta con nuestros, en comparación, diminutos problemas, también podemos sanarlos.

Así pues, me vi inspirado por la historia. Quería averiguar si era verdad, y quería explicarla y saber más cosas sobre ella.

**Kory:** Eso tiene sentido, porque oír hablar de ello suena a milagro, y nos da mucha esperanza de que sea posible para nosotros si es verdad. Así pues, ¿qué descubriste cuando investigaste?

**Joe:** Bueno, ¿sabes? La primera vez que oí la historia no investigué sobre ella. La desestimé durante un año. Así de listo soy. Soy bastante amplio de miras, pero también soy escéptico, y quería más pruebas, y el amigo que me la contó no tenía ninguna prueba. No sabía nada sobre ello ni disponía de recursos para saberlo, ya que no había un libro ni una página web. No tenía nada que mostrarme. Así pues, desestimé la historia durante un año.

Al año siguiente me volvió a explicar la historia, y pensé que se trataba de una señal, que teníamos que averiguar cosas sobre ella. Él y yo cogimos un ordenador portátil y empezamos a investigar. Apenas encontramos nada: aparecieron un par de nombres y ni siquiera sabíamos con seguridad si alguno de ellos era el nombre del terapeuta. Pero fue en ese momento cuando empezó mi búsqueda.

Cuando me fui de ese evento y volví a mi hogar en Texas, empecé a hacer más indagaciones. Encontré al terapeuta y averigüé su *e-mail*. Le escribí un correo electrónico y luego contacté con él por teléfono.

La primera de muchas llamadas telefónicas, y probablemente las más inolvidable fue precisamente esa primera llamada. Así pues, le encontré, le envié un *e-mail*, fijamos una hora y me dijo que le llamara. Lo hice.

**Kory:** Imagino que fue un momento muy emocionante, aunque con prudencia, para ti. Ser precavidamente optimista para lo que ibas a oír. ¿Es así?

**Joe:** En ese momento todo llegó al mismo tiempo: pasión, emoción, curiosidad, esperanza, todo tipo de cosas. Y me metí de lleno en el papel de periodista, ya sabes, haciendo preguntas como: «¿Realmente es verdad?» y «¿Dónde estaba el hospital?» y «¿Qué estaba usted haciendo?».

Escribí acerca de esto en el libro *Cero límites,* pero se puso interesante porque me estaba hablando sobre su inusual técnica hawaiana, pese a que se encontraba muy lejos de mi ámbito de experiencia. Soy un tipo que ha investigado mucho la metafísica y he escrito sobre espiritualidad, visualización, afirmaciones, milagros, magia y todo ese tipo de cosas.

Pero él estaba hablando desde un nivel de conocimiento de la vida y de conexión con lo Divino completamente distinto. Así pues, incluso pese a eso, esa conversación acabó durando alrededor de una hora, y eso, ya en sí mismo, fue asombroso, ya que él me cedió su tiempo sin más. No me conocía de nada, pero fue muy generoso y muy abierto.

En esa llamada me dijo que iba a llevar a cabo un taller, creo que ese fin de semana o el siguiente en California, y el amigo que me habló de esto y yo volamos allá y asistimos a él.

**Kory:** ¿Tuviste la sensación de que estabas metido en algo emocionante, tal y como te pasó con la llamada?

**Joe:** Por supuesto, y todas mis preguntas obtuvieron respuesta. No comprendí todas las respuestas, pero obtuve respuesta a mis preguntas, y acudí al seminario y conocí al terapeuta cuyo nombre completo es doctor Ihaleakala Hew Len.

En cuanto le conocí me gustó. Me encantaba lo que estaba sucediendo en el taller, y hablé con él en ese preciso momento sobre escribir un libro, aunque él no quería hacerlo.

En esa época se mostraba muy reticente. Decía que había otra persona que se suponía que tenía que escribir un libro y que él no quería que se hiciera uno en esa época.

Pero yo seguía sintiendo curiosidad, y quería aprender por mí mismo, y aprender de forma que pudiera compartirlo con otras personas, ya que soy el tipo de explorador que va por ahí buscando técnicas y modalidades de sanación, y todas esas herramientas que ayudarán a la gente, de modo que pueda compartirlas. Quiero usarlas en mi vida, pero quiero cambiar las tornas y compartirlas, de modo que pueda ayudar a otros.

**Kory:** Seguro. Bien, eso es, obviamente, lo que has hecho muchas veces a lo largo de los años con tus libros, programas y cursos: ayudarnos con herramientas que nos ayuden en nuestras vidas.

Así pues, ahí estás tú, en ese evento, y el proceso se llama ho'oponopono. Espero estar pronunciándolo correctamente.

**Joe:** Sí, estás pronunciándolo bien.

**Kory:** Así pues, ¿qué es lo que descubriste sobre el ho'oponopono que viste que te emocionó de verdad? ¿Que te decía que había algo nuevo ahí que todos podíamos usar, supongo?

**Joe:** Imagino que estaban sucediendo dos o tres cosas Una es la simplicidad de todo esto. Se trata de un proceso muy sencillo con cuatro frases que dices en tu interior para resolver todos y cada uno de los problemas que percibes en tu vida o en el mundo.

En los talleres que llevaba a cabo y que más tarde hemos organizado él y yo, explorábamos otras cosas que pueden hacerse; pero el corazón del ho'oponopono consiste en asumir la responsabilidad por todo en tu vida.

Y éste es un gran concepto que comprender, y la razón de que estuviera emocionado era porque significaba que te veías fortalecido.

No tienes por qué acudir a otra persona, no tienes por qué cambiar a otra persona ni acudir a por otro producto o servicio ni ninguna otra cosa. Es un trabajo desde tu interior. Me gustó eso. Ésa es una sensación de fortalecimiento, y ya no eres la víctima en forma alguna. Eres totalmente responsable por todo. Así pues, esa cosa me gustó.

Además, las cuatro frases me resultaron tan fáciles de decir que para mí, hoy, son la banda sonora en mi mente en este momento. Pero tras aprenderlas, no sé cómo la vida puede resultar mucho más sencilla simplemente pronunciando esas cuatro frases: Te quiero; lo siento; por favor, perdóname y gracias. Podemos hablar sobre ellas y explicarlas más si quieres mientras profundizamos en ello.

Y luego, imagino que la tercera cosa que me emocionó fueron todas las historias que oía de la gente que estaba experimentando cambios profundos a partir de la práctica del ho'oponopono.

La primera historia gorda fue con el doctor Hew Len trabajando en el hospital para delincuentes psicóticos y haciendo, casi sólo por su cuenta, la transición en la que todas esas personas fueron dadas de alta y en la que ese pabellón del hospital acabó cerrándose.

Así pues, cuando oí hablar de todo esto, estaba emocionado. ¿Cuáles son las posibilidades, cuáles son las implicaciones o los retos a los que la gente se enfrenta que puedan ser eliminados mediante la realización de esta sencilla, inusual y pequeña técnica de nombre tan difícil de pronunciar?

**Kory:** Sí, eso es cierto, y puede que la gente no sea consciente de que el doctor Hew Len ayudó a esas personas. Era psicólogo y, de hecho, no las vio cara a cara. Trabajó sobre sí mismo para sanar los problemas de dichas personas, y eso es lo que hace que sea un proceso tan sorprendente.

**Joe:** Simplemente para precisarlo: los vio, pero no como profesional. En otras palabras: mientras pasaba por los pabellones del hospital veía a las personas que estaban allí por el sencillo hecho de que él tenía que trabajar ahí. Su trabajo era estar en ese pabellón del hospital y ver a los pacientes, pero nunca los atendió como profesional.

No hacía que fueran a su consulta, como hace un terapeuta tradicional, que les pide que se sienten y él se sienta enfrente de ellos y hablan el uno con el otro. Él no hacía nada de eso.

Él miraba sus expedientes y, mientras los miraba, sentía lo que estaba sucediendo en su interior, y podía tratarse de ira, rabia, vergüenza, frustración, infelicidad o lo que fuera que estuviera sintiendo.

Poseía eso y luego se hizo preguntas sobre cómo trajo eso a esta realidad. Estaba asumiendo el cien por cien la responsabilidad por todo lo que le estaba sucediendo.

Los delincuentes psicóticos están ahora en su realidad. Él está asumiendo responsabilidad por ello y sintiendo los achaques y dolores en su interior, y lleva a cabo lo que él llama limpieza. *Limpieza* o *purificación* es la terminología que usaba con el ho'oponopono. Él estaba limpiando esos sentimientos, y mientras se limpiaba a sí mismo y se sentía mejor en su interior, he aquí que esos pacientes empezaron a mejorar.

**Kory:** De acuerdo. Recientemente tuve la oportunidad de ver los vídeos del seminario que el doctor Hew Len y tú celebrasteis juntos, y fue una sorprendente experiencia para mí ver cómo enseña y cómo tú interactúas con él y tu experiencia.

Una de las cosas que hicimos recientemente, tú y yo, es enviar una encuesta a tus suscriptores para ver qué preguntas tenían al respecto, así que tengo algunas de esas preguntas aquí, delante de mí.

De hecho, obtuvimos un aluvión de respuestas, y son grandes preguntas porque nos van a ayudar a comprenderlo. Al principio parece realmente sencillo. La gente puede encontrar las cuatro frases en Internet, o han leído tu libro y dicen: «¿Y eso es todo?».

Y a un cierto nivel, sí, eso es todo, pero en otro nivel hay una cierta cantidad de instrucción que lo acompaña y que nos ayuda a usarlo. Por lo tanto, entremos en algunas de las preguntas que nos llegaron.

Mucha gente quería saber sobre tus experiencias. ¿Nos podrías poner algún ejemplo de cambios en ti cuando estabas llevando a cabo los procesos del ho'oponopono?

**Joe:** Sí, eso es muy fácil, porque hubo muchos. Recuerda que ahora hago esto cada día, veinticuatro horas al día. Es tan automático que incluso sucede mientras duermo.

Así pues, en otras palabras, las cuatro frases continúan incluso ahora mismo. Estoy llevando a cabo la limpieza incluso mientras hablamos. ¿Qué hace eso? En primer lugar me tranquiliza. Estoy eliminando, lo mejor que puedo, cualquier programación antigua.

Y *programación* es un término usado frecuentemente por el doctor Hew Len en *Cero límites* para referirse a las creencias, la negatividad, los bloqueos de energía antiguos, las formas de pensamiento y todo ese tipo de cosas que evitan que estemos aquí, ahora y en paz en este momento. Mientras lo hago, experimento más, más y más de esos momentos de sensación de asombro.

Parte de ello es difícil de describir, porque en el pasado, el viejo Joe estaba enfrascado en lo que fuera que estuviera haciendo, aquello con lo que estuviera lidiando, independientemente de cuál fuera el reto, sin importar cuál fuera la oportunidad, independientemente de cuál fuera el problema, fuera lo que fuese. Y había un gran componente de patrón de comportamiento de tipo A en el sentido de intentar lidiar con ello hasta solucionarlo totalmente.

Hoy día todo es mucho más relajado. Ahora voy a ponerte un ejemplo concreto: cuando me encontraba, hace años, en mi primer taller con el doctor Hew Len, creo que hace seis años, empecé a sufrir una infección del tracto urinario: sentía cómo iba llegando, estaba de viaje, fuera de mi ciudad; los niveles de estrés eran altos y todo eso, y estaba haciendo algo completamente desconocido.

Así pues, había mucho estrés, muchos sentimientos produciéndose que eran de precaución, y sentía cómo esa infección del tracto urinario estaba llegando, y pensé que podría usar las cuatro frases con todo eso. Así pues, empecé a decir: «Lo siento. Por favor, perdóname. Te quiero. Gracias», mientras era consciente de mi estado físico, y seguí concentrándome y concentrándome en él, y se fue. Se esfumó, desapareció, y no hice nada más.

No tomé ningún medicamento, no fui a ver a ningún médico ni fui al hospital ni tomé mucha agua. Ni siquiera hice muchas de las cosas obvias y sencillas que podrían hacerse. Simplemente hice lo que aprendí en *Cero límites*.

Ésa fue una de las primeras cosas que hice. Entonces empecé a usarlo para cualquier cosa que apareciera, lo que significa (creo que ya escribí sobre esto en *Cero límites*) que recibí un *e-mail* de un tipo que estaba increíblemente airado conmigo. No recuerdo por qué y, en realidad, no importa. Ésa es parte de la idea de la limpieza. Ni siquiera importa dónde aparezcan esos bloqueos de energía. Lo único es que cuando aparecen se supone que tienes que limpiarlos.

Así pues, en lugar de replicarle, cosa que hubiera hecho en el pasado, además de haber sido elocuente, haber buscado su apoyo desde mí mismo, haber sido persuasivo y haber hecho lo mejor para calmarle, no hice eso. No lo hice en absoluto. Me senté y llevé a cabo mi ho'oponopono: Te quiero. Por favor, perdóname. Lo siento. Gracias. Lo mantuve en mi mente e hice esto en mi interior hasta que percibí una sensación de paz.

Entonces volví a mis negocios, miré mi bandeja de correo electrónico y encontré otro *e-mail* suyo en el que se disculpaba por su primer *e-mail,* al que nunca contesté.

Era como si los problemas se estuviesen resolviendo sin que tuviera que participar en la resolución de ninguna forma externa. Ésas fueron un par de las grandes cosas que se mostraron.

**Kory:** Ésos son grandes ejemplos y, tal y como dices, generan una pregunta. ¿Qué más es posible? ¿Cuáles son las implicaciones si esto puede suceder con esta sencilla técnica? Eso es muy emocionante.

Por lo tanto, esas experiencias ayudaron a tu creencia en este proceso y te animaron a seguir usándolo y probándolo. Ahora lo has enseñado a mucha gente. ¿Dispones de experiencias provenientes de tus alumnos o de gente que haya venido y te haya dicho que eso refuerza toda esta idea de que de verdad funciona?

**Joe:** Sí, hay cientos, por no decir miles, de historias que me vienen a la mente en este momento. Yo oigo hablar de ello prácticamente cada día, o mis ayudantes también cuando leen algunos de los *e-mails* que llegan a mi dirección de correo y que no puedo atender personalmente por no dar abasto.

Y una de las historias más cercanas que me viene a la cabeza es la de un médico que tenía un hermano gemelo, y el hermano enfermó repentinamente y murió. Y su hermano era su gemelo, así que ya puedes imaginarte todo lo que sucedió: que había perdido a un miembro de su familia, a su hermano más íntimo, su gemelo, cosa que tiene que poner sobre el tapete muchos sentimientos, tales como: «Yo podría ser el siguiente».

Así pues, estaba muy asustado y afligido, pasando una época muy deprimente, y tropezó con *Cero límites,* se topó con el ho'oponopono. Se encontraba al borde de la locura, por lo que intentó algo.

Empezó a usar esas frases y a aprender todo lo que pudo sobre el ho'oponopono durante su duelo, y lo superó muy rápidamente, hasta el punto que acabó estando tan feliz y fuerte que volvió al trabajo. Su relación y su salud son fantásticas: de hecho, incluso hace más cosas por su propia salud mediante la práctica del ho'oponopono no como resultado del duelo o la pérdida, sino como resultado del ho'oponopono.

Sé todo esto porque me buscó denodadamente hasta dar conmigo, me escribió un *e-mail,* me rogó que le permitiera ponerse en contacto conmigo por teléfono, y hablé con él por teléfono y se pasó una hora dándome las gracias por todo lo había sido capaz de hacer y sanar en su interior.

Así pues, eso estaba al nivel de un enorme duelo. Y yo perdí a mi esposa hace algunos años, y sé lo profundo que resulta eso cuando se trata del duelo. Sé lo mucho que puede durar, por lo que este tipo pasó por ello y lo sanó muy rápidamente.

Y además tenemos a la gente que lo realiza por otras razones. He tenido a personas que lo hacen por sus negocios, que dicen que su empresa se estaba quedando atrás. Y he oído historias sobre personas que llevaban a cabo el ho'oponopono debido a su miedo con respecto al dinero, su miedo a que sus ingresos se redujeran o su miedo a que su negocio no tuviera éxito.

Por lo tanto, esa persona empezaba a llevarlo a cabo y luego me informaba de que su negocio mejoraba, pero el remate era que no hacía aparentemente nada para hacer que mejorara.

Ahora, una vez más, en mi caso, como emprendedor, recomendaría que eliminara algunos anuncios y que enviara algunos *e-mails,* correos publicitarios y algunas otras cosas. No hizo nada de eso. Trabajó en sí mismo. Trabajó con su sentimiento sobre su relación con su negocio y su dinero usando el método sanador del ho'oponopono, y como resultado de ello, su negocio mejoró sin que él llevara a cabo los tradicionales métodos de mercadotecnia que yo le habría animado a probar.

También los hay relativos a las relaciones, y oigo hablar de ello todo el tiempo. Has mencionado los seminarios que el doctor Hew Len y yo realizamos juntos. El último, llamado Cero límites III, fue, probablemente, el mejor de todos. No sé, estábamos todos en la misma onda, todo estaba llegando al mismo tiempo, y teníamos a todas esas personas de pie y ofreciéndonos sus historias.

Y recuerdo a una mujer que hablaba sobre su relación con su hermana, que nunca había sido genial. Nunca se había llevado bien. Siempre estaban peleándose. Pero esta mujer aprendió el ho'oponopono, y en una ocasión estaba sentada frente a su hermana, y ésta se quejaba por todo.

Normalmente, eso las habría hundido a ambas, pero en lugar de eso, la mujer que había aprendido el ho'oponopono estaba ahí sentada, pronunciando en su interior las frases, y se dio cuenta de que su hermana se tranquilizaba: cambió, se calmó y no pilló las rabietas ni los berrinches que podrían haberse dado en el pasado.

Así pues, las historias, suceden una y otra vez. Es simplemente sorprendente con qué cosas lo prueba la gente. Tenía un maestro que me dijo que lo estaba usando con la clase, pero que había un alumno en concreto que no estaba participando (creo que se trataba de un curso de escuela primaria. No estoy seguro). Era un alumno muy tímido, muy introvertido. En lugar de trabajar directamente con el alumno, el maestro simplemente se sentó en la parte delantera del aula, haciendo lo que haría normalmente, pero añadió el ho'oponopono en su interior mientras pensaba en ese alumno.

Le dijo al alumno que empezara a participar, que empezara a levantar la mano, que empezara a hacer los ejercicios, y éste floreció. La única cosa a lo que se lo pueden atribuir es a lo que estaban haciendo en su interior en términos de estas frases y del ho'oponopono.

**Kory:** Se trata de grandes historias, y creo que es importante que la gente las escuche, porque cuando introdujiste el ho'oponopono, los resultados y los eventos que cambian la vida suenan a lo que realmente deseamos.

Queremos tener más paz en nuestras relaciones, queremos atraerlas, deseamos todas estas cosas y a veces tenemos miedo de creer en algo porque, ¿qué sucede si no funciona? ¿Qué pasa si no funciona para mí?

Sólo quiero que la gente oiga esto, de modo que sepa que no se trata de una historia de éxito ocasional. Es una historia tras otra y otra más, y tu experiencia personal del ho'oponopono funcionando para ellos, porque he estado pensando mucho en esto recientemente. Cualquiera que se encuentre en un camino espiritual o intentando mejorar su vida es afortunado cuando se encuentra, cuando se tropieza con algo como esto que de verdad funciona para nosotros. ¿Sabes? Yo veo esto como un regalo que de verdad ayuda a la gente a encontrar algo que funciona.

**Joe:** En eso consiste todo. Ésa es la razón por la cual tengo el método completo para hacer esto. Se encuentra en la página web www.zero-limits.info. Lo he ofrecido gratuitamente. Hemos llevado a cabo los seminarios juntos, que siempre han sido una gran sorpresa.

Lamentablemente, el doctor Hew Len quiere jubilarse, así que apenas viaja y casi no lleva a cabo seminarios, así que eso es por lo que pienso que el último que celebramos fue como un regalo, por las razones expuestas. Revivo en mi mente toda la experiencia, pero el ho'oponopono es un proceso muy sencillo, muy directo y muy orientado hacia los resultados.

Sigo teniendo bastante de un emprendedor que quiere resultados de lo que estoy haciendo con la espiritualidad. Así que ésa es una de las razones adicionales por las que me gusta tanto.

**Kory:** Sí, porque la gente obtiene resultados, y tú viste resultados, y muchas personas que han escrito tienen preguntas sobre ello: muchas preguntas acerca de usar el ho'oponopono para obtener resultados concretos. Por ejemplo, ¿cuál es la forma más eficaz de usar el ho'oponopono para generar riqueza?

**Joe:** Hay muchas maneras de las que puedo tomarme eso. Pienso que la primera cosa que la gente debe tener presente en relación con el ho'oponopono es que se trata de hacer desaparecer un problema en tu interior. No se trata de cambiar nada en el exterior.

Siempre que cualquiera mire al exterior y diga que tiene que cambiar esa relación, porque no le gusta esa persona, o que tiene que modificar esa situación financiera, porque no parece tan fantástica, está accediendo desde una perspectiva equivocada en términos del ho'oponopono.

Aquello en lo que debes fijarte es en por qué tienes miedo de su situación económica. Así, en otras palabras enfocadas en ella, existe una razón por la cual te estás centrando en ella, y normalmente se trata de una razón que no es placentera. Te estás centrando en ella porque estás preocupado por ella.

El ho'oponopono está aquí para ayudarte a hacer desaparecer esa preocupación, ese problema. Cuando cualquier cosa te parezca un problema ahí fuera, el ho'oponopono será lo que querrás sacar de tu bolsa mágica y aquello con lo que acudir al rescate.

Aquí tenemos lo que sucede y que es tan hermoso. Mientras te ocupas de ese sentimiento de preocupación en tu interior, el problema desaparece. Por lo tanto, después de esta especie de explicación filosófica un tanto larga, lo que sucede con el tema de la riqueza, y yo pude experimentar esto en mi propia vida, es increíblemente mágico cuando se trata del dinero y de atraer la abundancia.

En los últimos años, y en gran medida gracias a la práctica del ho'oponopono, todo se vuelve más y más fácil. No me centro en lo externo, sino en lo interno.

He visto al doctor Hew Len gastar dinero con mucha facilidad. De hecho, un día fuimos a almorzar, y paseamos por aquí, por nuestra pequeña ciudad, Wimberley (Texas). Entramos en una pequeña tienda, compró un par de chismes y dejó una propina de veinte dólares a la cajera.

Eso sí que era inusual. No se trataba de un restaurante en el que dejarías una propina al camarero. Se trataba de una dependienta en un comercio minorista. Compró un par de baratijas y dejó como propina un billete de veinte dólares. Y esa persona ni siquiera sabía qué hacer con él, ya que era algo muy inusual.

Y me miró, sonriendo, y dijo: «¿Sabes? El Universo lo traerá de vuelta. Todo el planeta es rico». Y no es una simple afirmación: es una forma de ser. Así es como él ve el mundo.

Así pues, la riqueza ya existe. Cuando miramos fuera y no la vemos, ése es el problema que queremos limpiar. Queremos limpiar nuestra percepción de la realidad, así que no nos quedamos sentados pensando: «¡Vaya! ¿Cuándo va a llegarme la riqueza? ¿Cuándo entrará el dinero? ¿Cuándo entrarán las finanzas?».

Cuando, de hecho, limpias el asunto, entonces miras al exterior y dices: «¡Vaya! Fíjate en toda la riqueza por todas partes, fíjate en las oportunidades por doquier, y fíjate en cómo me llega el dinero de todas partes».

Hay una diferencia enorme, pero todo empieza limpiando la percepción de cualquier preocupación en el interior usando el ho'oponopono.

**Kory:** Así que el cambio del que estoy oyendo hablar es que siempre que tenemos problemas externos, la mayoría de nosotros intenta, o incluso nos han enseñado a, salir e intentar resolver esos problemas externos.

Lo que esto nos aporta es otra forma de verlo en la que acudimos al interior y decimos dónde está ese problema dentro de nosotros, y esto nos proporciona las herramientas para resolverlo. Supongo que lo que hace eso, una vez que está claro en mi interior, es que me hace libre para salir ahí fuera y hacer las cosas que normalmente no haría para generar la riqueza. O quizás seguiría y emprendería acciones allá donde, quizás en el pasado, estaba demasiado preocupado o inquieto. Abre posibilidades. ¿Voy así por el camino correcto?

**Joe:** Vas por el camino correcto, pero necesito hacerte avanzar un poco más, porque lo primero es que no hay problemas externos. Ésa es una de las primeras cosas que aprendemos con el ho'oponopono. No existen problemas externos.

Una de las afirmaciones favoritas del doctor Hew Len (y la enuncia en cada seminario, y estoy seguro de que aparece en el evento sobre los Cero límites) dice: «¿Te has dado cuenta, alguna vez, de que cuando hay un problema tú estás ahí?».

Siempre obtiene unas risas cuando lo dice, y pienso: «¡Qué mantra tan formidable!». Voy a componer una canción en la que aparezca esa frasecita, ya que, siempre que hay un problema, tú estás ahí. ¿Por qué es así? Porque estás participando en la creación de ese problema, y la participación es un evento interno.

Cuando te ocupas del problema en el interior, una vez más, limpiar ese asunto tal y como lo percibes en el interior, lo exterior, lo que percibes como que se encuentra en el exterior, desaparecerá. Se trasformará, cambiará, se irá flotando, puede que desaparezca, de modo que quizás ni te acuerdes de que lo tuviste, en un cierto momento, como un problema. Habrá desaparecido así de tu memoria.

Éste es el poder de la limpieza, así que, por ejemplo, cuando la gente limpia la riqueza y sus preocupaciones con respecto a ella, quizás aproveche oportunidades que no habría tenido en cuenta antes. O quizás no tenga que hacer nada más que seguir con su vida, respirando la realidad, haciendo lo que sea que hace durante su vida normal, y la riqueza acudirá a ellos porque ya no están bloqueando que vaya hacia ellos.

Fíjate en que la otra cosa que sucede es que tu percepción ha cambiado. En lugar de mirar hacia fuera, tal y como si mirara al exterior desde el segundo piso de mi nueva oficina viendo todos estos maravillosos árboles, veo que parece que éste es un Universo frondoso y próspero.

Pero, llegado un punto, hace décadas, cuando luchaba, era pobre y estaba sin hogar, no habría visto eso. Habría mirado hacia fuera y no habría visto nada más que problemas, pero aun así los árboles existen, la frondosidad existe, la prosperidad existe.

Por lo tanto, cuando limpiamos el problema en nuestro interior, nuestra mente se expande, pero lo que de verdad se abre son las anteojeras que llevábamos puestas todo el tiempo. Se caen, de modo que vemos la oportunidad de conseguir riqueza, finanzas, etc., sea lo que sea de lo que se trate.

**Kory:** Eso es muy útil, porque, ciertamente, puedo mirar hacia el interior y encontrar lugares en los que estoy sintiendo problemas. Estoy experimentando cosas en forma de problemas en mi interior, y ser capaz de dejarlas ir sería llegar a un nivel completamente nuevo, ¿sabes?

**Joe:** Detente ahí un momento, ya que eso es algo gordo. Cuando experimentamos esos problemas en nuestro interior, en primer lugar, ése es el único lugar en el que se encuentran: *en nuestro interior*. No se encuentran fuera de nosotros.

Percibes que un problema se encuentra en el exterior porque usas los ojos, los oídos, el cerebro y todo lo demás, pero todas las entradas de datos están en tu cerebro, están en tu sistema de mente y cuerpo. El problema está en nuestro interior, dentro de nosotros, en nuestra psique.

Nos concentramos en ese problema manteniéndolo en nuestra conciencia, y los problemas son tan gordos que no tenemos que preocuparnos por mantenerlos, ya que hay muchos. Así que te centras en él, o lo anclas y juegas con él al pillapilla, y llevas a cabo el «Te quiero. Por favor, perdóname. Lo siento. Gracias», y si te concentras en el problema, éste empezará a desaparecer.

Cuando se encuentra completamente fuera de tu cuerpo ya no lo sientes más en tu organismo. Cuando mires al exterior no lo verás, no estará ahí, se habrá resuelto o se habrá ido. Puede que siga habiendo algo que hacer, pero hacer algo al respecto es una cosa que debe salir de tu interior.

**Kory:** De acuerdo. Eso tiene todo el sentido, ya que, obviamente, hay problemas que he resuelto. No pienso más en ellos, se han ido por completo y he visto como ser capaz de acelerar ese proceso o trabajo cuando es necesario es fantástico: abre muchas posibilidades a la felicidad, a la reducción del estrés y, tal y como has dicho, a tener una vida más feliz. Eso es muy emocionante.

Así, cuando la gente hace preguntas sobre cómo puede usarlo para esto o para lo otro, un ejemplo que tengo y que creo que es relevante para la mayoría de nosotros es: ¿cómo puedo usarlo para perdonar a alguien por completo?

**Joe:** Tienes que recordar que no tiene que ver con la otra persona, sino contigo, y lo que estás haciendo en realidad es perdonándote a ti mismo. Ésa es la primera cosa en la que tienes que fijarte.

Quizás sería de utilidad diseccionar las frases durante un momento, porque cuando digo «Todo lo que tienes que hacer es decir: "Lo siento; por favor, perdóname; te quiero; gracias", independientemente de cómo lo sientas, en el orden que te parezca bien», eso es algo suficientemente sencillo.

Pero, ¿qué estás haciendo en realidad cuando pronuncias estas frases? Para mí, estoy diciendo: «Siento haber sido inconsciente; por favor, perdóname por no ser consciente de mi propia programación, de mis propias convicciones de mi negatividad, de mis recuerdos pasados. Perdóname, y lo siento por no estar atento de una forma consciente y responsable sobre cómo he ayudado a generar este problema que estoy percibiendo». Eso es lo que en realidad estás diciendo.

Luego, las siguientes cosas son «Gracias»: Estás dándole las gracias a la Divinidad, que es el término que al doctor Hew Len le gusta usar. Puede que algunas personas quieran decir Dios, o Tao, o la Naturaleza, sea cual sea ese gran campo de energía del que todos formamos parte. Estás diciendo «Gracias» porque esté limpiando este problema desde tu interior.

Y me gusta acabar con «Te quiero», aunque lo puedes decir en cualquier orden dentro de las cuatro frases, pero si acabas con «Te quiero», o con cualquier palabra para describir a lo Divino o cualquier esencia del Universo, la esencia de tu propia alma será el amor. Diciendo «Te quiero» estás empezando a fundirte de nuevo con la esencia de la vida. Estás empezando a volver a fundirte con lo Divino y con tu devoción por lo Divino.

Por lo tanto, «Lo siento; te quiero; por favor, perdóname; y gracias» son mucho más que cuatro meras frases. De hecho, hay un poco de energía detrás de cada una de ellas. Son casi como un candado espiritual con combinación que abre los sentimientos en tu interior de forma que puedas liberarlos. No importa si se trata de un asunto de perdón para con otra persona o si consiste en un problema de salud que te afecta a ti o a otra persona: sea lo que sea que estés percibiendo como un problema, eso es en lo que te estás concentrando mientras le dices, en tu interior, estas cuatro frases a tu conexión con lo Divino.

Así pues, en muchos sentidos, ésa es la receta para cualquier problema que pudieras exponerme. Ésa sería la misma respuesta que te daría.

**Kory:** Entonces, independientemente de lo que estemos experimentando como un problema o un asunto, se trata del mismo proceso. Realmente me gustaron las distinciones, fue verdaderamente útil comprender por qué estoy dando las gracias y por qué lo siento, porque hay un par de personas que me han escrito, y decían: «Cuando digo "Lo siento", percibo como si hubiera hecho algo mal, pero en realidad no he hecho nada malo», por lo que se muestran reacios a decir «Lo siento».

**Joe:** Ésa es la principal cosa a la que la gente se muestra reacia. Diría que la primera cosa a la que la gente muestra una resistencia es a asumir la plena responsabilidad por todo en su vida.

Eso es algo muy gordo, como he dicho al principio de la entrevista, pero, además, es la cosa más importante, ya que, en lugar de intimidarte, te otorga poder, te libera para así ser capaz de resolver las cosas que están sucediendo, o que percibes que están sucediendo.

Y la otra es: «Lo siento». He oído muchas veces, a lo largo de los años, que la gente no quiere decir «Lo siento». Sienten como si hubieran hecho algo malo o hubieran cometido un pecado o un crimen, y hablé una vez con el doctor Hew Len acerca de ello y me dijo: «Bueno, pueden cambiarlo por "Por favor, perdóname"», pero la gente seguía poniendo objeciones incluso a eso, porque les había ofrecido esa frase.

Dijo: «Bueno, no tienen por qué decirlo, pero una mejor solución sería limpiar el problema diciendo: "Lo siento"».

**Kory:** Así pues, cuando dijeses esa frase, independientemente de cualquier sentimiento que surgiese, limpiarías eso.

**Joe:** Limpiarías eso, y he dado muchas charlas a este respecto. Y, por supuesto, celebramos los eventos sobre los Cero límites, y la gente solía sacar a la luz ese asunto sobre el «Lo siento». Y yo decía: «¿Sabéis? He ido a varios funerales y me acerco a los familiares del difunto y les digo: "Lo siento"».

¿Por qué digo eso? Y he oído a otras personas decir eso cuando se dirigen hacia los familiares. Ha habido una muerte en la familia, y estaba hablando con un tipo esta mañana que tenía un cliente al que le habían diagnosticado una enfermedad terminal, y todos se sentían mal y decían: «Lo siento». ¿Por qué tendría que decir eso?

Yo no soy directamente responsable. Ni siquiera sé quiénes son estas personas, pero, de algún modo, forma o manera, siento que una especie de sentimiento de compasión es la respuesta adecuada. De algún modo, intento mostrar cariño y consuelo diciendo esto.

Cuando digo «Lo siento» a lo Divino, no pienso que la haya fastidiado por algo. Creo que no he sido consciente y que todos nos vemos dirigidos por nuestra mente inconsciente. Nuestra mente consciente no es más que la punta del iceberg. La mente inconsciente es la nave nodriza, el reactor nuclear, el almacén de toda esta información y de toda la programación, y no somos conscientes de lo que hay en nuestra mente inconsciente.

Así pues, con mucha frecuencia, hacemos algo inconscientemente, tanto si más tarde nos damos cuenta como si alguien nos dice que lo hicimos, o quizás nos encontremos en una situación en la que tenemos lo que percibimos como un problema con otra persona, pero ni siquiera vemos cómo participamos, de forma inconsciente, en su creación. Por lo tanto digo: «Lo siento porque no era consciente. Por favor, perdóname por no saber lo que hay en mi mente inconsciente, pero trabajemos en ello ahora. Gracias por sanarlo, limpiarlo, barrerlo, y te quiero».

**Kory:** Ése es un gran ejemplo, porque dirías «Lo siento» si alguien estuviera pasando por una situación lastimosa. Y si averiguara que, sin darme cuenta, había herido los sentimientos de alguien que me importara, que le había ofendido, diría que lo sentía por ello, ¿sabes? Incluso aunque lo hubiera hecho a propósito, sigo teniendo ese sentimiento para decirlo.

**Joe:** Eso es perfecto. Ése es un ejemplo incluso mejor que el que di yo, porque eso es lo que estamos diciendo. Estamos, sin darnos cuenta de ello, comportándonos o pensando de una cierta forma que hizo que obtuviéramos este sentimiento que no nos gusta. «Lo siento por eso. No sabía que eso es lo que iba a suceder. De verdad lo siento; por favor, perdóname».

**Kory:** Siguiendo con este argumento, se trata del importante asunto de asumir responsabilidades. Tengo un par de preguntas que me parecen relevantes, especialmente por la época en la que nos encontramos.

Una persona escribió: «Sigo perplejo de que sea mi culpa o de que la responsabilidad sea toda mía en lo tocante a la situación actual en Japón. No me entra en la cabeza, y deseo confiar en el proceso».

**Joe:** Me alegro de que esté deseando confiar en el proceso, ya que la gran clave para hacer que todo esto funcione es la confianza. Cuando celebré el primer seminario con el doctor Hew Len, estábamos hablando sobre esto y me preguntó, al principio: «¿Has oído alguna vez la frase "Tú generas tu propia realidad"?».

Y le dije: «Sí, yo soy uno de los tipos que escribe sobre ello. Me subo a una tarima y hablo sobre ello». Y me contestó que si alguien aparece en tu vida, al igual que alguien hizo en la suya, y esa persona es un delincuente psicótico, ¿acaso no ayudó él también a generar esa realidad? En otras palabras: si tú creas tu propia realidad, no hay lagunas, no hay cláusulas de rescisión, no hay pequeños rincones ocultos allí donde no creaste eso.

Si creas tu propia realidad y Japón está ahora en tu realidad, por extensión, tuviste algo que ver en su generación. Ahora, cuando te fijas en Japón, el asunto real es: ¿cómo te sientes con respecto a él en tu interior? Si lo observas como un evento neutro sobre el que no sientes ni padeces, probablemente estés bien.

Si lo observas y tu reacción es: «¡Oh, Dios mío! ¿Cómo ha podido suceder esto?», o dices: «Ésta es una catástrofe terrible», u «¡Oh, Dios mío! ¡Dónde está Dios! Ha aparecido el diablo, sea quien sea», o cualquiera de esos sentimientos que se convierten en un problema, entonces lo observas y ya no eres feliz, ya no te encuentras en este momento con reconocimiento y gratitud. Estás fijándote en eso como si se tratara de un problema, y eso es lo que tienes que limpiar.

**Kory:** Así que necesitas llevar este proceso de limpieza a esa idea o esos sentimientos y llegar hasta el punto en el que estés limpio.

**Joe:** Y llegar hasta el punto en el que estás limpio. En ese punto puede que te veas inspirado a hacer algo con respecto a Japón, o quizás te veas inspirado, simplemente, a seguir con tu tarea, vivir tu vida y hacer lo que vaya a ser de utilidad aquí. No lo sé realmente, pero será algo único para cada persona.

No lo sabremos realmente, así que deberemos seguir limpiando y purificando de modo que podamos oír la inspiración. Lo que la mayoría de nosotros hacemos es, simplemente, actuar. Ni siquiera actuamos, sino que reaccionamos frente a otras personas, reaccionamos a los pensamientos, reaccionamos ante los boletines de noticias, reaccionamos ante la vida. No estamos respondiendo, no nos estamos viendo inspirados, no estamos viniendo de ese lugar de conexión con lo Divino. Mediante esta limpieza constante podemos llegar allí.

**Kory:** Eso es genial, porque mucha gente tiene esta confusión acerca del «Yo soy responsable y es mi culpa». Y eso trae sentimientos de culpabilidad, ¿y cómo explicas eso cuando la gente busca aquí una algo diferente?

**Joe:** Sí, ésa es una gran pregunta, y la he oído muchas veces a lo largo de los años. Aunque somos responsables de lo que está sucediendo, no somos, en forma, manera o modo alguno culpables de ello. El culpabilizarte probablemente sería en el caso de que hubieras hecho, intencionadamente, algo a ti mismo o a otra persona, e incluso así no estoy seguro de que fuera una forma correcta de considerarlo.

Lo que realmente tenemos que hacer es asumir la plena responsabilidad por lo que está sucediendo emocionalmente en nuestra vida. Recuerdo un anuncio que aparecía en la televisión hace décadas, y siempre me acuerdo de la frase que pronunciaba el tipo que aparecía: «Tu problema no es culpa tuya, pero es tu responsabilidad».

Siempre me encantó porque era muy claro. No tienes la culpa; nadie te está señalando con el dedo en absoluto diciéndolo porque tengas un problema con el tabaco o con lo que sea, no es culpa tuya que estés fumando, pero es tu responsabilidad.

Lo que eso hace es, de algún modo, separar la línea entre el condenarte y el ayudarte, y al mismo tiempo lo coloca en tu regazo. Ahora eres libre para hacer algo al respecto.

**Kory:** Si crees que es culpa de alguna otra persona, o tienes el punto de vista de que otras personas son responsables de tu vida, entonces eres realmente incapaz de hacer algo al respecto. De esta forma tienes el poder para, de hecho, llevar a cabo algunos cambios y trabajar con ello.

**Joe:** Sí, y esto funciona. Uno de los ejemplos que está flotando en mi conciencia justo ahora es el de Mabel Katz, que es una de las maestras de ho'oponopono, y que estudió con el doctor Hew Len. Viaja por todo el mundo y ha escrito un libro o dos, y ha sido asesora tributaria o contable, no recuerdo cuál de los dos, pero iba a Hacienda a hacer auditorías en representación de sus clientes sin hacer nada más que limpiar, y me contaba, cara a cara, que conseguía que Hacienda desestimara el caso o que redujera enormemente las tasas y las penalizaciones debido a la limpieza que llevaba a cabo.

Ahora, cuando la mayoría de la gente piensa en Hacienda, piensa: «Bueno, ésa es una compañía sobre la que no tenemos control. No podemos entrar en ella». Eso no es verdad. Pensar eso forma parte de una percepción que nos conduce a un problema. Ella viene del punto de vista de que Hacienda forma parte de su ser interno y que, independientemente de su relación con Hacienda, ella la está limpiando en su interior: «Te quiero; lo siento; por favor, perdóname; gracias; te quiero; lo siento; por favor, perdóname; gracias».

Cambian. Tanto si se trata de un sentimiento como de una proyección, no sé cuán lejos podemos llegar con una descripción metafórica, metafísica de todo esto, pero desde un completo punto de vista del ho'oponopono Cero límites tú modificas lo interior y lo exterior cambia.

En mi evento sobre los Cero límites, el último al que hemos hecho referencia algunas veces, estaba ahí de pie y les dije: «¿Sabéis?, intentar cambiar el mundo exterior de otras personas es como estar de pie enfrente del espejo de vuestro baño por la mañana y maquillar o afeitar al espejo».

**Kory:** Vi esa parte. Fue una gran analogía. Sí, la gente lo captó de verdad. Me ayudó a captarlo.

**Joe:** Sí, la gente lo captó. De hecho, había una persona grabando con una cámara, y cuando lo oyó casi se desmayó. Le vi: doblo el cuerpo y se sentó. Le llegó a las entrañas: le llegó a ese nivel. Pero ésa es toda la imagen que estamos intentando reflejar en el ho'oponopono. No estamos intentando cambiar lo que hay fuera. La proyección es lo que estamos proyectando desde el interior: queremos limpiar al proyeccionista, que es la persona que lo está experimentando.

**Kory:** Eso tiene todo el sentido. Tengo aquí otra buena pregunta, Joe. Esta persona pregunta: «¿Tengo que encontrarme en un estado de ánimo concreto cuando lo llevo a cabo o puedo decir simplemente las frases por ejemplo mientras conduzco hacia el trabajo por la mañana?».

**Joe:** Me encanta esa pregunta. ¿Sabes? En uno de los programas de radio que hice para la editorial Nightingale-Conant, hay todo un CD que no consiste en nada más que en mí diciendo: «Lo siento; por favor, perdóname; te quiero; gracias» durante 20 o 40 minutos. Es como un mantra. Simplemente sigue y sigue, y sé de gente que conduce su coche mientras escucha ese CD todo el día.

De hecho, hace algunos años estaba en Los Ángeles cuando me hablaron de hacer un programa de televisión de Joe Vitale. Estábamos en Los Ángeles, nos subimos al coche de esa mujer, ella estaba poniendo esa pista y dijo que la reproducía todo el tiempo, y siempre que lo hacía el tráfico se desvanecía de su camino.

Ahora ella vive en Los Ángeles. Una mañana íbamos camino de uno de los estudios. No recuerdo cuál era, y dijo que, debido al tráfico, debíamos salir una hora antes. Pensé: «De acuerdo, saldremos una hora antes». Así que nos subimos al coche y puso el CD, en el que salgo yo cantando. Lo puso a un volumen bajo, así que podíamos mantener una conversación, y llegamos a nuestra cita con una hora de antelación porque no había tráfico en Los Ángeles.

Así que no, no es necesario que te encuentres en un estado mental concreto. Creo que, simplemente, consiste en aprender a decir las frases, independientemente de si cuentas con la ayuda de un archivo de audio u otra cosa, o lo haces por tu cuenta. A mí me encanta hacerlo por mi cuenta, ya que así llegas al punto en el que todos disponemos de este diálogo interior en nuestro cerebro.

La mayoría de la gente está inmersa en este diálogo interior, como por ejemplo, desde: «Esto es genial», o «No lo comprendo del todo», hasta «¡Oh, he olvidado dar de comer al gato!» o lo que sea. Mientras sigues pronunciando las frases, el nuevo diálogo interior que se produce en tu mente pasa a ser: «Lo siento; te quiero; por favor, perdóname; gracias; te quiero; por favor, perdóname…», y así continúa y sigue.

**Kory:** Tuve esa experiencia, aunque sólo en los últimos días desde que vi los vídeos, y llevando a cabo la limpieza de verdad. Me encuentro paseando por la calle y las frases no dejan de circular por mi cabeza, y me doy cuenta de que cuando tienes esos pensamientos no tienes ningún pensamiento negativo. Qué estado más tranquilo y qué gran cosa que es ser capaz de llevar esto a cabo, ya que gran parte de nuestro estrés se debe a que estamos preocupados por cosas, y estamos estresados y frenéticos y podemos pasar a hacer esto.

Otra persona escribió, y preguntaba cómo podía reemplazar su diálogo interior con las hermosas frases del ho'oponopono. «Si lo recuerdo, las repito. De otro modo, mi yo normal va diciendo: "Bla, bla, bla"». Lo que acabas de decir es que dándote cuenta, ellas, de algún modo, toman el control. ¿Has notado eso en ti? ¿Cuánto te llevó llegar hasta el punto en el que los pensamientos seguían produciéndose automáticamente? ¿Lo recuerdas?

**Joe:** Muy rápidamente. No diría que fuera de un día para otro, pero fue muy rápido en el sentido de que probablemente me llevó sumergirme en ello un par de meses. Además, debes recordar que no supone un gran esfuerzo: no me estaba forzando, como si fuera al gimnasio y estuviera haciendo cien flexiones o algo así.

No tenía nada que ver con eso en absoluto. Simplemente di: «Lo siento; por favor, perdóname; gracias; te quiero». Yo lo hacía tan frecuentemente como podía recordarlo, y es de utilidad disponer de pequeños desencadenantes. Así, en otras palabras, pon un pósit con las cuatro frases en tu ordenador o en el salpicadero de tu coche, o simplemente recuérdate a ti mismo decir las cuatro frases. Pequeñas cosas como ésas pueden hacerte avanzar.

**Kory:** Una persona preguntó…, bueno, de hecho, muchas personas dijeron que no lo sienten cuando pronuncian las cuatro frases. ¿Es importante que tengan un sentimiento o emoción unido a ello?

**Joe:** Me encanta eso porque le pregunté eso al doctor Hew Len cuando lo estaba empezando a aprender, directamente a través de él, y decía: «No, no necesitas sentirlas, debes decirlas. Mientras sigas diciéndolas, las percibirás, pero cuando empiezas, puedes hacerlo por repetición. Simplemente estás articulando las palabras, sencillamente leyendo un guión, más o menos».

Pero a medida que empiezas a pensar en ello, soy capaz de describir lo que está sucediendo con las cuatro frases ahora porque se han abierto a mí. Es casi como si, nunca he dicho esto antes, pero es casi como un poema con distintas capas de significado. O es como una canción la primera vez que la escuchas, es como una canción que podría ser pegadiza, y te gusta su ritmo o algunas de sus palabras.

Pero cuando reflexionas sobre la canción y aprendes más sobre ella o su poesía, esas cuatro frases acaban siendo como un cofre del tesoro. Así, cuando las dices al principio puede que simplemente sean: «Lo siento; por favor, perdóname; te quiero», y no son más que palabras, pero a medida que vas utilizándolas, un sentimiento las acompaña.

Así, para responder a la pregunta, te diré que no, que no necesitas disponer del sentimiento, pero creo que el sentimiento llegará a ti mientras las estés pronunciando, y es un sentimiento delicioso.

**Kory:** Así que en realidad no consiste más que en empezar, comenzar a decirlas, empezar a usarlas.

**Joe:** Sí.

**Kory:** De acuerdo. Eso tiene mucho sentido. Otra pregunta que tengo y que se encuentra en la mente de mucha gente es: «¿Cómo funcionan estas cuatro frases y cómo interactúan con la ley de la atracción?». Imagino que te hacen mucho esta pregunta. ¿Qué respondes a ello? ¿Cómo se integran?

**Joe:** ¿Sabes? En primer lugar todo lo que tienes en tu vida lo has atraído. No tenemos ninguna trasgresión o conflicto aquí. El ho'oponopono y la ley de la atracción siguen funcionando en la misma realidad.

Básicamente, cuando te fijas en tu vida en el sentido de que tú eres la fuente de todo lo que llega a ti, la ley de la atracción está funcionando. Ésa es la razón por la cual todo llega a ti.

Es, simplemente, que cuando no te gusta lo que aparece en tu vida, ¿qué vas a hacer al respecto? ¿Cómo vas a cambiarlo? El ho'oponopono es la técnica de la goma de borrar. Eso es lo que usas para cuidar de las cosas que aparecen y que son las que tú no querías atraer.

Estoy intentando imaginar algún tipo de problema. Un jefe tiene un problema con un colega, por ejemplo. El punto de vista de la ley de la atracción es que has atraído eso.

Ahora los escépticos dirían: «No, no lo hice, porque no estaba pensando en eso en absoluto». Pero la comprensión más profunda de la ley de la atracción es que atraes todo en tu vida basándose en tus creencias inconscientes. No es lo que piensas conscientemente, sino lo que planeas inconscientemente, y la mayor parte del tiempo ni siquiera sabes lo que hay en tu mente inconsciente.

Ésa es la razón por la cual el ho'oponopono es tan importante. Limpia la negatividad en la mente inconsciente. Mientras limpias eso, tendrás menos tendencia a atraer algo que desearías no haber atraído, así que trabajan juntos.

**Kory:** De verdad lo hacen. Parece como si se respaldaran mutuamente si lo que atraes en tu vida es la suma total de tu mente inconsciente, tus pensamientos inconscientes. Entonces, cuanto más limpio se vuelva tu inconsciente más vas a atraer aquello que quieres.

**Joe:** Sí, eso mismo. Cuanto más alineado estés con lo Divino en tu camino por la vida, más llevarás una vida inspirada. Cuando mires a tu alrededor, todo lo que atraerás será un emparejamiento con ese camino. El ho'oponopono es una forma de hacer que la ley de la atracción funcione de forma más fluida para ti.

**Kory:** Genial. Tengo otra pregunta para ti. Alguien dice: «Actualmente estoy estudiando el curso sobre los milagros. ¿Piensas que este curso y el ho'oponopono son compatibles y, si es así, cómo los integrarías en tu vida?».

**Joe:** En una ocasión le hice una pregunta al doctor Hew Len sobre practicar otras técnicas o métodos junto con el ho'oponopono, y me dijo que mientras te sientas inspirado para llevarlas a cabo, hazlas.

En otras palabras, si tienes la intuición, captas la sensación burbujeando desde el interior; si te viene la inspiración para estudiar el curso sobre los milagros y mientras estás estudiando el curso, el trasfondo en tu mente es: «Gracias; lo siento; por favor, perdóname; te quiero», creo que lo que acabas de hacer es enriquecer el poder en un curso sobre los milagros.

Esto pasaría con cualquier otra cosa. No me importa qué ponga sobre el tapete cualquier persona: el método Sedona, una técnica de liberación o hipnosis, o cualquiera de las metodologías existentes para ayudar a enriquecer tu vida: lo harás mejor llevando a cabo el ho'oponopono junto con ello. Y una vez más, ¿cómo lo harías? Mientras estudias el curso sobre los milagros y llevas a cabo los ejercicios diarios durante un año, sigues realizando el ho'oponopono («Te quiero; lo siento; por favor, perdóname; gracias») con ellos. Creo que va a acelerar el efecto de, de hecho, atraer milagros.

**Kory:** Puedo ver eso porque mientras avanzas por estos cursos, frecuentemente llegamos a lugares en los que nos sentimos incómodos, o suscitan emociones y cosas para que nos fijemos en ellas. Y ahora disponemos de una forma de procesar esas cosas a medida que aparecen, cuando en ocasiones no sabemos qué hacer cuando empezábamos a sentirnos enfadados o molestos. Ahora dispongo de algo a lo que acudir.

**Joe:** Es una hermosa técnica que funciona todo el tiempo.

**Kory:** ¿Cómo reconoces que estás en el estado Cero? ¿Tienes alguna idea acerca de eso?

**Joe:** Sí. Tengo ideas sobre ello, pero ¿cómo expresar esto y describirlo?… He usado la imagen de una pizarra blanca para trasmitir mi idea. Se encuentra en mis charlas más recientes, y creo que en los eventos sobre los Cero límites he hablado sobre ella.

Di una charla a un grupo de líderes trasformacionales hace algunos meses, y disponía de una pizarra blanca en el escenario. Estaba completamente limpia, y la miré, y tuve la esperanza de que mientras la gente me escuchara hablar pudiera visualizar una pizarra blanca. No hay nada en esa pizarra blanca: es completamente blanca. Entonces invité a toda la gente del público a que me dijera todas las formas en las que podíamos sanarnos o limpiarnos a nosotros mismos, o mejorar, y empezamos a escribir todas las técnicas de autoayuda en la pizarra.

Eso prosiguió durante algunos minutos hasta que la pizarra quedó negra. Miramos a la pizarra y dijimos: «De acuerdo. ¿Qué ha sucedido con la pizarra blanca? Bien, ahora está cubierta por lo que pensamos que nos ayudará a llegar a la pizarra blanca».

La pizarra blanca es mi imagen del estado Cero. Es ese lugar en el que no haya nada sino pureza; no hay pensamientos ni sentimientos aparte de uno que podría, posiblemente, describirse como amor, y desde ese estado Cero, desde esa pizarra blanca, la inspiración puede llegar a ti.

El problema con esto, y ésa es la razón por la cual no reconocemos qué es el estado Cero, es que incluso aunque lo estoy describiendo, la gente se hace preguntas a sí misma, o hace comentarios sobre ello, o le gusta, o le disgusta, o visualiza otras cosas que están escritas en la pizarra blanca. Todas estas cosas escritas en la pizarra blanca, todos los pensamientos y convicciones que se encuentran en tu mente inconsciente, son lo que nos mantiene apartados del estado Cero. Así pues, si puedes imaginarte borrando todo eso y vuelves a esta pizarra blanca, una de las cosas que notarás es una paz extrema. Cuanto más sigas llevando a cabo esta limpieza, más llegarás al estado Cero, y una vez empieces a probar eso verás en qué consiste el estado de Buda: eso es en lo que consiste la iluminación, eso es en lo que consiste una experiencia *satori*.

Eso es en lo que pensamos que estamos inmersos: en una búsqueda de lo desconocido, buscando algo que nos haga felices, sin saber que la felicidad que deseamos está, en este momento, bajo todos los pensamientos, los sentimientos, las expectativas y los deseos y todo eso. Todo está justo aquí. Así pues, cuanto más lo lleves a cabo, y más lleve yo a cabo el ho'oponopono, más llegaremos a ponernos en contacto con ello. Así pues, ésas son un par de profundas razones por las que creo que todo el mundo puede estar haciéndolo, especialmente cuando no cuesta nada, es gratis y es sencillo. Cuatro frases: puedes empezar a hacerlo ya mismo.

**Kory:** Hay muchas tradiciones espirituales en el mundo que la gente podría seguir: el budismo, o el sintoísmo, o allá a donde te dirija tu camino, pero ahora que he descubierto el ho'oponopono, no puedo imaginarme el no disponer de él. Llena un vacío muy grande, ¿sabes? Me pregunto si alguna vez has sentido eso también, o cómo consideras esto en la totalidad de tu viaje espiritual, dónde encaja esto en tu vida. ¿Dónde encaja el ho'oponopono en el viaje espiritual?

**Joe:** Soy el que más agradecido está por ello. Soy el que más agradecido está por el doctor Hew Len, el ho'oponopono, el aprender esto, el poder compartir esto. Sabes, creo que lo sabes, que he escrito como 53 libros, pero *Cero límites* es el único libro que he releído después de su publicación.

**Kory:** ¿De verdad?

**Joe:** Sí, y lo he hecho bastante recientemente. Lo cogí para buscar una referencia y ¿sabes?, lo siguiente que me pasó es que quedé cautivado y me lo leí entero. Desconozco cuántos autores se entretienen con sus propios libros, pero yo nunca hago eso. Lo hice con éste y reviví la experiencia. Reviví la experiencia sobre el escuchar hablar acerca del ho'oponopono, intentando dar con el doctor Hew Len, la primera aventura con él y luego todas esas maravillosas conversaciones que mantuve con él.

Y así son las cosas. Tengo un ejemplar del libro en mi mano y estoy sonriendo: éste es mi pequeño bebé, me encanta este libro. Así pues, estoy orgulloso y me siento inspirado y agradecido. Agradecido es, probablemente, la palabra más adecuada. Conocer esto y llegar a utilizarlo y, más importante todavía: llegar a compartirlo.

**Kory:** Agradezco el hecho de que sacaras este tiempo de tu vida para escribir el libro y para celebrar esos seminarios y compartir la información y ¿sabes?, vas a publicar Cero límites III en forma de versión *on-line,* y creo que eso va a ayudar a mucha gente de todo el mundo a usarlo.

**Joe:** Les va a encantar.

**Kory:** Yo también lo creo. No hay que esperar el tiempo que tarda el envío: enciendes el ordenador y ya está listo para que lo veas. Todo está ahí: todo el fin de semana está ahí, y es uno de los seminarios más fantásticos que he visto nunca, y he visto muchos. Mi familia lo ha visto, y todo aquél al que se lo muestro lo disfruta de verdad. Por lo tanto, para nosotros es un gran paso difundir el ho'oponopono.

**Joe:** Será maravilloso para la gente verlo porque, en primer lugar, es un gran obsequio ver al doctor Hew Len en acción, ya que es muy divertido, pero también muy profundo. Además, también tenemos todas las preguntas que hace la gente, y ni siquiera las recuerdo todas. Yo soy como su escudero. Estoy ahí para apoyarle, pero en realidad él es el gurú y queremos oírle a él.

Hay mucha información e inspiración y, de hecho, creo que la gente querría verlo varias veces. Yo, simplemente, lo rememoro en mi mente una y otra vez: ¡fue tan hermoso!

**Kory:** Exactamente. Bien, Joe, muchas gracias por tu tiempo. Has respondido a muchas preguntas y de verdad que nos has mostrado una imagen, a mí y a toda la gente que nos escucha, más clara de lo que es el ho'oponopono y cómo podemos usarlo, y realmente creo que esto es un regalo para cualquiera. Así pues, muchas gracias.

**Joe:** Oh, gracias por las preguntas y por sacar tiempo para hacerlas. Así pues, buena suerte para todos los que nos estén escuchando. Os quiero; lo siento; por favor, perdonadme; y gracias.

**Kory:** Gracias Joe. Cuídate. Te deseo lo mejor.

 **APÉNDICE D**

# Preguntas y respuestas relativas a *Cero límites*

Como tanta gente hace preguntas sobre el ho'oponopono, es de utilidad añadirlas aquí. Tal y como suele señalar el doctor Hew Len, la mente es un cuerpo ocupado. Hace las mismas preguntas y espera distintas respuestas. Teniendo eso presente, añadiré algunas preguntas comunes junto con mis respuestas a ellas.

**Pregunta:** Me di cuenta de que el orden de las frases nunca es el mismo. He oído que el orden importa, y luego oigo que no importa. Temo hacer esto mal y que mi mala interpretación del proceso afecte negativamente al resultado. ¿Importa el orden?

**Respuesta:** El orden en el que digas las frases no importa. La idea es decirlas. Sigue tu inspiración y dilas en tu interior en el orden que mejor te parezca. Permite que tus sentimientos sean tu guía. En el último evento sobre los Cero límites, el doctor Hew Len abrevió las cuatro frases dejándolas en sólo dos: «Te quiero» y «Gracias». Obsesionarse con las frases y cualquier cosa relacionada con ellas es también otra cosa que limpiar o purificar. Las frases son un utensilio sencillo que usar como herramienta de limpieza para ayudarte a encontrar tu camino hacia el Cero. Eso es todo. Tener miedo de hacerlo mal es algo que se tiene que limpiar. A mi archivo de audio «Te quiero» que grabé, incluso le falta una de las frases. Sin embargo, sigue siendo una herramienta de limpieza y, pese a ello, funciona: http://www. milagroresearchinstitute.com/iloveyou.htm.

**P:** Cuando estoy limpiando, ¿a quién se lo digo? ¿A mí? ¿A la persona sobre la que estoy efectuando la limpieza? Estoy confundido.

**R:** Nunca lo dices para la otra persona. Lo que haces es limpiar la parte de ti que está percibiendo lo externo como un problema. Nunca se trata de otra persona u otra cosa. Lo externo es el desencadenante que provocó que quisieras cambiar algo. Una vez más, no quieres modificar lo externo. Quieres cambiar lo interno. Usas las frases de limpieza para lograr eso. Te estás dirigiendo a lo Divino: a nadie más.

**P:** Cuando tengo un problema y realizo la limpieza, ¿me concentro en el problema o en la persona mientras estoy limpiando? Si mi hijo tiene el problema y quiero llevar a cabo la limpieza para él, ¿estoy invadiendo su espacio personal si él no me da, en primer lugar, permiso para realizar una limpieza en él?

**R:** Esta pregunta es similar a la anterior. Una vez más, no debes concentrarte en la otra persona. Debes centrarte en ti. El problema no está ahí fuera, sino que está en ti. Te concentras en el problema mientras lo experimentas. Siempre lo experimentas en tu interior. Tal y como ha preguntado frecuentemente el doctor Hew Len: «¿Te has dado cuenta alguna vez de que cuando tienes un problema tú siempre estás ahí?». El problema está en *ti*. Ahí es donde debes poner tu atención y hacia donde debes dirigir la limpieza. Estás pidiendo a lo Divino que elimine la energía que estás sintiendo en tu interior mientras miras hacia fuera y ves el problema.

**P:** ¿Tengo que limpiar por siempre y para siempre durante toda mi vida? Eso parece agotador y una enormidad de trabajo. ¿Existe alguna otra forma de hacerlo?

**R:** Hay tantos datos en el mundo (programación, creencias o convicciones y negatividad) que nuestro reto es para toda la vida. Sí, tienes que seguir limpiando, pero ¿cuán duro es, en realidad, decir «Te quiero» y «Gracias» dentro de ti? Además, en el último evento Cero límites III, el doctor Hew Len nos enseñó a todos un atajo. Como el niño que hay dentro de ti guarda todos los datos en tu mente inconsciente, puedes enseñar a tu niño interior cómo limpiar, de modo que cuando tu mente consciente se olvide de limpiar o necesite tomarse un descanso de la limpieza, pese a ello, tu niño interior esté limpiando las veinticuatro horas del día y siete días a la semana. (*Véase* el Apéndice E).

**P:** Si todo lo que necesito son las cuatro frases, ¿entonces qué pasa con todos estos productos ho'oponopono que la gente vende y por lo cuales obtiene beneficios? Si me preguntas, sacar provecho de la espiritualidad es un chasco y me hace cuestionarme la validez del ho'oponopono. ¿Podrías responderme al respecto?

**R:** Pensar que la gente está sacando provecho de la espiritualidad sugiere que el dinero es malo. El dinero no es malo. El dinero es neutro. El dinero es incluso espiritual. Creé todo un curso en formato audio sobre este asunto *(The secret to attracting money)*.[53] Si todo procede de lo Divino, ¿por qué iba el dinero a ser una excepción? Los productos están ahí para ayudarte. Si no los quieres no los compres. ¿Por qué juzgar cuando otros están creando productos para ayudarte a sentirte mejor, estar más limpio y ser feliz? Te están prestando un servicio. Juzgarlo como algo malo o carente de espiritualidad suena a creencia limitante que debe ser limpiada. Suena a santurronería. Después de todo, incluso el doctor Hew Len vende productos, igual que lo hacen prácticamente todos los maestros de ho'oponopono. Limpiaré eso.

**P:** ¿Cómo podemos enseñar a otros a limpiar?

**R:** No se puede. Nadie más necesita saber nada sobre la limpieza. Sólo tú. El doctor Hew Len ha pasado los últimos veinticinco años limpiándose a sí mismo. Dice, abiertamente, que la única razón por la cual está vivo es para limpiar. No importa si alguien más lo hace. Lo que importa es que *tú* lo hagas. Una de las cosas que oigo en los eventos es a la gente escuchando problemas y luego aconsejando a otros: «Deberías limpiar eso». ¡Incorrecto! Cuando escuches un problema es asunto *tuyo* limpiarlo. Sencillamente, comienza con la limpieza de inmediato. De hecho, nunca deberías decirle a nadie que lo limpie. Cualquier cosa que oigas o experimentes es cosa tuya limpiarla.

**P:** He asistido a un evento sobre los Cero límites y sigo sin captarlo. ¿En qué consiste todo esto?

**R:** Básicamente, se trata de volver a la Divinidad. En mi programa en audio *The Awakening Course*, digo que hay cuatro fases hasta el despertar. La mayor parte de la gente no va más allá de la primera

---

53. El secreto para atraer el dinero. *(N. del T.)*

(el victimismo). Gracias a películas como *El secreto* y *The compass,*[54] mucha gente está alcanzando el segundo nivel (el fortalecimiento). Gracias al libro *Cero límites,* algunos son conscientes de la tercera fase (rendición), pero también hay un cuarto nivel, que es donde acabas despertándote a la Divinidad. Ahí es donde lo Divino respira conscientemente a través de ti. Los Cero límites son una forma de limpiar todos los datos (o los asuntos que tienes en la cabeza) que se interponen entre tú y lo Divino (el Cero). ¿En qué consiste todo esto? Consiste en librarte de las interferencias en tu mente de forma que lo Divino viva a través de ti con conciencia y amor. Para llegar ahí tenemos mucho trabajo que hacer, así que sigue limpiando.

**P:** ¿Cuál es la diferencia entre los seminarios sobre los Cero límites y los cursos básicos y avanzados de ho'oponopono? ¿Debo asistir a cualquiera de ellos antes de ir a la siguiente clase? Si esta información debe ser privada, ¿por qué os está permitido revelar alguno de los secretos de que aparecen en *Cero límites* o editar grabaciones de vuestros eventos sobre los Cero límites?

**R:** La principal diferencia entre un evento sobre los Cero límites y un evento básico sobre el ho'oponopono es que con Cero límites me tenéis como coinstructor. Tenéis que realizar el curso básico de ho'oponopono y practicar los métodos aprendidos durante por lo menos dos años antes asistir a un curso avanzado de ho'oponopono. Se me ha permitido editar parte de la información porque el doctor Hew Len me dio permiso. Después de todo, él es el coautor de *Cero límites* y el principal instructor de ho'oponopono. Si dice que puedo escribir un libro o editar archivos de audio o DVD, entonces por supuesto que puedo.

**P:** «¡Lo siento!». ¿Significa esto una disculpa o tristeza? ¿Por qué debo sentirlo si todo en el Universo es perfecto? No me gusta tener que decirlo.

**R:** Necesitas decir «Lo siento» y «Por favor, perdóname» por ser inconsciente. No tiene nada que ver con el arrepentimiento, la culpabilidad, el remordimiento o la recriminación, sino que tiene todo que ver con darte cuenta de que has estado dormido. Cuando chocas con alguien en una tienda dices: «Lo siento». ¿Por qué?: has cometido un error.

---

54. La brújula. *(N. del T.)*

No eras consciente e hiciste algo siendo inconsciente de ello.

Cuando te diriges a lo Divino y dices esas frases, estás permitiendo que lo Divino sepa que no eras consciente. El perdón es una de las herramientas trasformadoras más poderosas de las que dispones. Si no estás dispuesto a pedir perdón por no ser consciente, probablemente estés bloqueando el flujo de lo Divino en tu vida también en otras áreas.

Dicho todo esto, una vez pregunté al doctor Hew Len qué decir a la gente que se quejaba por tener que decir «Lo siento». Me contestó: «Diles que no tienen por qué decirlo».

# El doctor Hew Len visita a tu niño interior

En el tercer evento sobre los Cero límites, el doctor Hew Len nos guió en una meditación para conocer a nuestro niño interior, y la he incluido aquí en su totalidad.

Hay una parte de ti que necesita saber cómo funciona y que se llama subconsciente. Os voy a guiar a través de eso ahora. Así pues, podríais cerrar los ojos y relajaros. Ésta es la relación más importante en la creación. Es más importante que cualquier relación de tipo físico que tengáis. Por lo tanto, si más o menos os relajáis con los ojos cerrados, os conduciré a través de lo que, para mí, es la relación más importante de la creación, y que es aquélla entre el consciente y lo subconsciente o entre lo que yo voy a llamar la madre y el hijo.

La madre es la mente consciente, que tiene la opción de cuidar del niño o de ignorarle. Así pues, supongamos, por ahora, que eliminamos la terminología en la que la mente consciente es realmente el aspecto maternal de la creación y el subconsciente es el niño que dispone de todos los recuerdos desde la creación y está agobiado. Agobiado.

Por lo tanto, si padeces una depresión, es la inflamación en el niño la que está experimentando la depresión. Así pues, queremos que esta relación funcione. Por lo tanto, lo primero que haréis es querer hacer esto con verdadera lentitud. Y lo primero que haréis es decirle a este niño: «Oh, por vez primera desde la creación estoy reconociendo tu presencia en mí».

Así pues, ésa es la primera cosa que tú (y es importante que lo hagas) tienes que hacer: reconocer que hay este ser dentro de ti que se llama el niño interior.

Y tú hablas con este niño interior y le dices: «¡Oh, vaya! Ésta es la primera vez que soy consciente de que eres parte de mí». Luego, lo siguiente que querrás decir es algo muy sencillo: «Te quiero. Te quiero».

Y luego reconoces el hecho de que todo el dolor y las heridas son datos guardados en este niño, y le dices, con gran sencillez: «Lo siento. Por favor, perdóname por todos los recuerdos acumulados que experimentas en forma de pena, duelo, dolor». Por lo tanto, estás hablando con este niño, reconociendo tu responsabilidad por todos los problemas que afligen a este niño, y que tú has creado, aceptado y acumulado, y que te gustaría enmendar.

Así pues, uno de los procesos, y que es muy fácil de llevar a cabo, es pedir siempre permiso al niño. Nunca debes ir al niño sin pedirle permiso. Por lo tanto, esto es lo que harás. Le dirás a este niño: «Por favor, por favor, permíteme acariciarte la coronilla con cariño y preocupación». Simplemente háblale: «Por favor, permíteme hacer esto». Y, simplemente, hazlo. No tienes que imaginar nada: simplemente hazlo.

Mírate, simplemente, acariciando la coronilla de un niño. Y mientras le acaricias la coronilla al niño le dices: «Te quiero. Por favor, perdóname por todos los problemas acumulados que ahora hay almacenados en ti. Lo siento». Una vez más, doy un paso atrás y te digo que ésta es la relación más importante, ya que puedes enseñarle a este niño cómo llevar a cabo la limpieza y dejarle en modo automático, pero si no has estado reconociendo a este niño ni preocupándote de verdad por él, él no lo hará.

Así pues, mientras le acaricias la cabeza, le dirás: «Te quiero. Gracias por ser parte de mí. Lo siento si te he desatendido. Puede que no te esté cuidando bien. Si te he manipulado, lo siento». Y luego haces inventario. Hablas al niño allí donde todos los recuerdos se rememoran en forma de problema y le dices a la criatura: «Si no te importa, permite que deje ir cosas». Así pues, empiezas por la coronilla si tienes dolor de cabeza.

Si tienes un dolor de espalda, trabajarás descendiendo por tu cuerpo. Haces inventario y le dices al niño: «¡Oh! Estoy experimentando dolor de cabeza. Déjame desprenderme de los recuerdos que están rememorando esto. No sé cuáles son los recuerdos. Ni siquiera deseo saber cuáles son los recuerdos, pero tú lo sabes». Y luego podemos ofrecérselo a la Divinidad a través del superconsciente. Podemos pedir a la Divinidad que lo deje ir.

Mientras estás haciendo esto, estás acariciándole la cabeza muy suavemente. Así pues, ahora vas a pedir permiso al niño para abrazarle suavemente (no para darle un abrazo de oso). Los abrazos de oso asustan al niño, así que le estás diciendo: «Por favor, permíteme abrazarte muy suavemente». Y cuando lo hagas, simplemente hazlo. Simplemente abraza al niño con delicadeza. Y acunarás al niño en tus brazos y le hablarás: «Gracias por ser parte de mí. Te quiero y lo siento por todos los recuerdos acumulados que has experimentado en forma de dolor y sufrimiento. Por favor, por favor, perdóname».

Y una vez hayas hecho y acabado eso, le pedirás al niño que te dé la mano. «Por favor, dame la mano para que pueda cogerla con delicadeza». La acariciarás suavemente. «Independientemente de la mano que quieras darme, por favor dámela». Así pues, en tu mente, tratarás de tomar la mano, la cogerás con delicadeza, la acariciarás con suavidad y, una vez más, reconocerás que el niño forma parte de ti: «¡Ah! Gracias por formar parte de mí. Una parte de mí a la que no he prestado mucha atención, y lo siento. Por favor, por favor, perdóname. Te quiero».

Entonces quizás quieras hacer otro inventario. Quizás quieras considerarlo desde un punto de vista financiero. Le dices al niño: «De acuerdo, son sólo las memorias las causantes del problema. Te estoy pidiendo que te desprendas de ellas. Por favor, despréndete de ellas». Y entonces haces inventario, independientemente de los asuntos financieros por los que estés pasando. Si estás pasando por cualquier auditoría de impuestos, querrás esforzarte en solucionarla, o en solucionar cualquier cosa que tenga que ver con ejecución hipotecaria de tu vivienda o con cualquier otro asunto.

Estás hablando porque el problema no es la ejecución hipotecaria. El problema no son las finanzas, sino los recuerdos repitiendo los problemas. Es la hipoteca sobre tu alma, y quieres que este niño que se aferra a la hipoteca la deje ir. «Por favor, despréndete de ella. Estamos, con respecto al banco, en números rojos», o «Hemos abusado con el dinero. Cualesquiera recuerdos que tengamos de que hemos abusado con el dinero, las finanzas, la tierra, por favor, déjalos ir».

Y luego le pides permiso al niño para cogerle la otra mano. «Por favor, déjame tomar tu otra mano». Entonces intentas, mentalmente, coger la otra mano, la tomas con delicadeza y la acaricias suavemente. Ahora quiero que lo tengas claro: este niño es el lugar en el que están almacenados todos los problemas. Así pues, querrás mantener una buena relación con esta criatura para que deje ir y permita entrar a Dios.

Por lo tanto, le acunas, acaricias su mano. Entonces te miras a ti mismo y haces inventario de lo que está sucediendo en mí que hace que esté teniendo estos problemas (mi experiencia de estos problemas) con ciertas personas. Así pues, los pones sobre el tapete en tu vida y dices: «De acuerdo. No sé cuáles son los recuerdos, pero los percibo cuando frecuento a fulanito y menganito. Estoy molesto e irritable, y no sé en qué consiste todo eso, pero son los recuerdos en mí y, así pues, por favor, déjalos ir».

Estás hablando con este niño, que es como un banco de recuerdos. «Por favor, despréndete de ellos». Por lo tanto, ésta es la relación más importante y esencial de toda la creación, entre la madre y el hijo. Si la madre puede ganarse al niño, ella estará fuera de peligro. El niño la ayudará con la limpieza. Estará dispuesto a dejar ir, estará dispuesto a intuirlo en ella y decirle: «Esto está surgiendo. ¡Deberíamos ocuparnos de ello!».

Muchas gracias. Ahora pedirás permiso al niño para cogerle de los hombros. «Por favor, permíteme cogerte de los hombros». Por lo tanto intentas tomar sus hombros e inicias el diálogo una vez más: ese diálogo sobre el amor, reconociendo la presencia del niño. «Te quiero. Gracias, gracias, gracias por formar parte de mí. Estoy realmente agradecido por saber eres tú, que estás en mí, del que no me he estado ocupando desde los inicios de los tiempos. Por favor, perdóname por haberte ignorado, por no cuidar de ti, provocándote gran daño, dolor y pena. Lo siento. Te quiero. Gracias por formar parte de mí».

Entonces intentas alcanzar sus hombros. Entonces le dices: «Por favor, permíteme cogerte de los hombros y darte amor ilimitado». Una vez más, si estás buscando un socio comercial, esta relación con el niño es el mejor socio comercial de la creación.

Si la relación entre la madre y el niño funciona, funcionará para todo. Así pues, estás cogiéndole de los hombros, y entonces le miras a los ojos y estás confesando: «Te he ignorado. Te he provocado dolor y pena. Lo siento. Por favor, por favor, perdóname. Te quiero. Gracias por estar dispuesto a dejar ir de modo que tú y yo podamos estar libres de recuerdos; de modo que tú y yo podamos caminar cogidos de la mano junto con la Divinidad y el Amakua hacia el interior de la luz».

Así pues, puedes hacer esto por la mañana. Puedes hacerlo por la tarde. Puedes sacar un par de minutos de tu atareada agenda para reconectarte, para realinearte; y si estás dispuesto a hacer esto, entonces tu niño interior será tu socio y compañero. Ahora vamos a llevar a cabo las siete rondas de respiración. Por lo tanto, coloca ambos pies sobre el suelo, haz que tu pulgar y tu índice contacten y pon ambas manos sobre tus rodillas o tu regazo y lleva a cabo la respiración.

El niño agradecerá la respiración y el proceso de limpieza. Por lo tanto, una ronda de respiración. Inspiras hasta contar hasta siete, aguantas la respiración mientras cuentas hasta siete, espiras hasta contar hasta siete y aguantas mientras cuentas hasta siete. Respira así siete rondas, por favor.

Voy a hablar sobre darle un nombre a tu niño. Hay cuatro, y sólo cuatro, posibilidades. Y sólo es una propuesta, ¿de acuerdo? Así pues, puedes ponerle un nombre al subconsciente, y voy a acompañarte durante el proceso y te lo explicaré, y luego tendrás que dar con alguna forma para hacerlo por tu cuenta.

Así pues, el primer nombre que puedes ponerle al niño es *Kalā,* que es una palabra hawaiana o el equivalente de «el sol». *Ka* significa «el», y *lā* significa «sol». Ahora asegúrate de pronunciarlo correctamente. Resultará embarazoso si estás hablando con alguien que conoce la lengua hawaiana, ya que *Kala* significa «dinero», *Kalah* significa «perdón». «El sol» es *Kalā.* Esto es lo que hicieron los misioneros: le colocaron un tejado encima, que se llama macrón. Por lo tanto es y se pronuncia *Kalā.*

Otra posibilidad es *Keola,* que equivale a «la vida». Así pues, aquí tienes lo que harías para llevarlo a cabo. En primer lugar, ahora vamos a trabajar con el niño interior; así que si estás más o menos relajado, cierra los ojos. Así pues, vamos a hablarle a este niño interior, al que lleva todos los recuerdos y todas las cargas mientras la mente consciente está charlando y la criaturita está sufriendo. Así pues, relájate algo, y me gustaría que simplemente cerraras los ojos de forma que no te distraigas.[55]

En primer lugar, vamos a decirle a este niño: «Dios mío, ésta es la primera vez en mi vida que me doy cuenta de que hay un "tú" en mí». Vas a reconocer la presencia del subconsciente *(Unihipili)* y cómo voy a llamar al niño. Tú simplemente vas a decir: «Oh, Dios mío, soy consciente, por primera vez, del hecho de que hay esta parte de mí a la que no he estado prestando atención, esta parte de mí a la que he estado descuidando, esta parte de mí a la que he estado maltratando, y lo siento». Por lo tanto admites que el niño está presente, y simplemente dices: «Te quiero. Te quiero. Gracias, gracias, gracias por ser parte de mí, y siento que me haya llevado tanto tiempo, eones y eones de vidas llegar al meollo, y ahora me doy cuenta de que "tú" estás en mí, y que yo soy responsable de ti. Y siento toda la negligencia hacia ti: por favor, perdóname. Siento

---

55. El doctor Hew Len no aportó los otros dos nombres para tu niño interior. Mi recomendación es que permitas a tu niño interior que te diga cómo llamarle.

todo el maltrato al que te he sometido, así que por favor, perdóname. Siento todo tu sacrificio y lo siento. He puesto a otros por delante de ti».

Entonces le pides permiso al niño para acariciar su cabeza. «Por favor, permíteme acariciar tu coronilla con amor, cuidado y preocupación». Y entonces, simplemente lo haces e inicias el proceso. Simplemente acariciándola mentalmente, acariciando la coronilla de mi niño. Mientras acaricias la coronilla le hablas: es un socio y compañero. Sin este socio, sin ti en la relación con esta parte de ti, nunca jamás, y no me importa cuánto dinero ganes, siempre serás infeliz y nunca dispondrás de suficiente dinero. No me importa a quién frecuentes: a menos que tengas esta relación de trabajo con el niño, podrás tenerlo todo, podrás tener todo el dinero adecuado para ti, todas las relaciones adecuadas para ti, pero tendrás que solucionar todo esto con este niño.

Así pues, le estás acariciando la coronilla y le estás hablando: «Te quiero; gracias; por favor, perdóname por todo el daño y el sufrimiento que estás experimentando ahora. Ésta es la forma en la que vamos a limpiarlo». Por lo tanto, independientemente de lo que surja, podremos decirle: «Te quiero; gracias». Agua solarizada azul, de color azul claro: éstas son las herramientas principales, y una vez que inicies el proceso de enseñar a un niño cómo hacer esto, lo hará. Pero está esperando a que, número uno: lo hagas, número dos: se lo enseñes; y está esperando para ver qué es lo que vas a hacer y si vas a llevar a cabo la limpieza.

Así pues, le estás acariciando la coronilla con mucha delicadeza y luego le vas a decir: «Escucha, me gustaría saber cómo puedo llamarte, si es que hay algún nombre por el que quieras que te llame». Así pues, están estos cuatro nombres y tú hablas con el niño: «El primer nombre es *Kalā*, que significa "el sol". Así que veamos si puedes estar interesado en cualquiera de estos dos nombres. Luego hay dos nombres más, y vamos a ver si eliges alguna de las cuatro opciones. El otro nombre es *Keola*, que significa "la vida". Así pues, simplemente te estoy pidiendo que veas si alguno de estos nombres conecta contigo, y si no es así quiero que me lo digas, y entonces quizás pueda probar con distintos nombres o quizás tú me podrías decir cuál podría ser el nombre».

Ya lo estás teniendo preparado, pero le estás pidiendo: «Busquemos un nombre». Entonces pasas al siguiente proceso y, simplemente, abrazarás al niño con delicadeza (no le darás un abrazo de oso tal y como decía nuestro guasón hace un rato). Por lo tanto, la idea es pedir permiso: «Por favor, permite que te abrace suavemente», para luego hacerlo. «Te abrazo con delicadeza».

Una de las características del subconsciente es que no tiene criterio. Quiero repetirlo una vez más: no tiene criterio. Por lo tanto, si surge un recuerdo, imitará ese recuerdo. Si aparece la inspiración, imitará eso, por lo que tendrás que iniciar el proceso de ayudarle a distinguir la diferencia entre un recuerdo y una inspiración. La forma en que vas a hacer eso consiste, simplemente, en llevar a cabo la limpieza. Así pues, estás abrazándolo, acunándolo en tus brazos, y estás diciendo: «Te quiero; te quiero». Estás confesando todos los eones de abandono. «Lo siento; por favor, perdóname por ser descuidado, por ser abusivo y por no cuidar de ti».

«Entonces, una vez más, queremos conseguirte un nombre, así que veamos qué nombre funcionaría en tu caso». Así pues, es el niño el que tiene que escoger el nombre, y no la madre. La mente consciente simplemente propone ciertas cosas, y luego debe ser el niño el que escoja, pero ya estás hablando con él y «tengo estos cuatro nombres, y quizás haya otros nombres, pero estamos buscando un nombre para ti».

Entonces le pides al niño que te permita cogerle la mano, acariciándola suavemente. Así, dices en tu mente: «Independientemente de la mano que quieras darme, déjame acariciarla», y entonces tratas de agarrar la mano, la tomas suavemente e inicias el proceso de acariciarla. Entonces, si hay algo que estés experimentando en ese momento, cualquier dolor de cabeza, cualquier dolor de espalda, cualquier cosa así, simplemente datos volviendo a reproducirse, entonces, sencillamente, habla con el niño. «Lo siento, por favor, perdóname por crear, aceptar y acumular estos datos que estás experimentando ahora, ya sea dolores de cabeza o dolores corporales». Así pues, simplemente estás hablando con él. «Independientemente de la información que esté dándose en nosotros, que estamos experimentando este problema, por favor, déjalo ir». Y la forma en la que podemos dejarlo ir es que podemos decirle a la información: «Te quiero; gracias; agua solarizada azul, perdóname, por favor. Lo siento, harina de maíz azul». Todo lo que tienes que hacer es decirlo mentalmente: «Fresas, arándanos», y luego puedes decirle al niño: «Y tú también puedes decir esto ahora. Así, si algo surge, todos los millones y millones de cosas que surgen y de las que no soy consciente, puedes limpiarlas por nosotros: tú puedes realizar la limpieza».

Así pues, estás enseñando al niño cómo llevar a cabo la limpieza, así que en caso de que te encuentres atascado, él hará la limpieza por ti. Entonces le pides permiso al niño para coger su otra mano. «Por favor, permíteme ahora tomar tu otra mano». Cógela con delicadeza, acariciándola suavemente, y de modo que lleves a cabo ese proceso. Y una vez más, háblale. Si estás sufriendo por alguna cosa, ya se trate de las finanzas, grandes emociones como trabajar con cualquier tipo de emoción que surja, y, en mi caso, me siento abrumado, le digo al niño: «Oh, sólo son recuerdos volviendo a reproducirse.

»Así, independientemente de la información que se esté reproduciendo en nosotros, por favor, déjala ir. Permite que surja para que pueda ser envida a la Divinidad para su trasmutación». Así pues, le estás hablando al niño amable-mente, con sencillez, y no son más que datos. No quieres agobiarle con pensar que lo sabes: simplemente dilo. «Está pasando algo, hay información circulando en nosotros, que estamos experimentando este problema, así que por favor, déjalo ir». Puedes dejarlo ir diciendo: «Te quiero, y te doy las gracias», y ahora estás consiguiendo esta unión y el niño te está ayudando a efectuar la limpieza, y tanto si estás durmiendo como si surge cualquier sueño, puedes hablar y decir: «Oh, podemos dejar ir eso».

Así que ahora quieres pedirle permiso al niño para cogerle de los hombros. «Por favor, déjame cogerte de los hombros», y mira al niño a los ojos e inicia el proceso del «Te quiero, gracias por formar parte de mí», y luego pregunta al niño si hay algo de lo que quiera desprenderse, cualquier información en el subconsciente que estés experimentando en forma de aflicciones o quejas, y dile: «Podemos dejar ir eso». Independientemente de los datos, la información que está reproduciendo eso que estoy experimentando es un tipo de depresión o lo que sea.

Entonces le recuerdas al niño: «Busquemos un nombre para ti. Tenemos estas cuatro propuestas, pero si hay algo de lo que eres consciente sobre ello y puedes decirme cuál es el nombre, te lo agradecería. Así pues, por favor, mues-tra predisposición a hacerme saber cuál sientes que sería el nombre adecuado para ti». Estás limpiando con esto ahora, así que estás limpiando lo suficiente como para plantear cualquier información al niño, porque él deberá ser el que escoja un nombre.

Entonces, cuando hayas acabado, da las gracias al niño. «Gracias por charlar conmigo, gracias, gracias. Te estoy tan agradecido por estar dispuesto a charlar conmigo. Te quiero, te quiero, te quiero».

Ahora vamos a llevar a cabo las siete rondas de respiración. Tienes ambos pies firmemente plantados en el suelo, te sientas apoyando tu espalda en el respaldo de la silla, siendo tu columna vertebral tus familiares y antepasados, de modo que cuando respiras, lo haces por tus familiares y antepasados. Plantas tus pies en el suelo, y si no puedes hacerlo porque tus piernas son cortas, puedes posar, mentalmente, tus pies en el suelo de modo que puedas respirar de la Madre Tierra y de los reinos mineral y animal. Tus dedos se tocan entre ellos, con tu índice pegado al otro índice, colocados sobre tu regazo, y a continuación llevas a cabo siete rondas de respiración. Inspiras hasta contar hasta siete, aguantas la respiración hasta la cuenta de siete, espiras hasta haber contado hasta siete, aguantas la respiración hasta la cuenta de siete y ya has efectuado una ronda. Haz siete rondas, por favor.

Una tarde de verano, hubo una violenta tormenta, y durante esa violenta tormenta una madre estaba metiendo a su hijo en la cama. Estaba a punto de apagar la luz cuando el niño le preguntó, con un cierto temblor en su voz: «Mamá, ¿dormirás conmigo esta noche?», y la madre le sonrió y le dio un abrazo tranquilizador.

«No puedo, cariño –le dijo–. Tengo que dormir en la habitación de papá».

Un largo silencio se vio roto, al fin, por una vocecita temblorosa: «La gran nenaza».

## APÉNDICE F

# Lista detallada de liberación del ho'oponopono

Por Saul Maraney[56]

- Cuando percibo un problema, me pregunto: «¿Qué está sucediendo dentro de mí que haya hecho que yo haya causado este problema? ¿Y cómo puedo rectificar este problema en mí?».
- Mi trabajo es limpiarme a mí mismo. Mientras me limpio a mí mismo, el mundo se limpia, porque yo soy el mundo. Todo lo que hay fuera de mí es una proyección y una ilusión.
- Es mi responsabilidad arreglar todo lo que experimento desde el interior de mí conectándome con lo Divino. Digo: «Te quiero» a lo Divino para arreglarlo todo en el exterior.
- Estoy limpiando mis recuerdos.
- El dolor que hay dentro de mí es un recuerdo compartido. (El doctor Hew Len sabía que era un programa que provocaba que los pacientes actuaran de la forma en que lo hacían. No tenían el control. Estaban atrapados en un programa).
- Estoy limpiando los viejos recuerdos almacenados en mi mente subconsciente.
- Las frases que repito una y otra vez en mi mente, dirigiéndome a lo Divino para que detenga mi parloteo mental:

56. Copyright © Saul Maraney 2008. Todos los derechos reservados. Reimpreso con autorización.

1. Te quiero
2. Lo siento
3. Por favor, perdóname
4. Gracias

- Limpio constantemente todo, ya que no tengo ni idea de lo que es un recuerdo y lo que es una inspiración. Limpio constantemente para llegar a un lugar de Cero límites.
- Nuestras mentes sólo poseen una diminuta visión del mundo.
- Nuestro cerebro nos dice qué hacer antes de que decidamos, conscientemente, hacerlo. esto significa que las intenciones proceden de mi mente inconsciente y que luego entran en mi conciencia consciente.
- Abundantes experimentos han mostrado que, constantemente, aparece un pico de actividad en el cerebro alrededor de $1/3$ de segundo antes de la intención.
- Está demostrado que yo no puedo controlar el origen de la señal que me da un pequeño codazo para que pase a la acción.
- Ninguna intención ha nacido nunca en la consciencia.
- Las intenciones son premoniciones: son iconos que destellan en un rincón de la consciencia para indicar qué puede estar a punto de suceder.
- Me he dado cuenta de que las intenciones no son mi elección en absoluto.
- Sólo dos leyes dictan mi experiencia: la inspiración proveniente de la Divinidad (nuevo) y los recuerdos almacenados en el subconsciente (viejo).
- El Cero es el hogar de la Divinidad y el mío. Es el lugar desde el cual fluyen todas las bendiciones, la riqueza y la paz.
- Paso por alto la inspiración y voy a la fuente: el Cero.
- Quiero y perdono y doy gracias por mis preocupaciones.
- Mediante la limpieza de mis recuerdos, lo Divino dispone de una oportunidad de lograr inspiración.
- Los problemas económicos no son más que recuerdos volviendo a reproducirse. Se trata de recuerdos que desplazan al Cero (yo). Para regresar al Cero, necesito que la Divinidad borre los recuerdos que se encuentran tras mis preocupaciones por el dinero.
- Las preocupaciones por el dinero son un programa.

- Estoy limpiando los problemas de los recuerdos de modo que desaparezcan. Estoy volviendo a la paz.
- La intención es un armatoste inútil en comparación con la inspiración.
- Me rindo a la inspiración.
- La inspiración surge repentinamente, en pocos segundos.
- Recibo ideas que proceden de la inspiración.
- En lugar de manifestar intenciones aprovecho oportunidades.
- Cuando vengo del estado Cero, donde hay Cero límites, no necesito intenciones. Simplemente recibo y reacciono ante las inspiraciones, y los milagros suceden.
- El libre albedrío tiene lugar después de que sienta el impulso de hacer algo, antes de que, de hecho, lo haga.
- Mediante la limpieza constante de todos los pensamientos, ya procedan de la inspiración o de los recuerdos, seré más capaz de escoger qué es más correcto en el momento.
- Los problemas económicos son programas de mi memoria, y no una inspiración de lo Divino.
- Necesito amar a mis programas de recuerdos hasta que se disuelvan y todo lo que quede sea la Divinidad.
- Todo lo que veo y experimento está dentro de mí.
- Si quiero cambiar algo, lo hago dentro de mí.
- Asumo el 100 por 100 de la responsabilidad por toda mi vida.
- Siempre que experimento un problema, yo estoy ahí.
- Soy responsable por todo.
- Comprendo que la gente actúa a partir de un recuerdo/programa. Para ayudarla, tengo que eliminar el programa, y la única forma de hacerlo es mediante la limpieza:
    — Te quiero
    — Lo siento
    — Por favor, perdóname
    — Gracias
- Estoy haciendo lo correcto.
- Estoy liberando la energía de esos pensamientos dolorosos (recuerdos) que provocan desequilibrio.
- Toda la resolución de problemas se realiza en mi interior.
- Estoy borrando mis recuerdos y programas.

- Todo lo que aparece en mi vida no es más que una proyección de mis programas.
- Todo está alineado:
  — El subconsciente (el niño);
  — el consciente (la madre); y
  — el superconsciente (el padre).
- Todos los pensamientos están imbuidos de recuerdos dolorosos.
- El intelecto trabajando por sí solo no puede solucionar estos problemas, porque el intelecto sólo gestiona. Quiero liberar todos mis recuerdos antiguos.
- Con el ho'oponopono, la Divinidad toma los recuerdos dolorosos, los neutraliza y los borra.
- Estoy neutralizando la energía que asocio a la gente y las cosas.
- Una vez que la energía es neutralizada, ésta es entonces liberada y aparece un estado completamente nuevo.
- Estoy permitiendo que la Divinidad entre y llene el vacío con luz.
- Siempre que percibo un problema, limpio.
- Pidiendo recibir perdón, limpio el camino para que la sanación se manifieste.
- Lo que bloquea el bienestar es una falta de amor. El perdón abre la puerta para permitirle volver a entrar.
- Soy 100 por 100 responsable por todo lo que sucede en mi vida.
- Necesito ser responsable al 100 por 100.
- Si quiero resolver un problema, necesito trabajar en mí mismo.
- Cuando algo me irrita, me pregunto: «Qué está sucediendo dentro de mí que está provocando que esta persona me irrite?».
- Lo siento por cualquier cosa que esté sucediendo. Perdóname.
- Si alguien tiene la espalda dolorida, me pregunto: «¿Qué está sucediendo dentro de mí que se está manifestando en forma del dolor de espalda de esta persona?».
- Trabajo conmigo mismo.
- En el fondo de nuestro corazón todos somos Divinos.
- Los programas se contraen, y necesito limpiarlos.
- Estoy pidiendo Amor para rectificar los errores en mí diciendo: «Lo siento. Por favor, perdóname por aquello que esté sucediendo en mi interior que se haya manifestado en forma de este problema».

- La responsabilidad del amor es, pues, trasmutar los errores en mi interior que se manifiestan en forma del problema.
- Cada problema es una oportunidad para limpiar.
- Los problemas son sólo recuerdos del pasado que han vuelto a reproducirse y que aparecen para darme una oportunidad más para verlos con los ojos del Amor y para actuar a partir de la inspiración.
- Asumo la plena responsabilidad por mi vida.
- Debo asumir toda la responsabilidad por lo que está experimentando la gente que forma parte de mi vida.
- «Te quiero» es el código que desbloquea la sanación.
- Utilizo el «Te quiero» conmigo. Los problemas de cualquier persona son mis problemas.
- Necesito sanarme.
- Yo soy la fuente de todas las experiencias.
- Actúo a partir de la memoria (pensando) o de la inspiración (recibiendo).
- Si los recuerdos se están reproduciendo no oiré a la inspiración.
- Los programas son como una creencia. Mi reto consiste en limpiar todos los programas de modo que regrese al estado Cero, donde la inspiración puede manifestarse.
- Todos los recuerdos son compartidos.
- Mi trabajo consiste en limpiar la memoria, de modo que me abandone y abandone también a la otra persona.
- El ho'oponopono conlleva compromiso.
- Lo Divino no es un cumplidor de órdenes.
- Conlleva una concentración constante en limpiar, limpiar y limpiar.
- Estoy eliminando los programas limitantes que veo y siento.
- Mi mente no tiene ni idea de lo que está sucediendo.
- Mi mente consciente sólo tiene 15 bits de información disponible, mientras que hay 15 millones de bits presentes en cualquier momento.
- Debo dejar ir y confiar.
- Estoy quedándome en este momento.
- Cuando digo: «Te quiero», intento limpiar cualquier cosa en este momento.
- Cuando digo: «Te quiero», estoy evocando al espíritu del Amor para que limpie dentro de MÍ aquello que está generando o atrayendo mis circunstancias externas.

- Estoy sanando en mi interior el programa oculto en el que ambos estamos participando.
- Mi objetivo es conseguir la paz.
- No haya nada ahí fuera. el único lugar en el que mirar es en mi interior.
- No planeo: confío en la Divinidad.
- Lo amo, reconozco y agradezco todo.
- Digo «Te quiero» para pedir al creador divino que anule los recuerdos en mi mente subconsciente hasta llegar al cero, y que los reemplace en mi alma y en el alma de todos con los pensamientos, las palabras, los actos y las acciones de la Divinidad.
- Estoy siendo 100 por 100 responsable.
- La Divinidad está trasformando la energía atascada.
- Me limpio a mí mismo y pregunto: «¿Qué está sucediendo en mi interior que hizo que esto apareciera en ellos?».
- ¡Mi mente consciente no tiene ni idea de lo que está sucediendo!
- Estoy devolviendo mi mente al Cero, sin datos en ella.
- El ho'oponopono es un proceso de puesta a Cero constante e incesante, de modo que yo pueda volver al cero.
- Sólo en el Cero puede tener lugar la creación (inspiración).
- Me pregunto a mí mismo: «¿Qué es eso que tengo que limpiar y que desconozco? ¡No tengo ni idea de lo que está pasando!».
- Mi mente Sólo puede servir a la memoria o a la inspiración, y sólo puede hacerlo con una cada vez.
- La inspiración divina se encuentra en mi interior.
- Todo en mí está en alineamiento:
  — el superconsciente (el padre) o *Amakua*;
  — el consciente (la madre), o *Uhane*; y
  — el subconsciente (el niño) o *Unihipili*.
- Cuando me encuentro en el Cero, todo está disponible.
- Soy creado a imagen y semejanza de lo Divino: vacío e infinito.
- Estoy desprendiéndome de mis recuerdos.
- Si tengo un problema con otra persona, significa que está surgiendo otro recuerdo y que estoy reaccionando. No es la otra persona.
- Estoy haciendo esta pregunta de la Divinidad: «¿Qué está sucediendo en mí que haya hecho que haya provocado el dolor de esta persona?».

- Entonces pregunto: «¿Cómo puedo rectificar este problema en mi interior?».
- Trabajo en mí, no en otras personas.
- Si una idea sigue presente después de tres limpiezas, actúo de acuerdo con ella.
- No planeo, sino que confío en lo Divino para que se ocupe de los problemas (recuerdos).
- Si algo se encuentra en mi experiencia, debo limpiarlo.
- todas las experiencias son compartidas.
- Yo lo creo todo en mi realidad.
- Yo atraje mi situación, y me estoy perdonando a mí mismo y a la energía que rodea al problema.
- Estoy desplazando a la energía dentro de mí.
- Me quiero a mí mismo para querer a los demás.
- Estoy recordando quién soy verdaderamente.
- Nuevos clientes acuden en manada a mí.
- El éxito está fluyendo hacia mí con facilidad.
- Estoy limpiándome y purificándome.
- Soy 100 por 100 responsable por toda mi vida.
- Estoy limpiando y purificando, constantemente, los recuerdos de mi mente subconsciente.
- He cambiado la manera en la que enfoco la vida.
- He experimentado un cambio en mi cuerpo y en mi mentalidad.
- Siempre intento ver todo el bien (no el mal).
- Me estoy concentrando en los aspectos positivos.
- He modificado mi percepción.
- Estoy limpiando lo viejo para dejar sitio para lo nuevo.
- Estoy alcanzando el estado Cero asumiendo el 100 por 100 de la responsabilidad, disculpándome por cualquier cosa que esté sucediendo en mí de la que no sea consciente y pidiendo perdón.
- Estoy vaciando mi mente y volviendo al Cero.
- El universo trabaja con círculos.
- Estoy trabajando en una dirección circular.
- Estoy dejando ir y volviendo al cero.
- Digo: «Lo siento» porque me siento responsable por lo que está sucediendo en mi consciencia ahora.

- Me siento muy conectado.
- Mi vida tiene que ver con la limpieza constante. Cuando limpio regreso al Cero y mi vida transcurre con fluidez.
- Estoy lavando mi estado para que quede limpio.
- Limpio de modo que mis tonterías (recuerdos) se vean dispersados.
- El Cero es el nido.
- Me guardo mi trabajo de limpieza para mí.
- La gente sólo necesita mi Amor para cambiar.
- El ho'oponopono es una metodología y filosofía de sanación y perdón.
- Lee el nombre de la persona, obtén claridad y unicidad. Expresa amor por la otra persona.
- Pido perdón por cualquier ofensa, consciente O inconsciente, desde el pasado al presente de mí mismo y de mis antepasados, a ellos y a sus predecesores, retrocediendo todo el camino hasta el principio de los tiempos y de la vida microbiológica.
- Digo esto de modo que todos podamos regresar a nuestra verdadera relación en la y de la Divinidad.
- Bebo agua antes de cada comida y despejo los desbarajustes.
- El ho'oponopono me ha despertado a la forma de borrar los elementos negativos en mi interior que se manifiestan en forma de situaciones problemáticas.
- Asumiendo el 100 por 100 de la resposabilidad, las situaciones pueden cambiar.
- Estoy empezando a darme cuenta de quién soy.
- Siempre surgirán cosas. Yo digo que soy 100 por 100 responsable (sin culpabilidad) y simplemente limpio, dejo ir y permito que la Divinidad se quede al cargo.
- No pierdo tiempo con: ¿Cómo? ¿Cuándo? ¿Quién? ¡Yo sólo hago! Y haciéndolo, me aparto del camino de mí mismo. Me estoy desprendiendo de los problemas en mi interior.
- Continúo sin ningún juicio contra mí mismo.
- Estoy consiguiendo variedad de resultados a partir de mi limpieza con el ho'oponopono.
- Tengo los errores del mundo en mi alma (tal y como le sucede a todo el mundo).
- La razón/el intelecto provocan locura, confusión e incertidumbre.

- Los recuerdos son problemas.
- Estoy limpiando y borrando los recuerdos en MI subconsciente para encontrar a la Divinidad en mi interior.
- Todo el mundo es ya perfecto, los problemas son los recuerdos.
- El Problema es el recuerdo erróneo reproduciéndose en mi mente subconsciente, que comparto con otras personas.
- La propia I-dentidad[57] a través del ho'oponopono es un proceso de resolución de problemas consistentes en el arrepentimiento, el perdón y la trasmutación que cualquiera puede aplicarse a sí mismo. Se trata de un proceso de solicitar a la divinidad que trasforme nuestros recuerdos erróneos presentes en nuestro subconsciente en Cero.
- La mente consciente está en las nubes, no tiene ni idea de lo que está pasando.
- Así pues, recurro a la divinidad (que todo lo sabe) para que convierta los recuerdos que se están reproduciendo en mi *Unihipili* (mente subconsciente) en Cero.
- Las expectativas y las intenciones no tienen ningún impacto sobre la Divinidad. La Divinidad hará lo que sea y cuando sea llegado su momento.
- El abrir el camino para la afluencia de lo divino requiere, en primer lugar, la cancelación de los recuerdos.
- Mientras los recuerdos (bloqueos/limitaciones) estén presentes en mi subconsciente, bloquearán el que la Divinidad me dé mi Inspiración cotidiana.
- Mientras limpio, me acerco más a experimentar la dicha del estado de ánimo de los Cero límites.
- Actúo sobre las ideas que pasan por mi vida.
- Las ideas aparecen en mi mente y yo actúo de acuerdo con ellas.
- Lo más importante de todo es seguir limpiando. Mientras lo hago, me son dadas ideas.
- Ceeport® = Limpia, borra y borra mientras regresas a puerto, el «estado Cero».
- La limpieza es la única forma de obtener resultados más rápidos.

---

57. I-dentity en el original inglés. Juego de palabras entre I (yo) e identity (identidad). Su traducción literal sería Yo-identidad. *(N. del T.)*

- Estoy recibiendo una mayor riqueza. Estoy manteniendo mi mirada en «la pelota» (la Divinidad). Debo estar concentrado en volver al Cero: nada de recuerdos y nada de programas.
- Lo único para lo que estoy aquí es para limpiar.
- Dejo ir y permito que la Divinidad haga lo que es mejor para mí.
- Las intenciones son limitaciones. Estoy limpiando y desprendiéndome de ellas.
- Siempre tendré problemas, así que limpio, limpio y limpio.
- ¿Qué son los problemas?: los problemas son recuerdos que vuelven a reproducirse. Los recuerdos son programas: no son simplemente míos, sino que son compartidos. La forma de dejar ir el recuerdo es enviar amor a la Divinidad.
- La Divinidad escucha y responde de la mejor forma de todas en el mejor momento para todos.
- Yo escojo, pero no decido.
- La divinidad decide.
- Yo limpio, limpio y limpio.
- No intento vender. Todo lo que hago es limpiar, limpiar y limpiar.
- Limpio durante todo el día. No pretendo nada y no tengo expectativas.
- Soy plenamente responsable por toda mi vida. Todo está en mí. ¡No hay excepciones!
- Necesito limpiar el asunto, o no quedará limpio.
- Si está en mi experiencia, es asunto mío limpiar.
- Cuando limpio recuerdos, lo que surge es inspiración.
- Sé que la limpieza interior da lugar a resultados en el exterior y que yo no puedo decidir cuáles serán los resultados externos. Puedo escoger, pero no puedo decidir.
- Sólo estoy aquí para limpiar, de modo que lo Divino pueda inspirarme para hacer aquello para lo que fui enviado aquí.
- Uso la goma de borrar de un lápiz para ayudar a limpiar. Es un desencadenante psicológico para limpiar la memoria.
- Sumerjo, en mi mente, mi cuenta bancaria en un vaso de agua con fruta y veo lo que sucede.
- La gente hace cosas para sí misma. Todo lo que tengo que hacer es limpiar.
- Se me ha recordado el camino al hogar.

- Mi verdadero yo es increíble, eterno, ilimitado, total, completo, vacío, cero, desde el cual emana la paz: «hogar».
- Allá donde hay un problema estoy yo.
- Estoy exhumando mis recuerdos y juicios ocultos para la limpieza y la trasformación.
- Algo en mí ha cambiado.
- Mis recuerdos requieren de una gran persistencia y diligencia para su sanación.
- La sanación se ha producido para mí.
- Da golpecitos con el lado de la goma de un lápiz y di: «Gota de rocío».
- Estoy disolviendo el conflicto.
- El propósito de la vida es ser devuelto al amor momento a momento.
- Para satisfacer este propósito, reconozco que soy responsable al 100 por 100 por crear mi vida de la forma que es.
- He llegado a ver que son mis pensamientos los que crean mi vida de la forma que es, momento a momento.
- Los problemas no son las personas, los lugares o las situaciones, sino más bien los pensamientos sobre ellos.
- ¡He llegado a darme cuenta de que no hay un «ahí fuera»!
- ¡La calidad de mi vida ha cambiado enormemente!
- Llevo a cabo, continuamente, el proceso de la propia I-dentidad a través del ho'oponopono de arrepentimiento, perdón y trasmutación por cualquier cosa que esté sucediendo en mi interior y que experimente consciente o inconscientemente.
- Asumo el 100 por 100 de la responsabilidad de que soy yo el que tiene que limpiar las cosas que hay en mí que provocaron los problemas que experimento.
- ¡Soy perfecto! lo que es imperfecto son los recuerdos (basura) que reaccionan y vuelven a reproducirse en forma de juicios, resentimiento, ira, irritación, y el resto del equipaje que llevo en mi alma.
- ¡Que la gente sea abierta es un reflejo de mí!
- Estoy cambiando mi orden interno para cambiar mi orden externo.
- Miro en mi interior para ver lo que hay dentro de mí que está compartiendo la experiencia que veo en el exterior.
- No trato con la persona/el problema, sino que trato con los sentimientos que experimento.

- A medida que limpio lo que se encuentra en mi interior, ellos también se limpiarán y sanarán.
- He empezado a darme cuenta de que soy responsable por lo que todos dicen y hacen, simplemente porque se encuentran en mi experiencia.
- SI creo mi propia realidad, entonces he creado todo lo que veo, incluso las partes que no me gustan.
- No importa lo que haga la gente, ¡importa lo que haga yo!
- Limpio la energía compartida diciéndole a lo Divino:
  — Te quiero.
  — Lo siento.
  — Por favor, perdóname.
  — Gracias.
- ¡No llevo a cabo la limpieza para conseguir algo! La realizo para limpiar la energía compartida, de modo que nadie tenga que experimentarla nunca más.
- El proceso de la propia I-dentidad a través del ho'oponopono es un proceso de limpieza y nunca dejo de llevarlo cabo.
- SI algo surge en mi conciencia, entonces es asunto mío limpiar y sanar.
- Tengo que limpiar todo lo que forma parte de mi experiencia vital.
- Si yo soy el creador de mi propia experiencia, entonces esto es algo de lo que también soy responsable.
- El proceso de la propia I-dentidad a través del ho'oponopono es todo amor… prosigue y yo soy plenamente responsable.
- Digo estas frases a la Divinidad para que me limpie:
  — Te quiero.
  — Lo siento.
  — Por favor, perdóname.
  — Gracias.
- La Divinidad ya está rociando amor sobre mí en el Cero, pero todavía no estoy ahí.
- Diciendo:
  — Te quiero.
  — Lo siento.
  — Por favor, perdóname.
  — Gracias.

- Estoy limpiando los programas en mí que están evitando que me encuentre en el Estado Cero.
- Lo Divino no necesita que yo lleve a cabo el proceso de la I-dentidad a través del ho'oponopono. ¡Soy yo el que necesita hacerlo!
- La única forma de sanar a alguien es mediante mi propia limpieza. La gente con problemas en mi realidad está compartiendo un programa conmigo. Lo adquirieron como si fuera un virus de la mente.
- Todo lo que puedo hacer es limpiarme, porque mientras me limpio, ellos se limpian.
- Mientras limpio los programas que compartimos, se disipan de toda la humanidad.
- Todo lo que hago es limpiar, limpiar y limpiar.
- Limpiar es la cosa más sincera que puedo hacer. El resto es cosa de la Divinidad.
- Yo creo cada situación que forma parte de mi realidad, y porque es parte de mi experiencia.
- Necesito limpiarla.
- Cuando me sano a mí mismo, la persona con el problema y todos los que comparten el programa mejorarán.
- Sé que la elección es una limitación. Experimento la magia y los milagros y me siento entusiasmado por la vida.
- Todo está vivo.
- Estoy que no quepo de felicidad lleno de energía.
- No intento controlar mi vida. Debo dejar ir. Todo lo que hago es limpiar y borrar, y tengo la intención de volver al Cero.
- Mis pasos están llenos de vitalidad.
- Todo lo que creo es hijo mío. Debo amar a todos mis «hijos».
- En el pasado intenté resolver problemas, pero hoy los dejo estar. Ahora limpio los recuerdos que los provocaron.
- Mientras limpio, mis problemas se resuelven.
- No intento cambiar a la gente, sino que trabajo en mí mismo.
- El que sienta y perciba los dolores de otras personas significa que comparto el mismo programa, y debo limpiarlo. Mientras lo hago, el problema saldrá de mí, y también de ellos.
- La gratitud, la veneración y la trasmutación pueden trasformar cualquier cosa.

- Estas frases son como las palabras mágicas que abren el candado con combinación del Universo:
  — Te quiero.
  — Lo siento.
  — Por favor, perdóname.
  — Gracias.
- Cuando pronuncio estas frases, me estoy abriendo a lo divino para que me limpie y borre todos los programas (recuerdos) que están evitando que yo sea yo ahora.
- Hay recuerdos (programas) en el mundo que la gente contrae como si se trataran de un virus.
- Cuando alguien lo tiene y lo percibo, significa que yo también lo tengo.
- La idea consiste en asumir el 100 por 100 de la responsabilidad.
- Cuando me limpio a mí mismo, limpio el recuerdo de todos.
- Tengo mucha limpieza que llevar a cabo para llegar al Cero.
- ¡Todo lo que cualquiera de nosotros desea es ser amado!
- Mi única opción en la vida es limpiar porque quiero proceder del amor y la inspiración.
- SI yo estoy limpio, cuando la inspiración llegue simplemente actuaré, no tendré que pensar en ello.
- Cuando limpio mis recuerdos, No tengo elección, simplemente tengo inspiración, y actúo sobre ella sin pensar. ¡Sencillamente es!
- Cada uno tiene su propio instrumento que tocar. Ninguno de ellos es el mismo.
- Necesito interpretar mi propio papel, y no el de ningún otro.
- Todo lo que estoy haciendo es ser yo mismo. Estoy interpretando mi papel en el guión del Universo.
- ¡Cuando interpreto mi papel, el mundo funciona!
- Tengo un libre albedrío total. Estoy creando mientras respiro, pero para vivir en el cero necesito desprenderme de todos los recuerdos.
- Mi mente consciente intentará comprenderlo todo, pero mi mente consciente sólo se da cuenta de 15 bits de información, cuando hay 15 millones de bits sucediendo en todo momento.
- Mi mente consciente no tiene ni idea de lo que está sucediendo realmente.

- Los recuerdos mantienen al dinero alejado. Si tengo las ideas claras con respecto al dinero, lo tendré.
- El Universo me dará dinero si lo acepto. Son mis recuerdos los que mantienen apartado el dinero de mí y evitan que yo lo vea.
- Cuando estoy en el Cero, tengo cero límites, y el dinero puede entonces acudir a mí, pero cuando estoy en el recuerdo, lo evito.
- Hay muchos recuerdos alrededor del dinero, y mientras los limpio, los limpio para todos.
- Cuando traigo mi yo limpiador, el lugar en el que estoy lo siente.
- Doy dinero sin reservas: no es más que dinero.
- El Universo me recompensa por mi generosidad. Yo doy y el universo me devuelve inspiración.
- Me es devuelta inspiración.
- Mientras permanezca abierto a las ideas del universo, éstas seguirán viniendo.
- Limpiando y desprendiéndome de mis necesidades, las ideas acuden a mí.
- Todo lo que quiere todo el mundo es ser amado. Debo amar a otras personas.
- Debo amar a la gente porque forma parte de mi vida, y amándola, estoy ayudando a borrar, limpiar y despejar los recuerdos activados en su vida.
- Cualquier cosa que perciba como mi problema no es el verdadero problema. Es sólo mi interpretación consciente de los eventos. lo que de verdad está sucediendo se encuentra fuera de mi conciencia. Mi historia es sólo el lugar de inicio.
- Simplemente sigo diciendo «te quiero» a lo divino, confiando en que cualquier cosa que necesite ser limpiada será limpiada.
- Cuando alguien tiene un nombre compuesto, esto genera una mentalidad dividida. Todos necesitan poseer su nombre de pila.
- Estoy empezando a relajarme y a sentirme pleno de nuevo.
- Los terapeutas piensan que están aquí para ayudar o salvar a la gente pero, en realidad, su trabajo es sanarse a sí mismos de los programas (recuerdos) que ven en sus pacientes.
- A medida que estos recuerdos son cancelados en el terapeuta, son cancelados en el paciente.

- Es importante que ame a la gente con la que estoy.
- Como la gente a la que veo es un espejo de mí mismo y lo que experimentan es compartido por mí, limpiando el programa compartido, ambos sanaremos.
- ¡Pensamos que somos actores conscientes, pero estamos equivocados! En cierto sentido somos marionetas, siendo lo Divino la energía que hay en nosotros, tirando de nuestras cuerdas.
- Vivo en un mundo dirigido por las creencias. Aquello en lo que crea funcionará. Me ayudará a pasar el día, y enmarcará mis experiencias para trasformarlas en percepciones que tengan sentido para mí.
- El ho'oponopono y las intenciones sólo funcionan cuando me aparto de mi propio camino.
- Mi mente se mete en el camino del flujo natural de las cosas.
- Una mente llena de recuerdos es la interferencia para experimentar el gozo de este momento.
- Uso métodos de limpieza para apartar la interferencia del Plan Divino.
- Mis codazos me son enviados desde lo Divino. Mi ansiedad al respecto es la interferencia.
- Apartando la interferencia, vuelvo a ser yo con lo divino (es decir, títere y titiritero de nuevo).
- Llegué a este mundo con un Don en mi interior. Una vez que haya eliminado la interferencia que evita que actúe con mi Don, actuaré con él.
- Seré la marioneta de lo Divino mientras soy el titiritero de mi vida.
- Mi única elección es seguir el flujo.
- Actúo mientras obedezco una Orden Superior.
- Actúo de acuerdo con ideas sin interferencias por parte de mi mente.
- Permito que los resultados sean los que son, sabiendo y confiando en que todo es parte de la visión más amplia del Universo.
- Dejo ir mientras emprendo acciones.
- Cada uno tiene su don y su papel que desempeñar.
- No me resisto a mi papel.
- No es el alimento lo que es peligroso, es lo que pienso de él lo que lo es.
- Antes de comer nada digo, en mi mente, a la comida: «Te quiero».
- Para el doctor Hew Len, la clave es amarlo todo. Cuando amo algo, cambia.

- Todo comienza con el pensamiento, y el mayor sanador es el amor.
- Asumo el 100 por 100 de la responsabilidad por mi vida y por lo que experimento.
- Sé que lo que veo en los demás está en mí.
- No hay nada ahí fuera. Todo está en mí.
- Independientemente de lo que experimente, lo experimento en mi interior.
- Experimento a la gente en mí, por lo que no existen a no ser que mire en mí mismo.
- La limpieza es el camino hacia el hogar.
- Nadie puede predecir su siguiente pensamiento, porque los propios pensamientos surgen del inconsciente.
- No tengo control sobre mis pensamientos. Mi única opción es actuar (o no) una vez aparecen.
- Estoy limpiando mi inconsciente, de modo que tenga mejores pensamientos.
- Estoy limpiando para vaciar el almacén de programas en mi mente.
- Mientras limpio, los pensamientos que surgen se vuelven más positivos, predictivos y amorosos.
- Asumiendo un 100 por 100 de responsabilidad y llegando al cero, me doy cuenta de que los recuerdos (programas) de otras personas son mis programas.
- El mismísimo hecho de que la gente comparta ideas conmigo significa que yo lo comparto con ellos.
- Mientras me libero de mis programas, también lo harán otras personas.
- Estoy intentando llevar a cabo una limpieza y borrado sin pausa de cualquier cosa que se encuentre entre mí y el Cero.
- Sé que cuando vengo del Cero, la sincronicidad sucede.
- Estando en el Cero permito que lo Divino me inspire.
- Lo Divino tiene Todo el poder, no yo.
- Limpio de modo que puedo oír a lo divino y obedecer.
- Ningún experto en autoayuda tiene ni idea de lo que está haciendo.
- El trabajo del doctor Hew Len me ha enseñado a dejar ir y a confiar en lo Divino, mientras limpio constantemente todos los pensamientos que afloran en el camino del oír a lo Divino.

- Mediante la limpieza constante puedo desbrozar las malas hierbas de la memoria, de modo que puedo manejar mejor la vida, con facilidad y elegancia.
- Sé que lo Divino no es un conserje. No pido cosas, sino que simplemente limpio.
- Sigo limpiando.
- Soy responsable por todo en mi vida, y la manera de sanar cualquier cosa es con las sencillas frases:
  — Te quiero.
  — Lo siento.
  — Por favor, perdóname.
  — Gracias.
- Me veo a mí mismo como la fuente de mis experiencias.
- Lo siento por cualquier cosa que esté sucediendo en mí que hizo que experimentara esto.
- El lema del doctor Hew Len es que no hay nada fuera de nosotros.
- Soy responsable al 100 por 100.
- Solicito el perdón por aquello que esté en mí que esté provocando la circunstancia externa.
- Estoy reconectando con lo Divino diciendo:
  — Te quiero.
  — Lo siento.
  — Por favor, perdóname.
  — Gracias.
- El resto consiste en confiar en lo Divino porque a medida que yo sano, también lo hace lo externo.
- Todo, sin excepción, está dentro de mí.
- Sé que la verdadera fuente del poder es la inspiración.
- Estoy mostrándome de acuerdo con la vida, no contradiciéndola.
- Sigo el flujo mientras limpio, constantemente, lo que surja.
- Estoy dejando ir, y permitiendo que lo Divino opere a través de mí.
- Mediante la limpieza veo un cambio completo para mejor.
- Estoy limpiando mis propios pensamientos tóxicos y reemplazándolos por amor.
- No hay nada de malo en la gente. Lo único malo son mis recuerdos erróneos.

- Lo amo todo.
- El proceso de la propia I-dentidad a través del ho'oponopono implica asumir el 100 por 100 de la responsabilidad por mí mismo y permitir la eliminación de las energías negativas y no deseadas en mí.
- Me siento cómodo y disfrutando.
- Río mucho, lo paso bien y disfruto con lo que estoy haciendo.
- Las cosas han empezado a cambiar para mí.
- Mi vida está mejorando sin un esfuerzo consciente.
- Limpio lo que sea que esté sucediendo en mí.
- Ayudo a la gente mediante el trabajo en mí mismo.
- Limpio continuamente, y actúo sobre las ideas y las oportunidades que se me presentan.
- Sé que independientemente de dónde esté en el futuro, éste será mucho mejor de lo que puedo imaginar ahora.
- Estoy más interesado en este momento que en el siguiente.
- Mientras presto atención a este momento, todos los momentos futuros se despliegan bastante agradablemente.
- Cuando me desprendo de mi ego y de sus deseos, permito que lo divino me guíe.
- Me he dado cuenta de que mis intenciones son limitaciones porque no puedo controlarlo todo.
- Sé que cuando entrego mi control a un Poder Superior, los milagros tienden a suceder.
- Estoy empezando a dejar ir y a confiar.
- Estoy empezando a practicar mi conexión con lo Divino.
- Estoy aprendiendo a reconocer la inspiración cuando acude y a actuar con respecto a ella.
- Me doy cuenta de que tengo elección, pero no poseo el control de mi mente.
- Sé que la cosa más grande que puedo hacer es aceptar cada momento.
- En esta fase, los milagros suceden, y mientras lo hacen, me sorprenden constantemente.
- Una vez que se da un despertar, no hay marcha atrás.
- Todo lo que puedo hacer es seguir limpiando para experimentar el gozo de este momento.
- Siempre tendremos problemas, y el proceso de la propia I-dentidad

a través del ho'oponopono es un proceso que funciona para resolverlos.

- A medida que sigo limpiando vuelvo al lugar de Cero límites.
- Estoy sintonizando con el amor diciendo, sin parar:
  — Te quiero.
  — Lo siento.
  — Por favor, perdóname.
  — Gracias.
- A medida que sigo limpiando, sigo sintonizando con la inspiración pura.
- A medida que actúo sobre la inspiración, suceden mejores milagros de lo que hubiera podido imaginar nunca.
- Todo lo que tengo que hacer es perseverar, mientras el ho'oponopono tiene lugar.

**Nota:** Saul Maraney es un entusiasta del ho'oponopono de Johannesburgo, Sudáfrica. Se ha formado con el doctor Ihaleakala Hew Len y con el doctor Joe Vitale. Escribe artículos y crea productos que combinan el ho'oponopono y la ley de la atracción. Ha estado estudiando ho'oponopono desde 2006.

 **APÉNDICE G**

# Historias de éxito

Aquí tenemos experiencias reales del uso del ho'oponopono en distintas categorías. Hay miles de historias de personas que leyeron *Cero límites*. Aquí tenemos una pequeña selección (usada en el libro con permiso de los autores).

## Actuando siguiendo la inspiración divina

Hola, doctor Joe Vitale y doctor Ihaleakala Hew Len.

Mi nombre es Darren, tengo diecinueve años, vivo en Irlanda y tengo una gran historia para ustedes. Todo comenzó cuando leí el libro *Cero límites*. Utilicé el mantra «Te quiero; lo siento; por favor, perdóname; gracias» durante cada segundo del día, y al principio no sucedió nada en realidad, pero cuando funcionó quedé impactado.

Aquí está la historia: tuve la inspiración de mirar en el sitio web de Nike Golf, y cuando encontré el sitio web, una competición que aparecía en él me llamó la atención. Decía: «Cuando compres el nuevo *driver*[58] Nike Dymo Str8-Fit y registres *on-line* el código que se encuentra en el palo, serás inscrito automáticamente en el sorteo gratuito de un premio».

El premio consistía en jugar una partida de golf con Tiger Woods, lo que incluía billetes de ida y vuelta en primera clase hacia y desde EE. UU. para la persona que ganara y para un acompañante de su elección, alojamiento en un hotel de cuatro estrellas en una habitación doble, con

---

58. Un tipo de palo de golf. *(N. del T.)*

pensión completa, con un seguro de viaje a todo riesgo, dinero para gastos y traslados con un chófer hacia y desde el aeropuerto estadounidense escogido.

La inspiración volvió y dijo: «*Do it!*» [¡Hazlo!] (de forma muy parecida al eslogan de Nike: *Just do it!* [¡Simplemente hazlo!]), así que lo hice. Al día siguiente me levanté de la cama, fui a la tienda de golf local y compré el *driver* Nike Dymo Str8-Fit y registré el código *on-line*. Al otro día surgió más inspiración para que me sacara el pasaporte, así que lo hice. Obtuve el impreso de solicitud, lo rellené, me saqué las fotos para el pasaporte y envié toda la documentación. El pasaporte me llegó al cabo de diez días hábiles.

Más tarde ese mismo día, estaba viendo la televisión y decidí levantarme y subir a mi habitación, donde resultó que vi una maleta. Mi hermana estaba limpiando su habitación y la dejó en la mía mientras estaba haciendo limpieza. Me dije a mí mismo: «Debería hacer mi maleta para ir a jugar al golf con Tiger Woods». La hice, metiendo mi ropa de golf, protector solar y muchas cosas que necesitaría cuando estuviera en EE. UU.

Es difícil para mí explicar cómo o por qué hice lo que hice, pero me hizo sentir bien, así que proseguí con ello. Durante cada segundo del día no hacía sino decir: «Te quiero; lo siento; por favor, perdóname; gracias». Cuando obtuve la inspiración, simplemente hice lo que se me pidió. Pasaron algunas semanas y seguí enfocado en decir: «Te quiero; lo siento; por favor, perdóname; gracias».

Un día tuve la inspiración de mirar mi correo electrónico, y ahí estaba en mi bandeja de entrada: ¡un *e-mail* de Nike Golf! Esto es lo que decía: «Apreciado Sr. Darren Byrne: Felicidades. Participó usted en el Concurso Nike Golf Str8-Fit y ¡ha ganado! Le estoy escribiendo para confirmar que ha ganado usted la oportunidad de competir con Tiger Woods en EE. UU. en 2009, cortesía de Nike Golf. Como adquirió usted un *driver* Str8-Fit y lo registró *on-line*, fue inscrito, automáticamente, en el sorteo gratuito de un premio y ha sido escogido ganador. Por favor, póngase en contacto conmigo para hacerme saber que ha recibido este mensaje y facilitarme su dirección y su número de teléfono para organizar todos los detalles para usted. Felicidades una vez más: Nike Golf».

¿Qué les parece eso, Joe y doctor Hew Len?: ¡yo jugando al golf con Tiger Woods! Todavía no he ido porque Nike Golf me ha dicho que Tiger Woods está comprometido durante todo 2009, así que en algún momento de 2010 jugaré a golf con él. Mientras tanto, Nike Golf me ha entregado una caja de regalos debido a la espera. En la caja había ropa Nike para jugar al golf, zapatos de golf, pelotas de golf y muchas cosas más. Quiero darles las gracias, Joe y doctor Hew Len, por su ayuda. ¡Han hecho mi vida tan feliz, y sólo tengo diecinueve años! ¡No puedo esperar a ver lo que lo Divino me tiene reservado a mí y a mi vida! ¡Gracias! Espero que tengan la mejor vida posible. Les quiero; lo siento; por favor, perdónenme; gracias.

DARREN BYRNE

## Actuando siguiendo la inspiración divina

Apreciado Joe:

Mi viaje por el ho'oponopono empezó cuando vi *El secreto* y me apunté a tu lista de correo. Me compré *Cero límites* y ahora asisto, dos veces por año, a talleres de ho'oponopono. Soy una terapeuta enzimática y tengo más de 2000 clientes en todo el mundo, y el ho'oponopono ha cambiado mi vida y la de mi familia, mis amigos y mis clientes. Cuando me veo inspirada a hacerlo, comparto el ho'oponopono con mis clientes, y ellos también han experimentado muchos cambios positivos en su vida debido a su práctica.

He tenido muchas experiencias, pero aquélla de la que quiero hablarte surgió como una sorpresa impactante e inesperada: una revelación. Cuando me encontraba en un estado mental relajado, sin pensar, sentada con amigos en mi cuarto de estar después de regresar de mi cuarto taller de ho'oponopono, mi marido, John, entró e introdujo un vídeo en el reproductor para que un nuevo amigo lo viera y oyera.

Este vídeo, titulado «Nights of wonder»,[59] contiene más de 83 fotos de auroras boreales que John ha recopilado a lo largo de 19 años en busca de estos fenómenos naturales. Habiéndolas visto muchas veces, las subestimaba, y debo confesar que a veces hasta me irritaban un poco sus últimas auroras boreales, ya que se pasaba todo el tiempo tomando fotos y nunca había pensado, ni una vez, en venderlas. ¡Madre mía!

---

59. Noches maravillosas. *(N. del T.)*

Mientras presionaba la tecla para que el vídeo se reprodujera y éste comenzó, la voz dijo, igual que un relámpago: «Ésta es una herramienta de limpieza». ¡No podía hablar, y cuando, finalmente, lo hice, nadie reconoció mi voz! Me preguntaba cómo podía haber visto estas fotos durante diecinueve años y no haberme dado cuenta de esto.

No necesité pensar en cuál era el siguiente paso a dar. Tengo un gran sitio web, y disponíamos de algunos DVD con la cautivadora y sanadora música del arpa dorada de Joel Andrews, y pusimos esta música en mi sitio web junto con una extraordinaria foto de una aurora boreal que yo llamo la llama de San Miguel (porque es lo que me parece a mí). Aquí está el vínculo del DVD junto con un esbozo de siete minutos de esta panorámica celestial: www.litalee.com/SFP_shopexd.asp?id=427.

Para nuestra alegría, la gente está comprando continuamente el DVD de «Nights of wonder». Estoy muy contenta de que el Espíritu me guiara para compartir el maravilloso vídeo sanador de John con el mundo.

Aquí tenemos algunas historias cortas más para ti:

• Después de compartir el ho'oponopono con una colega que tiene un centro de sanación, ésta me llamó, llorando, diciendo que las palabras eran vacías, carentes de sentido y que pensaba que estaba sufriendo una crisis nerviosa. Le contesté: «No, ¡estás experimentando un avance!». La siguiente vez que la vi, me dijo que su jefe, al que ella llamaba «el reptil» y que la amenazaba frecuentemente con despedirla, experimentó un repentino cambio después de que ella practicara el ho'oponopono durante quince minutos, mientras se sentaba para trabajar. Un día él se inclinó hacia su cubículo y le dijo: «¿Sabes? Siento de verdad que discutamos. Sé que tienes buenas ideas y quiero que las compartas conmigo».

• Estaba practicando ho'oponopono mientras compraba verduras. Mientras empujaba el carrito de la compra hacia mi coche, el irritante sonido de la sirena de un vehículo me atronó los oídos. Sin pensarlo, seguí el sonido y llegué hasta un coche con la ventanilla ligeramente agrietada. En el interior había un pequeño perrito que estaba saltando como un loco de un lado a otro mientras ladraba sin cesar. Sus frenéticos ladridos eran amortiguados por la sirena. En cuanto toqué el coche, la sirena dejó de sonar y el perrito dejo de ladrar y saltar, corrió hacia la ventanilla y me lamió los dedos mientras los introducía por la ventanilla para tranquilizarle. Un escéptico llamaría a esto coincidencia, pero yo no. Gracias por tu trabajo, Joe. Eres una inspiración para todos los que te conocen.

Amor y bendiciones.

DRA. LITA LEE
www.litalee.com

## Actuando siguiendo la inspiración divina

Ha habido tantos milagros gracias al uso de este método que son demasiados para mencionarlos aquí. Sin embargo, me gustaría mencionar que, como resultado del uso de este método, me he visto inspirado a escribir un libro sobre el ho'oponopono para niños. ¿Qué podría ser mejor que enseñar esto a los niños?

Una vez tuve esta inspiración, el libro se escribió por sí mismo en un día y está a punto de publicarse. Me gusta tanto este método y los niños son unos seres tan puros, que si pudieran aprender este método a una edad temprana les ayudaría mucho en sus vidas y podríamos tener un mundo más lleno de paz.

Escribí al doctor Hew Len hablándole de este libro y me dijo que si había sido inspirado estaba bien. Por supuesto, soy consciente de que sólo «yo» soy responsable de la limpieza. Por lo tanto, para mí éste ha sido un viaje tan increíble… y sigue siéndolo. Sigo limpiando este libro que se va a publicar para los niños de todo el mundo. Gracias, Joe, por darme la oportunidad de compartirlo.

CHARAN SURDHAR

## Animales

Mi nombre es Madeline Tutman, tengo veinte años y soy una estudiante universitaria de Maryland (EE. UU.). Recientemente he leído su libro *El poder de la atracción*, y he tenido varias revelaciones. Nunca entendí que la vida es, en realidad, una proyección de lo que hay dentro de mí, y esto es importante al pensar en los siguientes sucesos recientes.

La perra de mi amigo, Sable, es uno de los canes más cariñosos que he conocido. Ayer mismo por la tarde, fue atacada por dos perros de mi vecindario que fueron incautados desde ese mismo momento y se encuentran bajo investigación. Sable es un pastor australiano miniatura, así que su estado no era bueno. El veterinario no estaba seguro de si viviría, y dijo que si vivía tendrían que amputarle la pata. Yo me quedé impactada y destrozada al oír esas noticias. No podía imaginarme cómo atraje algo así en mi vida, y entonces me di cuenta...

Hace algunas semanas estaba viendo un programa de televisión en el que el cachorro de una mujer fue atacado y matado por un husky. Me permití airarme mucho mientras lo veía, y esto permitió a mis emociones conducirme hacia esas sensaciones. ¡Los pensamientos se convierten, verdaderamente, en cosas! Por lo tanto, en cuanto oí lo de Sable, supe que tenía que «descrear» la situación que había creado. Utilicé varias técnicas que usted sugería... Usé, y repetí, «El Guión» (de *El poder de la atracción)* en voz alta: Me imaginé corriendo con Sable y la imaginé alegre y sana como la última vez que la vi. Me envié a mí misma un mensaje de texto diciendo que habían curado su pata y que con algo de terapia física estaría bien; pero lo más importante es que cogí una foto de Sable y, durante unos diez minutos dije, una y otra vez: «Te quiero; por favor, perdóname; lo siento».

Esta tarde, mi madre entró a mi habitación y me dijo que Sable había salido bien de su operación quirúrgica y que le habían salvado la pata. Necesitará algo de terapia física, pero se recuperará por completo. Las palabras que usó fueron casi calcadas a las que había escrito en mi mensaje de texto para mí misma. En menos de veinticuatro horas Sable se había curada, y todo gracias a un cambio en mi energía.

Muchísimas gracias, doctor Vitale. Su libro me ha salvado la vida de muchas formas y, lo más importante de todo: ha salvado la vida de Sable. :)

Si en alguna ocasión duda sobre sí mismo en la vida o sobre lo que está haciendo, no vuelva a hacerlo nunca. La gente como yo necesita leer sus palabras. Está usted trasformando vidas.

Gracias, gracias, gracias.

MADELINE TUTMAN
Bowie, Maryland (EE. UU.)

## Negocios/Carrera

Estimado Joe:

¡Estoy muy emocionada de oír que vas a publicar un libro de ho'oponopono avanzado! Desde hace ya varios años he estado usando este increíble método de limpieza y purificación en mi vida personal con grandes resultados, pero sólo lo he empezado a aplicar en mi empresa en los últimos seis meses, y todo lo que puedo decir es: ¡vaya!

Aquí está lo que sucedió: como mujer muy sensible y centrada en mi corazón escucho mi meditación de conexión con el cliente de veinte minutos basada en el ho'oponopono en la que inicio el proceso de purificación y limpieza. Esto me lleva a un lugar con una paz y un amor tan profundos que, para el final, siento, verdaderamente, una conexión corazón con corazón, con mi futuro cliente. Inmediatamente después de escuchar la meditación (cuando me siento limpia de cualquier idea predeterminada y tengo que desprenderme de cualquier expectativa), vuelvo a visitar su página web y paso diez minutos haciéndome una idea sobre quiénes son, qué intentan conseguir y qué está desalineado (si es que hay algo desalineado). Las ideas tienden a fluir con facilidad cuando me encuentro en este estado de receptividad y neutralidad. Entonces tomo un trozo de papel y, en la misma línea, escribo ni nombre (nombre y apellido) seguido de su nombre (nombre y apellido) con un espacio de entre cinco y siete centímetros entre ellos.

Por ejemplo: Georgina Sweeney Joe Vitale

Durante los siguientes días uso la goma de borrar de un lápiz para borrar cualquier bloqueo entre nuestros nombres (entre nosotros) o, sencillamente, veo cómo el espacio es purificado en mi mente mientras repito la frase del ho'oponopono. Justo antes de nuestra reunión, cierro mis ojos, pronuncio el nombre en mi mente y vuelvo a repetir la frase del ho'oponopono. Entonces floto hacia mi yo sublime e imagino que estoy entrando en la conversación sobre ventas con su yo sublime. Durante nuestra reunión, sigo un proceso de ventas basado en el corazón para evitar meter presión a cualquiera de nosotros. En mi seguimiento, justo antes de de enviarles un *e-mail* con mi propuesta, vuelvo a limpiar y digo su nombre seguido de la frase del ho'oponopono. Cuando percibo una sensación de paz y me he desprendido de cualquier expectativa o determinación de que trabajemos juntos, sencillamente pincho enviar, manteniendo sólo la intención de que trabajemos juntos si es en nuestro mayor y mejor interés.

Desde que sigo este proceso y escucho mi meditación orientada inspirada en el ho'oponopono, mi relación con clientes potenciales ha cambiado sorprendentemente. Ya no tengo miedo del rechazo ni siento ansiedad, y lo mejor de todo es que ahora tengo un gran porcentaje de cierre de tratos. A día de hoy, no he compartido nunca este proceso con nadie, pero espero que ahora, compartiéndolo, beneficie a muchas otras personas centradas en su corazón y que les permita hacer crecer su negocio con elegancia y facilidad, a la manera del ho'oponopono.

Con amor y abundancia, y gratitud por todo lo que haces y todo lo que eres.

GEORGINA SWEENEY

## Negocios/Carrera

Apreciado Joe:

¡Tus técnicas del ho'oponopono, tu conjunto de CD y tu libro *Cero límites* me liberaron (literal y figuradamente)! Soy la orgullosa propietaria de varios otros de tus maravillosos productos, incluyendo tu libro *Spiritual marketing*[60] y el programa Hypnotic Writing Wizard.[61] Gracias por recomendar el método del EFT (Emotional Freedom Technique [Técnica de la libertad emocional, TLE]), como uno de muchos métodos de limpieza eficaces. Esta frase en tu solicitud de *e-mails* con testimonios me motivó a compartir mi inspiración divina y el refinamiento del ho'oponopono: «La gente se está atascando y necesita ser liberada».

Tras ocho meses de estudio, este practicante de la TLE durante seis años superó el examen de la TLE de su fundador en 2009 para obtener una certificación oficial en TLE. ¡Dos meses más tarde, el fundador anunció que se jubilaba y que desmantelaba su sitio web, de donde surgieron el 90 por 100 de mis clientes! Me sentí destrozada y asustada. Llevé a cabo

---

60. Mercadotecnia espiritual. (*N. del T.*)
61. Mago de la escritura hipnótica. (*N. del T.*)

mucho ho'oponopono diario para limpiar, limpiar y limpiar, tal y como recomienda el doctor Hew Len. Pregunté a Dios qué se suponía que tenía que hacer a continuación: «Quédate con la TLE o crea algo mejor».

Como resultado de la limpieza, creé, en enero de 2010, una técnica llamada FREED: Fast Release of Emotional Energy Drains (Liberación rápida de fugas de energía emocional, LRFEE). En lugar de usar las complejas secuencias de golpeteo de la TLE, la LRFEE utiliza una mano para limpiar UN meridiano de energía llamado meridiano del vaso gobernador (MVG). Limpiar el MVG humano o animal mientras se está centrado en miedos concretos y emociones dolorosas que están bloqueando los chakras libera la carga emocional en momentos. La LRFEE también purifica generaciones de patrones de ADN de tendencias no deseables, miedos de vidas pasadas que provocan malos comportamientos en la vida actual, barreras emocionales que nos mantienen ateridos de miedo, recupera fragmentos del alma, invierte maldiciones que hemos echado a nuestros ingresos, nuestros trabajos o nuestras vidas. Limpiar tu MVG mientras cantas las frases del ho'oponopono es una forma rápida, sencilla y poderosa de limpiar, limpiar y limpiar. Y, ¡¿a quién no le gustan los cambios rápidos, sencillos y poderosos?! Cuando la gente protesta, «No hay nada que pueda hacer para evitar (nombra el desastre)», sugiero que use el LRFEE y el ho'oponopono y que limpie, limpie y limpie sus sistemas de energía y los de sus seres queridos.

¡Estoy emocionada con tu ho'oponopono avanzado y con *Beyond Zero limits*, Joe! *¡Mahalo! ¡Ao Akua!* ¡Éxitos continuos para ti!

Colleen Flanagan
EFTCert-l/Fundadora de la LRTEE y gran fan de Joe Vitale
Phoenix, Arizona (EE. UU.)

P. D. Un milagro breve: mientras estaba paseando fuera de casa una mañana para hacer ejercicio, me encontré con un joven airado que estaba en su veintena maldiciendo y gritándole a alguien por su teléfono móvil. Sonaba como un recaudador que amenazaba con embargar el coche deportivo del otro tipo. El individuo protestaba diciendo que acababa de empezar en un nuevo empleo y que podría pagar en dos semanas. Ese hombre necesitaba el automóvil para conducir a su nuevo trabajo.

Sabía que había sido testigo de este intercambio para llevar sanación a la situación. Después de tres rondas de cantos del ho'oponopono para mí misma, el joven se había relajado y había dejado de maldecir y gritar. Con la cuarta ronda, el tipo y el recaudador estaban negociando de forma civilizada. Seguí caminando, sonriendo de forma tan brillante como el sol de Arizona.

## Negocios/Económico

Hola, soy Sergio Lizarraga y soy de México. Compré *Cero límites* en versión audiolibro y lo escuché en mi iPod hace unos tres años. Era interesante y sorprendente que con la simple repetición de cuatro frases dirigidas a lo Divino nuestros problemas en la vida pudieran resolverse mediante la recepción de inspiración, limpiando los recuerdos que estaban volviendo a reproducirse y creando nuestra realidad. Puedo pensar en muchas situaciones en las que he sido testigo de los resultados del ho'oponopono, y aquí tenemos un par de ellos.

Como parte de mi trabajo, tengo que reunirme con ejecutivos de fábricas. Esta vez iba a reunirme con un ejecutivo del que todo el mundo decía que era un hueso duro de roer. Tenía la fama de abandonar las reuniones cuando no estaba interesado en la persona o el negocio que se estaba tratando en ese momento.

Empecé a repetir las cuatro frases pidiendo a Dios que limpiara en mí cualquier recuerdo que yo tuviera que pudiera provocar esta situación con este ejecutivo. Llegado el momento de la reunión, yo estaba relajado y lleno de confianza. Esa persona llegó a la reunión: empezamos a hablar y a revisar la información, y lo siguiente que sé es que ya era la hora del almuerzo. Sorprendentemente, esta persona me invitó a almorzar con él y luego volvimos a la sala de reuniones para acabar nuestro trabajo. No hace falta decir que desde entonces hemos seguido teniendo una excelente relación de trabajo y personal. Varias personas que fueron testigos de eso me preguntaron que qué es lo que hice. Simplemente les dije que estaba limpio cuando me reuní con él… limpiando con el ho'oponopono.

Estaba batallando con los pagos de mi hipoteca. Llevaba un retraso de varios meses y el saldo negativo estaba aumentando (más los intereses). Un día leí que uno puede limpiar los recuerdos que se repiten en una situación relacionada con documentos mediante el uso de la goma de borrar de un lápiz, dando golpecitos con él sobre los documentos y diciendo las cuatro frases. Empecé a hacerlo y un día recibí una llamada del banco. Se trataba de una llamada diferente en la que me pedían que fuera a reunirme con sus empleados y recibir una propuesta de ellos.

Asistí a la reunión, repitiendo las cuatro frases en mi cabeza, y cuando obtuve su propuesta me quedé muy sorprendido. El banco ofrecía hacerse cargo de mi deuda pasada y también me ofreció una reducción de los intereses y de los pagos mensuales durante un buen período de tiempo. Nótese que yo nunca solicité un arreglo tal. ¿Podríamos estar hablando de un milagro? ¡Seguro que sí!

Estas dos historias son sólo un pequeño ejemplo de cómo han sucedido las cosas en mi vida usando el ho'oponopono. Mi esposa, mi hija y mi hijo también lo han usado en sus escuelas, la iglesia, con amigos y en situaciones cotidianas con muy buenos resultados.

Por último, quiero compartir que he expuesto el ho'oponopono en conferencias en Internet, junto con mi compañera Gisel Sotelo (nuestro sitio en Internet es http://www.libemo.com) para el público hispanohablante. Lo hemos compartido basándonos en «Cero límites» y también hemos llevado a cabo oraciones *on-line* por Haití y Chile (por los terremotos).

¡Joe, gracias por poner el ho'oponopono a disposición de la gente de todo el mundo con tu libro y tu trabajo! Mis mejores deseos.

SERGIO LIZARRAGA

## Familia

Mi milagro ho'oponopono: el hombre del que me divorcié después de veinticinco años de matrimonio y cuatro hijos en común es un hombre muy amable y cariñoso, y yo soy una mujer muy amable y cariñosa. Éramos la pareja que todos ponían en un pedestal, y como siempre nos tratábamos con respeto, nadie de los que nos conocían lo vio venir, y tampoco lo vimos él ni yo. Yo era infeliz. Quedé atrapada en una situación tensa. Inicié el proceso de divorcio.

Como resultado de ello, los miembros de la familia y los amigos que me conocían de toda la vida y me tenían por una buena amiga decidieron que yo era una paria. Un par de sus hermanos se mostraron amistosos, pero el resto se mostraron hostiles en distinto grado. Comprendí la lealtad de su gran familia hacia él, aunque no dejaba de ser doloroso para mí, ya que se trataba de personas a las que había querido, por las que me había preocupado y que habían sido mi familia durante mucho tiempo.

A medida que pasaron los años, muchos de ellos sufrieron enfermedades o penurias, y en mi meditación cotidiana limpié a la familia y me limpié a mí misma, y practiqué ho'oponopono en beneficio de cada uno de los miembros de esa familia.

Varios meses después de haber iniciado esta práctica, mi exsuegro falleció. Asistí a los oficios religiosos con cierta aprensión por las reacciones de la familia, pero sabía que asistir a ellos era lo correcto. No podía haber imaginado que al asistir a esos oficios religiosos tendría la oportunidad de experimentar el evento más sanador de mi vida. Cada uno de los miembros de la familia, hermanos, tías y amigos me hablaron personalmente, ya fuera porque en algunos casos yo inicié la conversación o en otros casos porque la iniciaron ellos. No sólo me permitieron expresar mi amor y compasión por ellos, sino que además, uno me pidió disculpas por el trato hostil que había mostrado en el pasado.

Estas conversaciones iniciaron la reparación de las relaciones con los miembros de la familia que me habían convencido de que nunca volverían a hablar conmigo. Nunca, ni en sueños, podría haber imaginado que se diera este tipo de reconciliación. Sé que estas sanaciones fueron resultado de mi trabajo con el ho'oponopono. No hay otra explicación. Limpié con la intención de solicitar perdón, enviándoles amor y gratitud a todos, y al hacerlo, recibí lo mismo.

NANCY PALESE

## Económico

Desde que aprendí el ho'oponopono hace unos dos años, lo he estado usando cada día en mi vida y me encuentro con que los problemas simplemente parecen desaparecer. He estado compartiendo mis descubrimientos con amigos y clientes, ya que soy entrenador y *coach* personal. Mi misión en la vida es ayudar a la gente, tanto física como espiritualmente.

Una de mis clientes, a la que había enseñado ho'oponopono, me dijo que lo había estado aplicando a su vida durante unos tres meses en relación con un problema concreto que tenían su marido y ella. Verás: su contable les había dicho tres meses antes que debían una importante suma de dinero al Gobierno en forma de impuestos. Esto les supuso un golpe devastador, y no estaban preparados para esto. Les hubiera dejado liquidados y se hubiera llevado todos sus ahorros. Su acomodado estilo de vida al que estaban tan acostumbrados estaba a punto de acabar bruscamente. Ambos estaban bastante estresados: no podían dormir ni llevar a cabo sus labores con normalidad. El contable lo intentó una y otra vez, pero no pudo dar con una salida para esta pobre pareja.

La mujer empezó a aplicar lo que le había enseñado sobre el ho'oponopono. Cada día y cada noche repetía: «Lo siento; por favor, perdóname; gracias; te quiero». Hizo esto, sin parar, durante tres meses. El día antes de que tuvieran que ir a ver al contable y preparar los cheques para pagar los impuestos, decidieron volver a llamarle para ver si, por algún milagro, había dado con alguna salida a este asunto del dinero y, por supuesto, se disculpó sinceramente y dijo que no había forma de librarse del tema.

Esa noche se fueron a la cama pensando que esa sería la última vez que vivirían en un ambiente lujoso. Sin embargo, mi cliente era incansable y siguió con su técnica de limpieza. Al día siguiente, cuando se presentaron en la oficina del contable, listos para entregar todo aquello por lo que habían luchado tan duro y durante tanto tiempo, éste entró con una sonrisa en su rostro que iba de oreja a oreja, y todo lo que pudo decir fue: «¡Es un milagro!». Por supuesto, no tenían ni idea de qué diablos estaba hablando. Les dijo que, gracias a algún tipo de milagro, había dado con la fisura que había estado buscando. Como por arte de magia, ¡la solución se le apareció ante sus propios ojos! Tras una revisión muy cuidadosa y exhaustiva, el contable les dijo que no debían dinero en absoluto en forma de impuestos ese año.

Ahora, debes comprender que durante los tres últimos meses, el contable había estado preparando a mi clienta y a su marido para tener que pagar un dineral. Estoy hablando de una cantidad de seis cifras, y el día que tenían que entregar todo ese dinero ganado con tanto esfuerzo, el contable dio con la solución y acabaron pagando nada… ¡nada! Pues bien, si eso no es un milagro, no sé qué lo es.

Me reuní con mi clienta hace no mucho, y se volvió hacia mí y me dijo: «Ernie, has cambiado mi vida, quería que lo supieras». Puedo decirte que fue la mejor sensación del mundo: el saber que marqué una diferencia en la vida de alguien. Gracias Joe Vitale y doctor Hew Len por compartir el ho'oponopono con el mundo. Habiendo leído muchos de tus libros, Joe, gracias por marcar una diferencia en mi vida.

Con gratitud,

ERNIE DE MINICO

## Dar a los demás

Hola Joe:

Mi esposo, Tim Seldin, y yo estuvimos contigo en Hawái (para el segundo evento sobre los Cero límites, en 2007) y han pasado muchas cosas desde entonces. Hace casi dos años leí un artículo sobre donantes de riñón vivos, gente que dona un riñón a un ser querido o a un desconocido. Como me aterroriza cualquier procedimiento médico, me sorprendí a mí misma inscribiéndome *on-line* en un programa de donantes compatibles.

Recibí una llamada de un hombre de Nueva York. Estaba muriéndose debido a una enfermedad renal. Su vida se consumía entre el dolor y la diálisis. Ya no podía mantener un trabajo. Cada miembro de su familia había intentando convertirse en donante, pero por una razón u otra, no eran válidos. Las pruebas para ser donante vivo son rigurosas, y las posibilidades de una compatibilidad con un desconocido son remotas. Pasaron meses de pruebas y superé un obstáculo tras otro. El último paso implicó que viajara de Florida a Nueva York para una serie final de pruebas en el hospital de trasplantes.

Justo antes de estar lista para viajar a Nueva York, mi mejor amiga y socia hizo algunas cosas increíblemente horribles que destrozaron por completo el negocio del que tanto habíamos cuidado. Me dejó con graves problemas económicos y legales y se recluyó. Han pasado nueve meses desde que se fue, y cada día la imagino y recito las palabras del ho'oponopono. No creo que me quede nada de rabia, y creo que el ho'oponopono me ha salvado de volverme amargada y resentida. Puede que eso sea un milagro en sí mismo.

Mientras tanto, tuve que decidir si abandonaba o no la posible donación de un riñón y me centraba en mi propio problema. Básicamente, disponía de una excusa. El mantra del ho'oponopono estaba, a estas alturas, reproduciéndose en un bucle sin fin en mi cabeza. Me tranquilizó y me ayudó a mantenerme centrada. Siempre y cuando pudiera acallar el parloteo en mi cabeza, podía oír a una voz interior diciendo: «Sigue el curso». Resultó que era compatible. Desde el momento en que me inscribí *on-line*, sabía que había alguien, ahí fuera, esperando a que diera un paso al frente. No soy religiosa, y supuso un sentimiento inesperado percibir cómo lo Divino trabajaba a través de mí. No puedo explicarlo más que diciendo que me sentí conectada.

La operación tuvo lugar en enero. Duró cuatro horas en mi caso y más tiempo en el caso del receptor. Lo último que recuerdo antes de que la anestesia hiciera efecto fueron las palabras del ho'oponopono pasando a través de mi mente. El receptor, que ya no es un desconocido, experimentó unos resultados inmediatos. Simplemente unos minutos después del trasplante su color mejoró, y la hinchazón de sus manos y pies se redujo. Ya no tiene que ir a diálisis, ha vuelto al trabajo y se va a ir a hacer senderismo a Francia este verano. El pasado verano había estado a las puertas de la muerte, sin esperanza alguna. Unos dos meses después de la operación volví a mi vida normal, como siempre. De hecho, ahora casi nunca pienso en la operación.

Algunas semanas después de abandonar el hospital, fue mi cumpleaños. La familia del receptor me envió un collar con dos pequeños corazones de oro. Es costumbre en su país de origen dar un pequeño corazón de oro a un niño nacido en el seno de sus familias. Pensaron que era apropiado que recibiera dos corazones para conmemorar la unión de nuestras dos familias no por nacimiento, sino por elección. Creo que el ho'oponopono me ayudó a no descarriarme durante los momentos malos y pavimentó el camino para el milagro que tenía que suceder.

JOYCE SELDIN

# Salud

En 2008 desarrollé artritis reumatoide, lo que me tuvo prácticamente postrada en cama por lo menos diez semanas y me debilitó durante muchos meses después. Mi único ejercicio consistía en renquear de mi cama al ordenador, donde buscaba febrilmente alguna cura alternativa para una enfermedad que me habían dicho que era incurable. Extrañamente, el ho'oponopono no dejaba de salir en mis búsquedas, lo que finalmente me hizo encargar *Cero límites,* que llegó mientras todavía estaba muy enferma y perdiendo la fe a marchas forzadas con respecto a si alguna vez me curaría.

Mi primera reacción, en cuanto vi la portada, fue que no se trataba más que de algún tipo de loca superchería hawaiana, y lo dejé en la estantería. Más tarde, durante ese mismo año, ya había pasado lo peor de la enfermedad, a pesar de tener dañada la articulación de la rodilla derecha, lo que hacía que caminar me resultara muy doloroso. Por esa época, y unos días antes de irme a pasar unas jornadas de asueto a la montaña con mi pareja, cogí *Cero límites* de la estantería y lo leí. Esta vez quedé pasmada, no podía dejar el libro. Empecé a repetir las palabras sin parar, lo que indujo una increíble ligereza de mi ser. A lo largo de varios días, cada rostro con el que me había encontrado a lo largo de mi vida pasó a través de mi consciencia y, por primera vez, sentí que comprendía de verdad los hilos invisibles que nos conectaban a todos. En la cabaña de la montaña leí fragmentos del libro a mi pareja, que se mostró abierto de inmediato a usarlos. Compartí con él cómo la práctica del ho'oponopono por parte del doctor Hew Len había sanado a delincuentes psicóticos que estaban a su cuidado en el Hospital Estatal de Hawái. Ese hecho, por sí solo, nos tenía completamente sorprendidos por el poder de este proceso.

Al día siguiente condujimos hasta un espectacular puesto de observación de montaña. Como mi rodilla seguía bastante carente de movilidad, no tenía intención de dar ningún paseo a ningún lugar, pero, extrañamente, me encontré siguiendo a mi compañero cuesta abajo en lo que resultaron ser unos 350 escalones. Mientras bajaba los escalones, alternaba mis pensamientos entre pensar que debía parar en ese preciso momento a no ser que quisiera que vinieran a rescatarme con un helicóptero y el «Lo siento; por favor, perdóname; te quiero; gracias». Finalmente, tras los últimos escalones nos esperaba la vista más espectacular: una catarata absolutamente impresionante cayendo como el velo de una novia por la escarpada pared de un acantilado, rodeada a ambos lados por unos peñascos de arenisca antiguos, dorados y con vegetación. No obstante, me encontraba en mitad de un precipicio y la única forma de volver consistía en subir esos 350 escalones con una rodilla que, hasta ese momento, había sido incapaz de movimientos cuesta arriba.

Inicié el ascenso cautelosamente, maldiciéndome por haber sido tan estúpida, esperando sentir un dolor insoportable, para encontrarme con que cada paso con el que ascendía no me suponía ningún esfuerzo ni dolor. ¡Era un milagro! La misma rodilla que había tenido que ser drenada cuatro veces durante los meses anteriores por hincharse hasta alcanzar el tamaño de un coco, que había tenido que recibir inyecciones de cortisona en vano (y que me había rechinado, crujido y dolido como un demonio simplemente al caminar normalmente y que rechazaba el desplazamiento cuesta arriba) estaba ahora llevándome con facilidad en sentido ascendente, de vuelta por los 350 escalones hacia la parte superior del valle.

A partir de ese día mi rodilla se recuperó por completo y acogí al ho'oponopono como parte de mi vida cotidiana. Creo que las cuatro frases llevan consigo vibraciones sanadoras universales que calan en la consciencia animándonos a todos. Pronunciadas en cualquier lengua, trasmiten la misma resonancia de rendición, perdón, gratitud y amor que provoca, misteriosamente, que la divinidad ilumine tu propia vida y la de otros que están cerca de ti con su gracia. Gracias, Joe y doctor Hew Len, por el mejor de los regalos. Os quiero.

CHRISTINE SCANTLEBURY
Sydney, Australia

## Salud

Gracias… Lo siento… Por favor, perdóname… Te quiero.

Apreciado Joe:

¡El 2009 fue todo un año! He leído muchos de tus libros y me encanta descargarlos en mi iPod, de modo que puedo oírlos una y otra vez. Adquirí *Cero límites* justo a tiempo. ¿Coincidencia? No, no lo creo.

El pasado marzo averigüé que tenía un tumor de dieciséis centímetros… cáncer esofágico. Aunque estaba aturdida, y como bien podrás imaginarte, pensé que no era posible que me estuviera pasando a mí. Pero lo hice… y no sirvió para nada. Si no sabes nada sobre el cáncer de esófago, la tasa de supervivencia es muy baja. Allá donde acudiera, en Internet, para obtener más información, me hacía deprimirme y asustarme más. Apagué mi ordenador y, mientras visitaba a mi equipo de médicos, encendía mi iPod y escuchaba *Cero límites*. Seguí todo el camino con los cirujanos, los médicos, los tratamientos de quimioterapia y de radioterapia, y cita tras cita os escuchaba a ti y al doctor Hew Len. Limpié… y limpié y limpié. Sorprendentemente, entre lo divino y yo… parecía como si tuviera un código de entrada que me llevara directamente hasta él. ¿Milagro? Me operaron, me extirparon el esófago, pero no encontraron ningún tumor. Había desaparecido. Los médicos estaban asombrados. Sencillamente, no estaba ahí. Cuatro meses después llevaron a cabo otra prueba y dijeron que estaba libre de cáncer… aunque dos días después me encontré otro bulto… parece ser que habían pasado por alto el cáncer de mama. Una vez más, limpié y seguí limpiando. Tres meses después este tumor también desapareció.

La limpieza me ha permitido ser tolerante y humilde. Me siento más querida que nunca antes y estoy agradecidísima. Limpiar con lo Divino me ha ayudado a salvar mi vida. No puedo esperar a ver qué me tiene reservado la vida. Espero con muchísima ilusión tu nuevo libro, de modo que pueda llevar esto a otro nivel… pero afrontémoslo, Joe… ¡habla sobre milagros en la vida real! ¡Gracias por ser quien eres y por lo que aportas al universo! Gracias… Lo siento… Por favor, perdóname… Te quiero.

SRA. GERRY DAVIDSON

## Salud

Poco tiempo después de leer *Cero límites,* sufrí unos terribles dolores de cabeza debido a un problema de alergia que me afectaba a los senos paranasales y que llevaba padeciendo más o menos un año. Me hicieron radiografías en varias zonas de la cabeza, y parece cosa segura que mis senos paranasales estaban llenos de alguna sustancia. Sentía dolor y presión a diario. El médico me extendió una receta (tres fármacos distintos y un analgésico). Los síntomas desaparecían durante dos o tres semanas para volver después con la misma intensidad.

Un día tuve un sueño en el que estaba mirando mis radiografías y, al mismo tiempo, tenía una goma de borrar en la mano y estaba borrando la imagen del seno paranasal. Generalmente presto atención a mis sueños, ya que tengo el hábito de analizarlos. Este sueño me parecía extraño, pero no hice nada al respecto, ya que no «capté» el mensaje al momento. Seguí tomando mis medicinas y el problema no desaparecía.

Varios días más tarde abrí el libro *Cero límites* y recordé que aparecía esta técnica del ho'oponopono en la que se usa un lápiz para borrar lo que necesitas borrar… y ¡bingo! Todo tuvo sentido. Durante una semana, cada noche, sostenía mis radiografías y las borraba con una gran goma de borrar cuadrada. Al mismo tiempo, decía: «Te quiero; lo siento; por favor, perdóname; gracias». Hice esto durante entre cinco y diez minutos. También visualicé una luz blanca brillante que entraba por mi nariz y limpiaba mi cabeza. Al final de la semana no había dolor, no había inflamación, no había moco, no había nada. Aproximadamente un mes o dos más tarde, empecé a tener los mismos síntomas y llevé a cabo la misma rutina y me sentí mucho mejor. También tuve la percepción de que estaba almacenando recuerdos en mis senos paranasales, así que tenía que limpiarlos y dejarlos ir. ¡Gracias, doctor Hew Len, por enseñarnos esta maravillosa técnica!

GISEL SOTELO

## Salud

Sí, tengo un milagro del método del ho'oponopono. La primera vez que leí la información sobre el ho'oponopono en 2007, no la creí pero, afortunadamente, decidí permanecer abierta a esa idea en mi mente. Cinco meses después, cuando volví a recibir la información por *e-mail* creí, verdaderamente, que podía ser posible experimentar el ho'oponopono en mi vida.

Días después, cuando estaba comiendo sola en el restaurante de un hotel de otra ciudad a la que había ido a dar una conferencia, mi hermana me llamó para decirme que Aquiles, un amigo nuestro de sesenta y cinco años, estaba muy enfermo. Había estado en coma una semana en un hospital de Ciudad de México, y me dijo que los médicos habían dicho que estaba tan enfermo que difícilmente podría seguir con vida. Su cuerpo no estaba respondiendo favorablemente al tratamiento médico y pensaban que podía morir en tres días.

Cuando di por finalizada la llamada recordé el ho'oponopono y decidí practicar la técnica. Acudí a mi interior pidiendo a la Divinidad que me dijera qué es lo que había dentro de mí (responsable al 100 por 100) que había provocado esa terrible enfermedad a Aquiles. Medité durante segundos en un profundo silencio y la Divinidad me contestó: «Una vez, hace unos veinte años, pensaste que a Aquiles le gustaba estar enfermo porque siempre estaba hablando sobre la medicina, los médicos y los hospitales».

Cuando recibí esa respuesta, me confesé a mí mismo que ése era, realmente, el pensamiento que había tenido una vez con respecto a él. Empecé a pedir a la Divinidad que me perdonara y comencé a decir: «¡Lo siento! ¡Por favor, perdóname!». Oí una voz que me decía: «¡De acuerdo! ¡Ha sido borrado! ¡Ahora ha sido completamente olvidado!». Dije, con todo mi corazón: «¡Gracias! ¡Te quiero!».

A partir de entonces, cada vez que pensaba en Aquiles me repetía a mí misma: «¡Lo siento! ¡Por favor, perdóname! ¡Gracias y te quiero!» con la misma emoción. La sensación de que la energía de la enfermedad se encontraba a su alrededor había desaparecido y había sido reemplazada por la sensación de que Aquiles tenía una salud perfecta.

Dos días después, mi hermana me volvió a llamar y me dijo, para mi sorpresa, que Aquiles había despertado de su coma y que los médicos decían que sus signos vitales estaban mejorando, así que seguí repitiendo las mismas frases una y otra vez hasta que me notificaron que Aquiles había salido del hospital y que había vuelto a casa vivo y completamente recuperado.

La cosa más sorprendente y fascinante sucedió cuando Aquiles me llamó desde su casa un mes más tarde para agradecerme mi presencia en el hospital. Me dijo que me vio en el momento en el que despertó del coma. Quiero decirte que nunca fui, físicamente, a verle al hospital, ya que vivo en Guadalajara (Jalisco), y Ciudad de México no está cerca de mi casa. Creo realmente en el ho'oponopono. ¡Sé que es una técnica maravillosa! Lo he confirmado también en muchos otros casos.

M.ª ELENA CONTRERAS P.

248

## Salud

Apreciado Joe:

Permíteme presentarme. Me llamo Nata Touganova. Soy una instructora de desarrollo personal y *coach* personal rusa. Soy, además la traductora de los libros de Mabel Katz *The easiest way*[62] y *The easiest way to understanding ho'oponopono*[63] del inglés al ruso. Entre los interminables ejemplos de los milagros del ho'oponopono extraídos de mis experiencias, he decidido compartir el más reciente contigo.

Una tarde, en mayo de 2009, recibí una llamada telefónica inesperada de una de las alumnas graduadas en mis cursos. Se la oía preocupada y alterada. Su sobrinito, un niño de diez años, se estaba divirtiendo saltando y corriendo en su jardín cuando, de repente, una gran puerta de hierro que estaba apoyada sobre un muro de la casa cayó sobre el chico, hundiéndole la cabeza. Le llevaron al hospital en coma.

Mi alumna graduada, que era su tía, me llamó pidiendo ayuda. Todo lo que le dije fue: «Sigue diciendo, una y otra vez, las cuatro frases: "Te quiero", "Lo siento", "Por favor, perdóname" y "Gracias"». Yo misma pasé toda la tarde diciendo las cuatro frases hasta que me quedé dormida.

A la tarde siguiente me volvió a llamar diciéndome que se había producido un milagro. El niño superó el coma, pidió algo de comer y se encontraba perfectamente bien. Su salud ya no estaba en peligro y no había consecuencias negativas por el hecho de haber estado en coma. El único síntoma presente era una fisura en la mandíbula inferior. Los médicos estaban sorprendidos y no tenían explicación alguna sobre cómo podía ser que no tuviera daños cerebrales. Mi alumna graduada dijo que era un milagro. Yo lo llamo «ho'oponopono en marcha». ¡Mucho amor! ¡Gracias! La paz de mí, Nata.

NATALIA TOUGANOVA

---

62. El camino más sencillo. *(N. del T.)*
63. La forma más sencilla para comprender el ho'oponopono. *(N. del T.)*

## Hogar/Propiedad

Estaba teniendo la peor de las suertes siguiendo el rastro de mis «vibraciones positivas» y mis buenos pensamientos hasta que adquirí el curso «The Missing Secret».[64] Fue entonces cuando descubrí también, al mismo tiempo, el libro de Joe Vitale *Cero límites*. Más o menos al mismo tiempo, nuestro casero nos había llamado diciendo que iba a enviar a alguien para que comprara el lugar en el que estábamos viviendo y que debíamos ir haciendo los preparativos para mudarnos a otro sitio. La cantidad de preocupación y estrés a la que nos vimos sometidos era bastante importante, como podrás imaginar.

Cuando mi paquete llegó, lo abrí como cuando un niño abre una chocolatina por primera vez, ya que sabía que dentro había algo delicioso que iba a cambiar mi vida para mejor. Ese mismo día aprendí que estaba siendo mi peor enemigo. Todas mis preocupaciones estaban generando más y más cosas de las que preocuparse. Mi negatividad al moverme estaba bloqueándome a la hora de conseguir mis verdaderos objetivos de escribir novelas y que me las publicaran. Estaba esperando utilizar este mini-curso como una herramienta para enriquecer mi consciencia más elevada de forma que pudiera eliminar los bloqueos hacia mi abundancia.

Algunos días después de probar el proceso de limpieza y purificación del ho'oponopono sentí que me acontecía un cambio espectacular. Al cabo de una semana podía sentir cuándo necesitaba limpiar y purificar y cuándo mi energía se volvía «pegajosa». Cada mañana y cada noche, antes de irme a la cama, limpiaba y purificaba la fotografía de mi casero. Esto eliminó todo escepticismo y dudas de mi vocabulario con respecto a quedarnos donde estábamos.

Un par de semanas después recibimos otra llamada de nuestro casero diciendo que el tipo al que iba a enviar para ver el lugar en el que vivíamos no estaba, después de todo, tan interesado y que si queríamos, podíamos comprarle la casa. Nuestra familia saltó de alegría porque se trataba de nuestro hogar y no queríamos dejarlo. ¡Esto significaba mucho para nosotros! Las palabras «Lo siento; por favor, perdóname; te quiero; gracias» acudieron a mí justo en el momento exacto. ¡Nos ayudaron a conservar

---

64. El secreto perdido. *(N. del T.)*

nuestro hogar! Mientras estaba durmiendo tuve un sueño proveniente de lo Divino que decía que debía escribir un libro de poemas, y ése es mi nuevo proyecto. Además, los números de la lotería ganadores han empezado a acudir a mi mente fácilmente. A partir de ahora, siempre que recibo una idea de lo Divino, ¡Actúo!

Eva Wright

## Hogar/Propiedad

Descubrí el ho'oponopono en una época en la que me encontraba echándome la bronca a mí mismo. Exclamé: «¡Debo vivir sin límites! A partir de ahora debe haber cero límites». En ese período estaba leyendo un libro sobre números. Me encontré queriendo ser como el número cero. ¡A partir de ahí sentí que podría ser cualquier cosa!

Más adelante me mudé a otro estado. Me sentía muy abatido y confundido. Era soltero y estaba criando a un bebé yo solo. Era inteligente, pero no me centraba. Siempre estaba buscando mi yo oculto, intentando conectar con él (o esa parte de mí) a diario teniendo que dejarme ir y ser oscuro.

Antes del encuentro sobre los Cero límites/ho'oponopono, tuve la oportunidad de vivir gratis en unos viñedos/plantación de soja. Mi hija y yo nos mantendríamos sin más. Podía imaginármelo: alimentarse de lo cultivado. Seguiría con mi reflexión.

A través de una conversación sobre el dinero (más bien una conversación sobre la pobreza) que estaba manteniendo con un viejo y buen compañero contable, me ofrecí a enviarle *El poder de la atracción* y «The missing key».[65] Mientras estaba revisando mis libros para enviárselos, encontré mi regalo: *Cero límites*.

Entre *El poder de la atracción,* «The missing key» y, ahora, *Cero límites* tenía lo que necesitaba para completar mi triplete. Me gustan los libros con enjundia, así que estaba completamente absorto. Me lo tomé en serio. Súbitamente, empecé a tomármelo al pie de la letra. Descubrí que esa vieja granja y yo teníamos mucho en común: los dos debíamos ser meticulosos.

---

65. La clave perdida. *(N. del T.)*

Limpié y escuché al libro. Limpié y usé las cuatro frases conmigo mismo y con la casa. Acabé con la limpieza de la casa, la ordené y realicé el mantenimiento. Monté un estudio de arte y una oficina en el sótano. La planta baja era un lugar genial en el que estar.

Llegó el momento de la revisión anual del alquiler. La casera estaba muy impresionada. Para entonces, cada rincón de la casa estaba como los chorros del oro. Mi interior también estaba perfectamente limpio y purificado. Era genial. Estaba solo, pero no nostálgico.

Pasaron algunas semanas tras la inspección. Mi casera todavía estaba sorprendida por mi plena responsabilidad y lo bien que me había encargado de toda la propiedad, a pesar de que estuviera viviendo allí gratis. ¡Entonces me pidió que me fuera! ¡¿Cómo?! Me propuso lo siguiente: podía mudarme a otra propiedad, que era más nueva, con menos tierras pero más grande, en una comunidad prestigiosa… ¡y todo ello gratis! Todo lo que tendría que hacer sería limpiarla (limpiarla y limpiarme a mí mismo, mi secreto), al igual que había hecho con la propiedad actual.

Pues fíjate… ¡lo rechacé! ¡Me negué en redondo a mudarme! Mi casera estaba anonadada. La casa y yo éramos chulos, pensé. Por otro lado, la casa también quería que me fuera. Desconcertada, mi casera, elevó el listón desde el «límpiala y quédate gratis» a ofrecerme la completa liquidación de los cargos de mis tarjetas de crédito y proporcionarme una asignación para alimentos (sólo como alimentos ecológicos, y eso supone una factura realmente grande).

No hace falta ni decir que acepté el rato y me mudé… y estoy limpiando. Cuando casi había acabado de limpiar esta nueva casa, mi casera ya había empezado a enseñarla a médicos. Esta casa, que anteriormente había sido difícil de vender, me está pidiendo que la compre o que me mude a otro lugar de retiro seguro y mío propio.

EDWARD IsáWELLS

## Relaciones

Estimado Joe:

Soy *luthier* y he fabricado más de ochenta guitarras, incluyendo algunas manufacturadas para Steve Earle, Tish Hinojosa y Hank Williams, Jr. También soy presentador/productor en una emisora de radio sindicada (que se escucha semanalmente en más de doscientas emisoras públicas) y acabo de escribir mi primer libro, titulado *The 20-20 creativity solution: Focus your natural creativity for success, happiness, and peace of mind.*[66] (http://the2020book.com).

El libro está basado en una práctica, paso a paso, sintetizada a partir de varios caminos de espiritualidad y autoayuda con los que he experimentado a lo largo de los años y, entre ellos, uno de los importantes es el ho'oponopono. He tomado lo que considero lo mejor de muchos métodos y lo he unido en un marco que llamo la Práctica 20-20 (veinte minutos por la noche y 20 minutos por la mañana), lo que es algo fácil de implementar y genera unos resultados sorprendentes. La práctica implica eliminar los bloqueos para la expresión creativa y auténtica mediante la reflexión, la autoevaluación, la gratitud, la disculpa, el perdón, la planificación, el enviar amor, la visualización, la afirmación, la escritura libre, la meditación y los mantras (parecen muchas cosas, pero, de hecho, es bastante sencillo).

Antes de empezar a escribir el libro hace ocho meses, tuve una maravillosa experiencia con el ho'oponopono. Fue justo después de acabar de leer *Cero límites*. Estaba llevando a cabo el trabajo de limpieza y concentrándome de verdad en perdonar a mi exmujer por los muchos sucesos desagradables que se dieron durante nuestro amargo divorcio, que duró tres años. Mientras llevaba a cabo el trabajo del ho'oponopono, me encontré con que mi energía se desplazaba de mi exmujer hacia el perdonarme a mí mismo por mi parte en el proceso. Sorprendentemente, me encontré fijándome en toda la cosa como si se tratara una hermosa danza de dualismo (visualizándolo como un símbolo del yin y el yang), para llegar, por último, a un lugar de aceptación y a ser capaz de alzarme por

---

66. La solución 20-20 para la creatividad: concéntrate en tu creatividad natural para conseguir el éxito, la felicidad y la tranquilidad. *(N. del T.)*

encima de la amarga pelea para alcanzar un lugar espiritual de plenitud y paz.

Poniendo a descansar mi parte de la danza, fui capaz de desalojar amablemente a mi exmujer del lugar gratuito que había estado ocupando en mi mente durante casi ocho años. Algunos meses más tarde, mi mujer y yo nos fuimos de viaje a California para la festividad del 4 de julio para visitar a mi hija y mi hijo, que estaban ahí con mi exmujer. Mi exmujer había planeado irse en cuanto llegáramos y volver a su casa en Las Vegas. Se trataría del usual y tenso «Hola» y «Adiós» mientras nosotros llegábamos y ella se iba.

En lugar de eso, lo que ocurrió fue que su coche se había averiado el día anterior y, como era un día festivo, tuvo que quedarse en California hasta que el taller abriera para que le repararan el coche. La invitamos a quedarse y a salir con todos nosotros durante el día de fiesta, y aceptó. Pasamos algo de tiempo en la playa, manteniendo una conversación divertida, hicimos una barbacoa agradable e incluso acabamos juntos en el *jacuzzi*. Mi mujer y mi ex congeniaron de maravilla. ¡Sorprendente! Nada de esto podría haber sucedido sin *Cero límites* y el proceso de limpieza del ho'oponopono. ¡Gracias, Joe!

JOHN DILLON
Copresentador/creador
*Art of the song: Creativity Radio* [67] – John Dillon


## Espiritualidad

Eslabón perdido encontrado…, hay ciertos pasos para el éxito ampliamente enseñados que utilicé con éxito y sin esfuerzo con algunas metas, y en el caso de otras metas me costó mucho a pesar de mis esfuerzos. Tuve la suerte de que me introdujeran en el ho'oponopono en 1986, y fui instruida por Morrnah Simeona, que había actualizado este proceso y lo puso a disposición para que cualquiera lo usara. Era el eslabón perdido.

Cuando apliqué, diligentemente, el proceso, experimenté facilidad allá donde antes había resistencia. Lo apliqué a retos físicos, finanzas,

---

67. El arte de la canción: Radio creativa. *(N. del T.)*

relaciones y eventos. Aparte del proceso del ho'oponopono, Morrnah me enseñó a meditar y a pedir orientación a la Divinidad. Dios me dijo qué hacer y qué no hacer, destacaba los asuntos que me encontraba en mi camino, me decía en qué tenía que trabajar para limpiarlo y me proporcionó las herramientas adecuadas para su uso en retos concretos.

Enseñé *networking* (cultivo de redes de contactos) en la ciudad de Nueva York durante cuatro años, y noté una diferencia significativa entre cuando aplicaba consistentemente el ho'oponopono a los eventos y cuando no lo hacía. Las clases en las que había sido diligente en la limpieza con este proceso eran notoriamente diferentes. Conseguía una plaza de aparcamiento gratuita y conveniente, tenía un grupo de alumnos adultos a los que les encantaban las clases y volvía a casa satisfecha. Empezaron a ocurrir cosas extraordinarias debido a toda la limpieza que había realizado usando este proceso. Empecé a recibir mensajes de ángeles, maestros ascendidos y otros.

Una noche Isaías, el personaje bíblico, me advirtió que limpiara los cambios en la Tierra. Me dijo que no me afectarían, pero que los limpiara y que también llamara a Kamaka, un antiguo instructor de ho'oponopono. Ambos trabajamos en los cambios en la Tierra antes de descubrir que habíamos sufrido un terremoto local más tarde esa misma noche. Kamaka compartió después conmigo que los efectos del terremoto habrían sido peores si no hubiéramos hecho lo que se nos orientó a hacer.

El proceso limpió tanto que fui capaz, a veces, de ver directamente el cielo y recibir información pertinente para mí y otras personas. Más o menos al mismo tiempo en el que aprendí el ho'oponopono, también descubrí que era capaz de recordar vidas pasadas. Lo que fue extraordinario, no obstante, fue la capacidad de que aparecieran ante mí personas que yo había sido antes con información que necesitaba incluir en mi proceso, ya que sus recuerdos me estaban afectando, incluso a día de hoy.

Independientemente de la preocupación o de la prueba, aplico el ho'oponopono. No empiezo mi día sin llevar a cabo el ho'oponopono para limpiar a cualquier persona, lugar y cosa con la que me encontraré ese día. Ha generado paz y equilibrio en mi vida. La gente habla sobre mi inusual sensación de tranquilidad. Tengo una útil herramienta que puede aplicarse a cualquier cosa y cualquier persona. No sé quién, qué o dónde sería o estaría sin este regalo del ho'oponopono. He limpiado, con éxito, algunas cosas con una sola aplicación, y en algunos campos sigo trabajando a medida que nuevas capas de factores contribuyentes siguen apareciendo; pero me siento afortunada de que, independientemente del problema, sé que si llevo a cabo el ho'oponopono todo se limpiará y volverá al equilibrio.

Joy S. Pedersen

## Espiritualidad

Ho'oponopono... ¡qué fantástica y maravillosa palabra! ¡Ha cambiado mucho nuestras vidas y las vidas de otros! ¡Gracias, gracias! Mi colega y amiga, Sue, acababa de comprar unas dos hectáreas de terreno con una casa muy vieja en su interior. Inmediatamente, al llegar a la casa, supo que ésta necesitaba una enorme limpieza, pero todavía la necesitaba más el terreno. Esta parcela se encuentra en Auckland, Nueva Zelanda.

Desde que las sincronicidades trajeron a otras personas a nuestras vidas para pintar un cuadro, parece que ha habido muchas peleas y muerte en su tierra y una mayor área circundante, retrocediendo muchos siglos hasta llegar a la antigua Nueva Zelanda maorí. Limpiando el terreno de almas perdidas y bendiciendo la tierra en la que muchos cayeron, ésta elevó, a su vez, a la zona circundante, que es de mayor tamaño (un área que se ha visto plagada de negocios que fracasaban, hogares infelices y un elevado porcentaje de suicidios juveniles).

Nos sentamos en el punto central de la tierra, llegando al punto crucial de nuestra limpieza. Sabía que necesitábamos conectar con un espíritu perdido que era muy poderoso y que estaba evitando que el flujo del Espíritu regresara a su hogar. En la forma en la que yo trabajo, el Espíritu entra dentro de mí y hay un momento para la comunicación, y luego el Espíritu es liberado hacia la luz. Mientras me esforzaba para conseguir esta conexión, Sue y yo caímos en el ho'oponopono y reconocimos, en gran medida, nuestra parte en el dolor de los espíritus y por los años durante los cuales muchos de ellos han caminado, sin saberlo, sobre sus huesos y por sus antepasados y los nuestros y por el perdón para todos nosotros.

En ese momento, esta energía vino llena de fuerza y se produjo una comunicación muy especial: fue un momento muy emotivo. Mientras seguía luchando con la liberación, Sue volvió a caer en el ho'oponopono de nuevo y, con bendiciones, ese alma se fue a la luz. En ese momento, sentada bajo la lluvia y con el viento soplando a través de los árboles, fui empujada hacia atrás y sentí como si, a través del pasillo que daba a poniente, muchos espíritus avanzaran corriendo y se fundieran con la luz. ¡Gracias, gracias!

El segundo momento, que fue igualmente emotivo, sucedió dentro de la casa, cuando conecté con lo que vi que era el alma de un anciana maorí con un *moko* (tatuaje) en la barbilla. Una vez más, hubo mucho amor, reconocimiento, perdón y responsabilidad dados por su vida y por todo lo que implicaba, y llegó el momento más maravilloso: mientras empezaba a liberarla, empecé a gemir muy rítmicamente (un tararero quejumbroso o un lamento) tal y como hacen las mujeres maoríes al expresar dolor y tristeza. Fue incrementándose en forma de un *crescendo* y, entonces, mientras ella partía, el lamento fue apagándose suavemente. Yo, que nunca había sido capaz de cantar afinando, me mostré muy agradecida por ese momento con buena voz y por el honor de ayudarla a llegar a la luz. Con *mana* y respeto, perdón y amor, regresó a casa con sus antepasados. Lo siento; por favor, perdóname; gracias; te quiero.

MAGGIE KAY

## Peso

Practiqué el ho'oponopono con mi testarudo hijo quinceañero mientras éste dormía, repitiendo las frases sagradas, y se despertó al día siguiente y me abrazó, con un abrazo de verdad, por primera vez en mucho tiempo. ¡Ni siquiera me pidió dinero después! :-}. Eso me proporcionó la suficiente valentía para probar este método con mi batalla de toda la vida con la obesidad. Estaba limpiando la idea de que estaba cansada de toda la energía negativa que acompaña a la obsesión y la preocupación por lo que estaba comiendo.

Ese día, más tarde, asistí a un taller de desarrollo profesional. Durante la presentación, oí a alguien moviéndose detrás de mí, y cuando me giré para mirar, una empleada estaba colocando una enorme bandeja con bizcochos de chocolate y ponche en el pequeño mostrador que había a mi espalda para nuestro tentempié vespertino. Recuperé mi posición en la silla para mirar hacia el presentador y me di cuenta de que en la sala había un silencio inusitado. Miré a mi alrededor, suspicaz por el silencio, pensando con que me encontraría con que todo el mundo estaría mirándome. Nadie me estaba mirando y volví a quedar desconcertada por el silencio.

Empecé a pensar en ello y me di cuenta de que el silencio no estaba en la sala… La gente seguía acomodándose en sus asientos y suspirando, dando golpecitos con el lápiz y aclarándose la garganta: ahí había todo el ruido propio de un taller. Entonces me di cuenta de que el silencio estaba en mi interior y la fuente me golpeó entre ceja y ceja. Supe con toda seguridad, al instante, que el silencio era la falta de mi diálogo normal conmigo misma acerca de la comida. Normalmente, la visión de esos bizcochos de chocolate habría inundado mi mente de una retahíla de parloteo de comentarios como: «Tienen buen aspecto, pero no puedes comer sólo uno», o «Si te comes sólo uno de esos bizcochos engordarás todavía más», o «Todo el trabajo que realizaste ayer en la cinta de correr se verá arruinado por uno de esos trozos de bizcocho», o «Mira a esa bruja flaca que hay ahí… probablemente comerá cuatro pedazos y no engordará ni un gramo… No, no, no: estoy segura de que nunca ha comido ni un bizcocho de chocolate en toda su vida porque tiene más fuerza de voluntad que mi lamentable trasero», y la charla habría continuado y continuado… y bla, bla, bla.

Me di cuenta de que no podía recordar otra ocasión en la que no hubiera mantenido algún tipo de diálogo interno acerca de la comida. Ese día, miré esos bizcochos de chocolate que había detrás de mí. No quería uno porque había comido un gran almuerzo y en mi mente no había nada más que silencio. Estaba verdaderamente sorprendida. Ahora uso el ho'oponopono regularmente. Creé un salvapantallas que me recordara utilizarlo. Pinté pequeñas acuarelas con las palabras y las tengo enmarcadas por toda la casa a modo de recordatorios. No soy perfecta debido al ho'oponopono, pero me he dado cuenta de que he avanzado mucho. El progreso vence a la perfección durante cualquier momento de la semana porque existe.

TAMMY BLANKENSHIP

 MATERIALES

Libro electrónico *Attracting for others (Atrayendo para los demás)*: www.attractingforothers.com

Grupo de atracción de milagros: www.attractmiracles.com

Libro electrónico *Attract money now (Atrae dinero ahora)*: www.attractmoneynow.com

Libro *En el cero*: www.atzerobook.com

Música *En el cero*: www.atzeromusic.com

Música *Aligning to zero (Alineándose con el cero)*: www.aligningtozero.info

*El curso del despertar (The awakening course)*: www.awakeningdownload.com

Evento «Beyond manifestation» (Más allá de la manifestación): www.beyondmanifestation.com/

Pegatinas limpiadoras Ceeport: http://ihhl-ceeport.com/

Chunyi Lin: www.springforestqigong.com/

Doctor Hew Len: www.businessbyyou.com/

Doctor Joe Vitale: www.mrfire.com

Doctor Joe Vitale en Facebook: https://www.facebook.com/drjoevitale

Música Espresso for the Soul (Espresso para el alma): http://guitarmonks.com/memp3/

«Got a problem?» [¿Tienes un problema?] (canción ho'oponopono): www.getupandstrut.com

Ho'oponopono: www.hooponopono.org/

Productos ho'oponopono de baño: http://intentionallyclean.com/

Cuadros ho'oponopono limpiadores: www.healingpainting.com/

Joyas y otras herramientas ho'oponopono limpiadoras: www.intentional-treasures.com/

Meditación ho'oponopono: http://hooponoponomeditation.com

Archivo de audio «I Love You» (Te quiero): www.milagroresearchinstitute.com/iloveyou.htm

Mabel Katz: www.mabelkatz.com/

Miracles Coaching (Programa de formación en milagros): www.Miracles-Coaching.com

La oración de Morrnah: www.MorrnahsPrayer.com

Las enseñanzas de Morrnah en DVD: www.Hunaohanastore.com

The Secret Mirror (El Espejo Secreto): www.VitaleSecrets.com

Autoidentidad: www.self-i-dentity-through-hooponopono.com

Discurso del Consejo de Liderazgo Trasformacional: https://www.youtube.com/watch?v = ZTViougNWKo

El punto cero: www.nightingale.com

Archivos de audio de *Cero límites:* www.zerolimits.info

Libro *Cero límites:* www.zerolimits.info

Meditación *Cero límites:* www.Divinewhiteboard.com

Segundo evento sobre los *Cero límites:* www.zerolimitsmaui.com

Tercer evento en DVD sobre *Cero límites:* www.zerolimits3.com/

Herramientas relacionadas con el Cero: http://zero-wise.com/

 BIBLIOGRAFÍA

AARON, D.: *The secret life of God: discovering the Divine within you*. Shambhala Publications, Boston, 2004.

ACHOR, S.: *The happiness advantage*. Crown, Nueva York, 2010. (Trad. cast.: *La felicidad como ventaja: los siete principios de la psicología positiva para alcanzar el éxito*. RBA: Barcelona, 2011).

ANTHONY, M.: «Evidence of Eternity». Manuscrito no publicado, 2013.

ASLAN, R.: *Zealot: the life and times of Jesus of Nazareth*. Random House, Nueva York, 2013.

AUDLIN, M.: *What if it all goes right? Creating a new world of peace, prosperity & possibility*. Morgan James, Garden City (Nueva York), 2010.

BAINBRIDGE, J.: *Huna magic*. Barnhart Press, Los Ángeles, 1988.

—: *Huna magic plus*. Barnhart Press, Los Ángeles, 1989.

BALSEKAR, R. S.: *Consciousness speaks*. Advaita Press, Redondo Beach (California), 1993. (Trad. cast.: *Habla la consciencia*. Kairós: Barcelona, 2008).

BARTON, B.: *What can a man believe?* Bobbs-Merrill, Indianápolis, 1927.

BECKLEY, T. G.: *Kahuna power: authentic chants, prayers and legends of the mystical Hawaiians*. Global Communications, New Brunswick (Nueva Jersey), 2007.

BECKWITH, M. W.: *Hawaiian mythology*. University of Hawaii Press, Honolulú, 1977.

BERNEY, C.: *Fundamentals of Hawaiian mysticism*. Crossing, Santa Cruz (California), 2000.

BESANT, A.: *Thought forms*. Quest Books, Nueva York, 1969. (Trad. cast.: *Formas del pensamiento*. Humanitas: Barcelona, 1986).

BIRNSTEIL, S.: *Don't kill him: the story of my life with Bhagwan Rajneesh.* Fingerprint, Nueva Delhi, 2013.

BLACKMORE, S.: *Consciousness: an introduction.* Oxford University Press, Nueva York, 2004.

BRENNERT, A.: *Moloka'i.* St. Martin's Griffin (edición reimpresa), Nueva York, 2004.

BRISTOL, C.: *The magic of believing.* Pocket Books, Nueva York, 1991.

CANFIELD, J.; HANSEN, M. V.; LINNEA, S. y RORH, R.: *Chicken soup from the soul of Hawaii: stories of aloha to create paradise wherever you are.* Health Communications, Deerfield Beach (Florida), 2003.

CARLSON, K.: *Star mana.* Starmen Press, Kilauea (Hawái), 1997.

CLAXTON, G.: *Hare brain, tortoise mind: how intelligence increases when you think less.* HarperCollins, Nueva York 1997. (Trad. cast.: *Cerebro de liebre, mente de tortuga: por qué aumenta nuestra inteligencia cuando pensamos menos.* Urano: Barcelona, 1999).

—: *The wayward mind: an intimate history of the unconscious.* London, Abacus, 2005.

CUNNINGHAM, S.: *Cunningham's guide to Hawaiian magic & spirituality.* Llewellyn, Woodbury (Minnesota), 2009.

DANIEL: «Arthroscopic surgery—Just a placebo effect?». *Placebo Effect (blog),* 16 de febrero de 2013. www.placeboeffect.com/arthroscopic-surgery-just-a-placebo-effect/.

DeNOYELLES, A.: *The sovereignty of love: coming home with ho'oponopono.* Sovereignty, no consta localidad, 2012.

DEVAGEET, S.: *Osho the first Buddha in the dental chair: Amusing anecdotes by his personal dentist.* Sammasati, Santa Fe (Nuevo México), 2013.

DIXON, M.: «*Attracting for Others*». Modificado por última vez en 2013. www.attractingforothers.com/.

DOSSEY, L.: *Healing words: the power of prayer and the practice of medicine.* HarperCollins, Nueva York, 1993. (Trad. cast.: *Palabras que curan: el poder de la plegaria y la práctica de la medicina.* Ediciones Obelisco: Barcelona, 1997).

DUPREE, U.: *Ho'oponopono: the Hawaiian forgiveness ritual.* Findhorn Press, Findhorn (Escocia), 2012. (Trad. cast.: *Ho'oponopono: un sencillo sistema de cuatro pasos para recuperar la unidad, la armonía y la paz interior.* Ediciones Obelisco: Barcelona, 2012).

ELBERT, S. H.: *Spoken Hawaiian.* University of Hawaii Press, Honolulú, 1970.

EWING, J. P.: *Clearing: a guide to liberating energies trapped in buildings and lands.* Findhorn Press, Findhorn (Escocia), 2006.

FOUNDATION OF I: *Self I-dentity through ho'oponopono.* Foundation of I, Inc., Honolulú, 1992.

FORD, D.: *The dark side of the light chasers.* Riverhead Books, Nueva York, 1998. (Trad. cast.: *Los buscadores de luz.* Diagonal/Grup 62: Barcelona, 2001).

FRANK, J.: *Hack your hit.* Futurehit.DNA, Nashville (Tennessee), 2012.

FREKE, T.: *Shamanic wisdomkeepers: shamanism in the modern world.* Sterling, Nueva York, 1999.

GLANZ, K.; BARBARA K. R. y FRANCES, M. L.: *Health behavior and health education: theory, research, and practice.* 3.ª ed. Jossey-Bass, 2002.

GUTMANIS, J.: *Kahuna la'au lapa'au: Hawaiian herbal medicine.* Island Heritage Publishing, Waipahu (Hawái), 1976.

—: *Na pule kahiko: ancient Hawaiian prayers.* Editions Limited, Honolulú, 1983.

HAISCH, B.: *The God theory.* Weiser Books, San Francisco, 2006. (Trad. cast.: *La teoría de Dios: universos, campos de punto cero y qué hay detrás de todo ello.* Gaia: Móstoles (Madrid), 2007).

HARTONG, L.: *Awakening to the dream: the gift of lucid living.* Non-Duality Press, Salisbury (Reino Unido), 2001. (Trad. cast.: *Despertar a la verdad.* Sirio: Málaga, 2005).

HAWKINS, D.: *Letting go: the pathway of surrender.* Veritas, West Sedona (Arizona), 2012.

HERBERT, W.: *On second thought: outsmarting your mind's hardwired habits.* Broadway, Nueva York, 2010.

HORN, M. P.: *Soul integration: a shamanic path to freedom and wholeness.* Living Light Publishers, Pittsboro (Carolina del Norte), 2000.

HUSFELT, J. C., D. D.: *The return of the feathered serpent shining light of «First Knowledge»: survival and renewal at the end of an age, 2006-2012.* Author-House, Bloomington (Indiana), 2006.

IRVINE, W.: *On desire: why we want what we want.* Oxford University Press, Nueva York, 2006. (Trad. cast.: *Sobre el deseo: por qué queremos lo que queremos.* Paidós: Barcelona, 2008).

ITO, K. L.: *Lady friends: Hawaiian ways and the ties that define.* Cornell University Press, Ithaca (Nueva York), 1999.

JAMES, M. B.: *The foundation of huna: ancient wisdom for modern times.* Kona University Press, Kailua-Kona (Hawái), 2010.

JEFFREY, S.: *Doctor of truth: the life of David R. Hawkins.* Creative Crayon, Kingston (Nueva York), 2012.

—: *Power vs. truth: peering behind the teachings of David R. Hawkins.* Creative Crayon, Kingston (Nueva York), 2013.

KAEHR, S. y RAYMOND M.: *Origins of huna: secret behind the secret science.* Out of This World Publishing, Dallas (Texas), 2006.

KAPTCHUK, T. J.; FRIEDLANDER, E.; KELLEY, J. M.; SANCHEZ, M. N.; KOKKOTOU, E.; SINGER, J. P.; KOWALCZYKOWSKI, M.; MILLER, F. G.; KIRSCH I. y LEMBO, A. J. (2010): «Placebos without deception: a randomized controlled trial in irritable bowel syndrome». *PLoS ONE 5*, no. 12. doi: 10.1371/journal.pone.0015591.

KATIE, B.: *All war belongs on paper.* Byron Katie, Manhattan Beach (California), 2000.

—. *Loving what is.* Harmony Books, Nueva York, 2002. (Trad. cast.: *Amar lo que es: cuatro preguntas que pueden cambiar tu vida.* Urano, D. L.: Barcelona, 2010).

KATZ, M.: *The easiest way.* Your Business Press, Woodland Hills (California), 2004.

KING, S. K.: *Instant healing: mastering the way of the Hawaiian shaman using words, images, touch, and energy.* Renaissance Books, no consta localidad, 2000. (Trad. cast.: *La curación instantánea.* Sirio: Málaga, 2006).

KUPIHEA, M.: *The cry of the huna: the ancestral voices of Hawaii.* Inner Traditions, Rochester (Vermont), 2001.

—. *The seven dawns of the aumakua: the ancestral spirit tradition of Hawaii.* Inner Traditions, Rochester (Vermont), 2001.

LEE, P. J.: *Ho'opono.* IM Publishing, Lake Leelanau (Michigan), 2007.

LEWIS, A. P.: *Living in harmony through kahuna wisdom.* Homana Publications, Las Vegas, 1984.

LIBET, B.: *Mind time: the temporal factor in consciousness.* Harvard University Press, Cambridge (Massachusetts), 2004.

LIBET, B.; FREEMAN, A.; y SUTHERLAND K.: *The volitional brain: towards a neuroscience of free will.* Imprint Academic, Exeter (Reino Unido), 2004.

Long, M. F.: *Growing into light*. Huna Research, Vista (California), 1955.

—: *The secret science behind miracles: unveiling the huna tradition of the ancient polynesians*. DeVorss, Camarillo (California), 1948.

Macdonald, A.: *Essential huna: Discovering and integrating your three selves*. Infinity Publishing, Montrose (Colorado), 2003.

—: *Nurturing our inner selves: A huna approach to wellness*. Infinity Publishing, Montrose (Colorado), 2000.

McBride, L. R.: *The kahuna: versatile masters of old Hawaii*. Petroglyph, Hilo (Hawái), 1972.

McCall, E.: *The Tao of horses: exploring how horses guide us on our spiritual path*. Adams, Avon (Massachusetts), 2004.

McLaughlin, C. y Davidson, G.: *The practical visionary*. Unity, Unity Village (Misuri), 2010.

Morrell, R.: *The sacred power of huna*. Inner Traditions, Rochester (Vermont), 2005.

Napoletano, E.: *The power of unpopular: a guide to building your brand for the audience who will love you (and why no one else matters)*. John Wiley & Sons, Hoboken (Nueva Jersey), 2012.

Neville, G.: *At your command*. Edición reimpresa. Morgan James Publishing, Graden City (Nueva York), 2005.

—: *The law and the promise*. DeVorss, Camarillo (California), 1984.

Noe, A.: *Is the visual world a grand illusion?* Imprint Academic, Charlottesville (Virginia), 2002.

Noland, B.: *The lessons of aloha: stories of the human spirit*. Watermark Publishing, Honolulú, 2005.

Norretranders, T.: *The user illusion: cutting consciousness down to size*. Penguin, Nueva York, 1998.

Patterson, R. I.: *Kuhina nui*. Pine Island Press, no consta localidad, 1998.

Phillips, B.: *Transformation*. Hay House, San Diego, 2010.

Pila of Hawaii: *The secrets and mysteries of Hawaii: a call to the soul*. HCI Books, Deerfield Beach (Florida), 1995.

Provenzano, R.: *A little book of aloha: spirit of healing*. Mutual Publishing, Honolulú, 2003.

Pukui, M. K.; Haertig, E. W. y Lee, C.: *Nana i ke kumu (Look to the source)*. Vol. I. Hui Hanai, Honolulú, 1972.

—: *Nana i ke kumu (Look to the source).* Vol. 2. Hui Hanai, Honolulú, 1972.

QUIMBY, P. P.: *Quimby: his complete writings and beyond.* Phineas Parkhurst Quimby Resource Center, Sanford (Michigan), 2012.

RAY, R.: *Return to Zeropoint II: ho'oponopono for a better reality.* Balboa Press, Bloomington (Indiana), 2012.

RAY, S.: *Pele's wish: secrets of the Hawaiian masters and eternal life.* Inner Ocean Publishing, San Francisco, 2005. (Trad. cast.: *Kahuna y ho'oponopono: secretos de los maestros hawaianos y de la vida eterna.* Arkano Books: Móstoles (Madrid), 2012).

RIKLAN, D.: *101 great ways to improve your life.* Self-Improvement Online, Marlboro (Nueva Jersey), 2006.

RODMAN, J. S.: *The kahuna sorcerers of Hawaii.* Exposition Press, Hicksville (Nueva York), 1979.

ROSENBLATT, P. C.: *Metaphors of family systems theory.* Guilford Press, Nueva York, 1994.

RULE, C. H.: *Creating anahola: huna perspectives on a sacred landscape.* Llumina Press, Coral Springs (Florida), 2005.

SAUNDERS, C.: *Dr. Cat's helping handbook: a compassionate guide for being human.* Heartwings Foundation, Seattle (Washington), 2000.

SCHWARZENEGGER, A.: *Total recall.* Simon & Schuster, Nueva York, 2012. (Trad. cast.: *Desafío total: mi increíble historia.* Martínez Roca: Madrid, 2012).

SCHWARTZ, J.: *The mind and the brain: neuroplasticity and the power of mental force.* Regan Books, Nueva York, 2002.

SCHWARTZ, J. y GLADDING, R. L.: *You are not your brain: the 4-step solution for changing bad habits, ending unhealthy thinking, and taking control of your life.* Avery, Nueva York, 2012.

SEIFE, C.: *Zero: the biography of a dangerous idea.* Penguin, Nueva York, 2000. (Trad. cast.: *Cero: la biografía de una idea peligrosa.* RBA: Barcelona, 2007).

SHOOK, V.: *Current use of a Hawaiian problem solving practice—ho'oponopono.* Sub-Regional Child Welfare Training Center, School of Social Work, University of Hawaii, Hawái, 1981.

—: *Ho'oponopono: contemporary uses of a Hawaiian problem-solving process.* University of Hawaii Press, Honolulú, 1986.

Shumsky, S.: *Instant healing*. Career Press, Pompton Plains (Nueva Jersey), 2013.

Simeona, M.: *Ho'oponopono: complete teachings of Morrnah Simeona*. Serie de DVD. Huna Research, no consta localidad, 2007.

Simeona, M. N., et al.: *I am a winner*. David Rejl, Los Ángeles, 1984.

Steiger, B.: *Kahuna magic*. Whitford Press, Atglen, (Pensilvania), 1971.

Tabatabai, M.: *The mind-made prison*. CreateSpace, Seattle (Washington), 2012.

Vitale, J.: *The abundance paradigm*. Nightingale-Conant, Chicago, 2011.

—: *Adventures within*. AuthorHouse, Bloomington (Indiana), 2003.

—: *Attract money now*. 2010. www.AttractMoneyNow.com.

—: *The attractor factor: five easy steps for creating wealth (or anything else) from the inside out*. John Wiley & Sons, Hoboken (Nueva Jersey), 2005. (Trad. cast.: *El poder de la atracción: cinco pasos sencillos para crear paz interior y opulencia exterior*. Ediciones Obelisco: Barcelona, 2008).

—: *Faith*. Burman Books, Toronto, 2013.

—: *Instant manifestation*. Portable Empire Publishing, Wimberley (Texas), 2011.

—: *The key*. John Wiley & Sons, Hoboken (Nueva Jersey), 2009. (Trad. cast.: *La llave: el secreto perdido para atraer todo lo que deseas*. Granica: Barcelona, 2008).

—: *Life's missing instruction manual: the guidebook you should have been given at birth*. John Wiley & Sons, Hoboken (Nueva Jersey), 2006.

—: *The miracles manual*. Vol. 1, The Secret Coaching Sessions. 2013. www.MiraclesManual.com.

—: *The missing secret: how to use the law of attraction to easily attract what you want… every time*. Leído por el autor. Nightingale-Conant, Chicago, 2007. Audiolibro, disco compacto.

—: *The secret to attracting money*. Leído por el autor. Nightingale-Conant, Chicago, 2009. Audiolibro, disco compacto.

—: *The seven lost secrets of success*. Morgan James Publishing, Hampton (Virginia), 2005.

—: *There's a customer born every minute: P.T. Barnum's 10 «rings of power» for creating fame, fortune, and a business empire today–guaranteed!* John Wiley & Sons, Hoboken (Nueva Jersey), 2006.

VITALE, J. y BARRETT, D.: *The remembering process*. Hay House, San Diego, 2014.

VITALE, J. e IHALEAKALA LEN, H.: *Zero Limits*. John Wiley & Sons, Hoboken (Nueva Jersey), 2007. (Trad. cast.: *Cero límites: las enseñanzas del antiguo método hawaiano del ho'oponopono*. Ediciones Obelisco: Barcelona, 2011).

WAGNER, D.: *The illusion of conscious will*. MIT Press, Cambridge (Massachusetts), 2002.

WESTERHOFF, J.: *Twelve examples of illusions*. Oxford University Press, Nueva York, 2010.

WILKERSON, C.: *Hawaiian magic*. Clark & Dei Wilkerson, Las Vegas, 1968.

WILSON, T.: *Strangers to ourselves: discovering the adaptive unconscious*. Belknap Press, Londres, 2002.

# AGRADECIMIENTOS

Estaré eternamente agradecido al doctor Hew Len por enseñarme, personalmente, el ho'oponopono, por ser el coautor, junto conmigo, de *Cero límites: las enseñanzas del antiguo método hawaiano del ho'oponopono*, por coliderar conmigo tres eventos sobre los Cero límites y por convertirse en mi mentor. Mucha gente me ha ayudado a crear este libro: desde la ayuda editorial de Suzanne Burns y Mathes Jones hasta las contribuciones de D. C. Cordova, Saul Maraney y Kory Basaraba. También estoy agradecido por los ánimos y el apoyo de mis amigos, concretamente Lori Anderson, Victoria Belue Schaefer, Daniel Barrett, Mathew Dixon, Mary Rose Lam, Michael Abedin y Bruce Burns. Estaré eternamente agradecido al personal de John Wiley & Sons, Inc., y concretamente a Matt Holt, por creer en mi trabajo. También quiero mostrar mi agradecimiento a mi equipo de Miracles Coaching® de Prosper (Texas) por ayudar a la gente a aprender y practicar correctamente el auténtico ho'oponopono. Y, por supuesto, gracias siempre a Nerissa, mi esposa y compañera, por mostrarme su amor y su respaldo a lo largo de todo el camino. Si me he olvidado de alguien ruego que me perdone. Por último, gracias a ti, lector, por estar abierto a recibir esta inspiración. Te entrego este libro con todo mi corazón. *Aloha Nui Loa.*

# ACERCA DEL AUTOR

El doctor Joe Vitale (autor, orador, músico, sanador y estrella del cine famoso a nivel mundial) es un auténtico practicante ho'oponopono moderno. Es, además, sanador Reiki titulado, terapeuta de Chi Kung diplomado, hipnoterapeuta clínico cualificado, terapeuta de programación neurolingüística titulado, pastor ordenado y doctorado en Ciencia Metafísica.

Es autor de demasiados libros como para mencionarlos todos, y entre ellos se incluyen los superventas *El poder de la atracción, Life's missing instruction manual,*[68] *Cero límites* (escrito en colaboración con el doctor Hew Len), *The awakening course, Hypnotic writing*[69] y *La llave: el secreto perdido para atraer todo lo que deseas* y muchos más (todos ellos publicados en EE. UU. por la editorial John Wiley & Sons, Inc.).

Su *e-book* superventas, *Attract money now,* editado por New York Times, puede encontrarse gratis en http://www.attractmoneynow.com.

El doctor Vitale es una destacada estrella en las exitosas películas *El secreto, The opus,*[70] *The compass, The tapping solution, Leap,*[71] *Beyond belief,*[72] *The meta-secret,*[73] y *Openings.*[74]

---

68. El manual perdido de instrucciones de la vida. *(N. del T.)*
69. Escritura hipnótica. *(N. del T.)*
70. La obra. *(N. del T.)*
71. Salto. *(N. del T.)*
72. Más allá de la creencia. *(N. del T.)*
73. El metasecreto. *(N. del T.)*
74. Apertura. *(N. del T.)*

Ha grabado muchos programas de audio superventas: desde *The missing secret* a *The abundance paradigm*[75] (todos ellos publicados por Nightingale-Conant).

También es un consumado cantante, compositor y músico, con seis álbumes en su haber hasta el momento, entre los que se incluyen *Strut!* y *Sun will rise.* Diez de sus canciones han sido nominadas a los Premios Posi, los Grammys de la música positiva. También es el creador de Miracles Coaching®. Para más información sobre el autor visita su página web: www.JoeVitale.com.

---

75. El paradigma de la abundancia. *(N. del T.)*

## OFERTA DEL PROGRAMA DE FORMACIÓN EN MILAGROS (MIRACLES COACHING®)

¿Cómo puedes acelerar tus resultados, de forma que puedas tener, hacer o ser lo que sea que puedas imaginar?

Consiguiendo un *coach* en milagros.

Aunque puedes trabajar por tu cuenta para hacer cambios personales, obtendrás unos resultados más rápidos y fiables al trabajar, en privado, con tu propio *coach* en milagros.

Puedes disponer de una consulta gratuita sobre el programa Miracles Coaching® del doctor Joe Vitale consultando en internet www.Miracles Coaching.com.

Para conseguir pruebas de que Miracles Coaching® consigue resultados, véase www.MiraclesCoachingProof.com.

# ÍNDICE ANALÍTICO

## CONTENIDOS

El arte de
Ho'oponopono

El secreto de los sanadores hawaianos

Luc Bodin
María-Elisa Hurtado-Graciet

EDICIONES OBELISCO

Ho'oponopono es un arte ancestral hawaiano gracias al cual comprendemos que todo lo que acontece en nuestra vida, todo lo que nos afecta y nos perturba, proviene de recuerdos y programas inconscientes que nos aprisionan.

A la vez que elimina nuestros viejos patrones erróneos, *El arte de Ho'oponopono* nos invita a convertir los problemas y dificultades en trampolines para nuestra evolución y a restablecer nuestra auténtica identidad. Una identidad apacible, libre y serena.

Además, el Ho'oponopono cultiva en nosotros la consciencia de que todos los seres humanos estamos unidos por un lazo de amor universal y que debemos tender hacia él para acceder a una nueva forma de ser basada en la paz interior. Sólo esa paz puede generar los cambios que deseamos en el mundo.

Con ayuda de este libro, incorpora Ho'oponopono en tu día a día y ¡conviértete en dueño de tu vida!

El ritual hawaiano del perdón, Ho'oponopono, parte de la premisa de que en el mundo todo es uno, aunque no lo percibamos y nos sintamos partes aisladas. Debido a esta consistente unidad, nada puede ocurrir en el mundo sin que se produzca una resonancia universal. Por eso, sólo se pueden cambiar los problemas externos cuando se sana la resonancia interna de los mismos.

Este libro pone en tu mano una técnica para liberar el corazón gracias a un poderoso mantra: «Lamento haber ocasionado esto con mi resonancia. Me perdono a mí mismo. Me amo. Te amo». Ho'oponopono es una ancestral técnica hawaiana que nos enseña, en cuatro pasos sencillos, cómo borrar los recuerdos negativos y elegir los pensamientos y las situaciones que queremos recordar y así despejar la mente de los bloqueos que impiden cumplir nuestro deseos.